轉給你看

周桂田、張國暉 主編

開啟臺灣能源轉型

名家推薦

世界經濟論壇指出氣候變遷為當前社會最急迫因應的風險，因此臺灣須加速建構高效能低碳社會體系，以深度減碳為願景，擘畫長期轉型路徑。本書分別從「治理體制改革」、「政策工具推動」、「公民行動串連」三大視角，系統性地檢視臺灣能源轉型的挑戰，並提出可行的政策建言，可作為臺灣邁向碳中性社會的行動指南。

中央研究院院長　**廖俊智**

臺灣在面對氣候變遷／能源轉型的議題上，似乎信仰或藍綠遠多於科學的辯證，說得也比做得多，本書匯集眾多國內的頂尖學者，整理第一手的科學數據，希望未來能藉由此讓大眾了解討論，能讓臺灣在這波全球能源轉型潮流中，不能再置身事外了。

氣象達人　**彭啟明**

本書為能源轉型「如何動起來」提供強大的政策指引，有了這本書，決策者再也沒有停滯不前的理由了！

環境資訊中心主任　**彭瑞祥**

臺灣的能源轉型才剛剛起步，未來幾年將面臨缺電、電價、空污、交通電動化、建築耗能改善等重重挑戰，本書的作者來自不同專業領域，他們的思考將有助於釐清相關的疑點。

駐德資深記者　**林育立**

富邦文教基金會執行董事　**陳藹玲**／中國時報副總編輯　**謝錦芳**／知名部落客　**王乾任**／**地球公民基金會**

～～邀請您一起認識能源轉型～～

目次

導言　轉給你看

從2015年起，臺大風險社會與政策研究中心每年出版一本集結了學者專家寫給普羅大眾的風險及能源治理專書。我們希望能從學校走到企業、政府、都市及社會，也希望能從規範性的願景倡議，朝向務實性的行動策略，邀請國人們不僅了解我國能源的脈絡、結構及現實處境，更進一步從事具體的行為改變及行動支持。今年的書名「轉給你看：開啟臺灣的能源轉型」、書內四個主題及十三篇文章題目，都充滿了動詞，希望臺灣近年所迫切追求的能源轉型，能夠加速動起來，而且不論是從上而下或是由下而上地廣泛啟動。

我們希望臺灣的能源轉型將成為我們生活的一部分，甚至可以引領國民如何生活。因此，能源轉型不會只是現在的事情，也不會只是五年或甚至二十年之內的事情，而更是一種更為長遠的設想、準備及工作。正如同書內「啟動能源之長程轉型路徑」及「社會技術轉型與能源治理」兩章所告訴我們的，若只以局部、漸進及短期的方式，看待當前以化石能源為社經結構基礎所引發的問題及危機，都恐怕是治標不治本，甚至這些症狀治療般的解決方式，可能還另外引發出更多未知及不確定的危機。例如，基本上我們都不希望當前嚴重的空污問題，只用幾個策略減緩就好，而是希望更長遠地以創新的思維來解決空污，並且發展出與環境、文化及經濟發展共榮的新生活型態。

若要有新的生活型態，耐力將是巨大考驗，因為我們現在開始做之後就不能停歇，而必須不停地檢討現況、借鏡他者及追求創新，並將創新的技術或制度與現存社會技術系統磨合。因此，相關政策必須時時檢討，也必須不斷提出新策略。書內「全球化石燃料補貼改革發展趨勢分析」及「邁向轉型時代：破除以煤易核、犧牲生態與成本昂貴」等二章，即是先檢討我國相關現象及制度的現況，並且經過比較他山之石後，再提出現階段可改變的方向及方法。「城市轉型實驗室」一章，則縮小規模地指出城市也是一個進行能源轉型的有效單位，而這特別值得我國主要都市參考。

其實，臺灣最近幾年也在政府、企業及民間的共同努力下，推展了幾個具體制度調整措施，並也立下中期目標作為企圖心的展現。其中，2017年的電業法修正是一個里程碑，雖仍有為德不卒之議，但也跨出了1995年來始終無法修法的蹉步困境。書中「臺灣電業法及其配套法案中永續能源目標落實的探討」及「電業管制機關及其能源轉型能耐建構」等兩章，不只說明了調整之處，更還進一步指出在新法制度下，我們現在能積極改變的地方，希望能讓電業轉型加速度。另外，「政府資料開放政策下的電力資訊與解析」則是前瞻的行動倡議，希望學界或研究專家們一同加入共同努力的工作，利用地理資訊系統的幫助，來讓我們更清楚地認識電力供需及可能增進使用能源效率的方法。

本書中，最彌足珍貴處之一，即在指出我國許多能源行動者早已開始積極活動，希望能盡己之力對臺灣的能源轉型做出貢獻。書中「社區能源的正義課題」及「社區用能的三種能源轉型演進與操作」向我們說明了社區的能動性。縱然社區只是小規模人口及能源生產與耗用的單位，但卻也是最具體、直接及顯見的生活型態轉變。若能集結個別社區相互學習、觀摩及改變，所謂的能源轉型才會是實際的、深刻的及長遠的。

另外，在社區之內的每個公民，也是能源轉型積極爭取的行動單位，而且公民的創新及參與往往是政策及社區啟動的關鍵。書中「高雄文府國小翻轉空污！」即是一個雖讓人疼惜，但也振奮的個案研究。即便是小學生，也能化困境為創新行動，並且還可進一步推展到其他學習機構，實在是一個非常值得關注的在地教育個案。另外，「『公』民參與還是『供』民參與？」及「想像澎湖的發展願景」等二文，則是實務性地說明公民參與的龐大能量潛力。若公民沒能夠納入政策執行及規劃過程中，不只事倍功半，更有可能導致失敗的後果。但相反地，肯認多元及積極的公民參與，往往不只事半功倍，更可永續長遠。

若本書引起各位讀者們的興趣，建議可搭配服用我們中心之前所出版的《能怎麼轉》、《臺灣能源轉型十四講》、《臺灣風險十堂課》等書，那麼效果會更加。當然，也歡迎大家參與我們中心所舉辦的各種演講、工作坊、訓練課程、沙龍等活動，並給予我們回饋。在能源轉型的道路上，讀者們與我們一同並肩努力，相信可眾志成城。最後，我們認為善盡大學社會責任不僅是義務，更是榮譽。

周桂田

張國暉

2018年2月2日

【什麼是能源轉型？】

啟動能源之長程轉型路徑

徐健銘

臺大風險社會與政策研究中心助理研究員

周桂田

臺灣大學國家發展研究所教授兼所長暨臺大風險社會與政策研究中心主任

在混亂中學習

2017年聯合報所選出來的年度代表字是「茫」，而同時，Yahoo奇摩也公佈全臺網友所票選的十大年度新聞，從第一名往下排起，分別是一例一休、年金改革、獵雷艦詐貸案、前瞻計畫／軌道建設、815大停電、限電與重啟核電、合法同婚判決、巴拿馬斷交、看見臺灣與亞泥礦權爭議、世大運等。[1] 我們看見社會中有很多持續存在的問題，包括勞動、未來的產業發展、能源政策、社會的基本權利、環境權等。這裡的問題往往不是單一領域的專家能夠處理，也不是單獨發展某一種政策就能夠解決；甚至，這不會是單純靠發展經濟、然後等待經濟起飛、整個社會由上到下、雨露均霑就能解決。政府雖然提出大規模政策來試圖應

[1] 詳請參見：http://news.ltn.com.tw/news/business/breakingnews/2270435。2017/12/15檢索。

對這些問題，然而純粹由上而下的做法卻引發了更多的爭議。事實上，這社會正陷入一個不知何去何從的情況，正如「茫」字所給人的感覺。

在此情況下，許多人可能會從過去的經驗中尋求成功模式，或是從當前被視為成功的典範－產業、企業、個別人物－上試著歸納出成功的方程式；接著把我們當前的條件帶入式子、得到未來的解方。諷刺的是，不僅過去的成功似乎無法複製，就連成功的定義都充滿著爭議。更進一步的來說，全球今年度所發生的各種大事，極右派在歐洲的興起、川普的當選等，都說明這種每個人的價值與期盼並不一致、且充滿衝突。特別是在民主社會當中，好像每個人都可以做出決定，但每個人都無法控制決定的後果，也總是找不到現成的解決方案來解決我們的問題。政治的造神運動不能，其他各領域的力量也無法。

因此，近年來社會上最大的共識就是要轉型，然而應該怎麼轉卻莫衷一是。Loorbach（2007）引用 Rotmans *et al.*（2001）的說法，「現代社會正發展為網絡社會，問題陸續浮現且越來越複雜，看起來幾乎不可能用傳統作法或是工具、或是既有的制度來加以解決」。期待傳統的領導人和領導方案就意謂接受目前正在生產問題的這個結構；而這個結構目前採取著挖東牆補西牆、救急的、中央控制式的和殘補式的解決方案。然而，因為其各種未預期的副作用，反而可能使得持續性的社會問題更加難解，甚至額外增加其複雜性。對此，我們需要接受這個社會總是持續陷於混亂當中，但我們也要面對在社會中持續存在的問題（persistent problem）。

面對問題，人們常說要模仿跟我們一樣小國寡民的標竿國家，而永續轉型理論的發源地之一，便是人們常常試著要模仿的對象－荷蘭。荷蘭社會特質是現代、高度發展和平等主義，同時也有高人口密度、高效率的官僚、民主政治文化。當前人口發展停滯，社會上逐漸有更多的另類想法浮現，同時對既有的社會系統（能源、農業、保健、教育、住宅等）日益不滿。整個社會所面臨的問題是高度複雜且又不確定的。荷蘭轉型研究所（The Dutch Research Institute For Transitions, DRIFT）主任Loorbach（2007）便指出荷蘭社會系統的組織方式，從長期來看是非永續的：資源有限、空間有限、經濟發展受限，或者說，沒有再更多發展的可能。長期而言，這些系統是一定要經歷結構性變遷才有可能表現得更好，並且解決今天正面臨的非永續形式。

Loorbach（2007: 12-16）進一步認為，當代社會不斷變遷，治理和政策的挑戰必須要面對各種變遷的過程，並且將其導向希望的方向，而且加速這個過程，特別是在永續發展的目標之下。他進一步指出，社會創新不只是經濟發展，需要的是在各層面中對基本價值和標準的重新評估；儘管要影響全面的社會變遷極其困難，因為社會是不可操控的，但至少可以在局部影響其進程。實現永續社會需要整個社會的創新，這需要創造力的空間，以及接受長程、高度不確定和滿有爭論的發展過程。

因此，當轉型是明確的目的，有什麼策略可以從現在這個持續性混亂的情勢下過渡到下一個階段，成為一部份科技創新研究者探索的對象。而早期的一小批荷蘭學者在研究科技創新的過程中，衍生出有關如何理解轉型、如何實踐轉型的思維，試圖跳脫既有的政策研究和產業研究框架的轉型研究（transition research）。經濟發展、技術日新月異和財富積累的副作用，就是非永續的當代癥狀（syndrome），轉型研究也就是從這些持續存在的問題、癥狀來進行研究，理解我們社會及結構如何發展及組織（Loorbach, 2007）。

轉型理論發展

Cherp *et al.*（2018: 177）指出這個新領域來自1980年代末到1990年代初的技術系統、科技系統、科技創新研究的成果，其中也有部份來自於科技與社會（science, technology and society）、演化經濟學（evolutionary economics）的研究成果。在這些早期的研究當中，學者們發展出如長程政策規劃、社會學習等視點和操作方法。Loorbach（2007: 17）認為轉型管理有其人口學和社會學的根源，Rotmans、Kemp等人則是將轉型管理的理念帶到永續發展、治理、政策的領域。其於對轉型管理的基本假設乃是，透過理解結構性的全社會變遷之過程，將有可能重新組織原則方法工具，好來處理這些過程。

比較一般的政策過程和轉型管理方式（如圖1）會發現政策轉型的思維、目標和解決的問題跟傳統政策有所不同。若將社會視為複雜的系統，則傳統政策往往是在系統已經滯後不前、問題非常明顯的情況下，進行各種短期改善計畫；然而創新往往是在尋找人們尚未理解的問題，並改變既有系統的運作方式和邏輯，帶進長期而根本的變化。Frantzeskaki *et al.*（2012: 20-21）便認為在動態的社會結構中，個人行動和技術創新之間的相互作用導致社會系統變化，有時會從根本產生轉變，即為轉型。

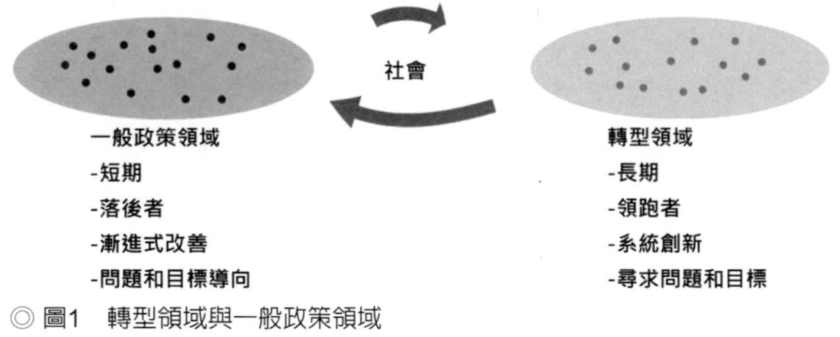

◎ 圖1　轉型領域與一般政策領域

資料來源：Loorbach, 2007.

轉型的願景由圖2的圖像群來表達。圖像群是一個會隨著時間演化而有所改變的目標。事實上，就像「永續」是一個根本上就充滿爭論的概念，所以必須容許短時間內各種概念百花齊放，因為不可能會有短期內的共識。所以設定長期的共識目標，經過持續的變異和挑選，讓適合的選項持續演進，而不適合者則自然消亡（Loorbach *and* Rotmans, 2006: 199-200）。永續轉型的概念脫胎自創新的系統研究，可以說明政策創新的過程實際上也是如此。想要設定一個確切的目標，然後達成確切的後果，在今天這個滿是不確定性和複雜性的年代，可能即使達到後，卻也已經在社會上落伍了。

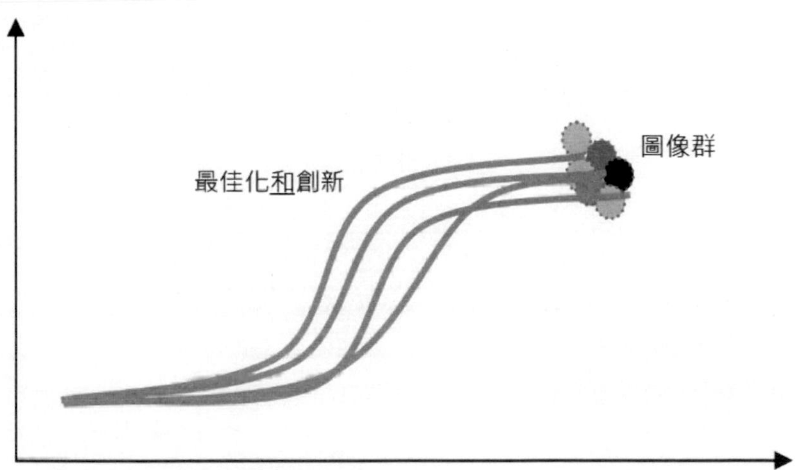

◎ 圖2　轉型過程作為尋找目標過程

資料來源：Loorbach *and* Rotmans, 2006: 198.

不同取向的研究者將其分類成幾個大方向，例如Markard *et al.*（2012）則將永續轉型的主要核心分為轉型管理、策略利基管理、多層次觀點和技術創新系統（technology innovation systems, TIS）。從社會轉型的觀點將其分為創新系統（innovation system）、多層次觀點（multi-level perspective, MLP）、複雜體系（complex systems）、演化體系（evolutionary systems）；其分類對政策的意涵整理如下：

表1　研究永續轉型的路徑

	創新系統	多層次觀點	複雜體系	演化體系
政策觀點	辨識系統失靈，並且以環境管制（糾正價格）來加以修正，以及技術特定的政策	使技術和使用者實踐相校準。策略利基管理（strategic niche management, SNM）、真實世界實驗的反身性管理	轉型管理（transition management, TM）：聚焦在創新領先者的轉型實驗，預想永續的未來	描述所有挑選出來的變革力（市場、體制、規範、管制），培養綠色產品的特質、最佳化多樣性、鼓勵重組或傳統之外的創新以及政策來避免鎖定效應

資料來源：Bergh *et al.*, 2011: 9.

轉型管理儘管有幾大面向，但相似之處在於從系統觀出發，並且將觀點置於社會技術體制（socio-technical regime）的改變。這裡，我們使用理論和實際的情況，運用多層次觀點的思路，將轉型以三個層次說明，以指出社會技術體制轉型如何帶動創新。

在核心層次上，Geels *and* Schot（2007: 399-400）說明社會技術體制就像是一個工程社群中共用的認知路徑，以及按著技術發展軌跡所發展出的解釋模型。而在我們的社會中，一套社會技術體制往往是科學家、政策制訂者、使用者和利益團體們共同使得社會技術體制變得可能，同時又被這套體制所限制。在微觀層次上，重要的概念則是利基（niche）。利基所在之處是創新誕生之處，而利基本身一開始都是一些尚未穩固的社會技術設置，而且實際運作的效率常常不佳（Geels *and* Schot, 2007: 400）。在鉅觀層次上，核心概念則是社會技術地景（sociotechnical landscape），具體來說可能是全球宏觀經濟、深層的文化樣態等，無法在利基或是社會技術體制層次上直接影響的情況（Geels *and* Schot, 2007: 400）。在社會技術地景層次上的改變通常都是緩慢的過程。然而，有時社會技術地景的劇烈改變，可以為社會技術體制帶來變革的機會之窗。

用白話的方式說明：轉型管理的多層次的觀點下，中層是既有社會技術體系，這些體系包含產業、文化、政策、科學等主宰著我們日常生活行動規則的秩序；從這些秩序中可以解釋路徑依賴和科技發展穩定的因素。最下層是既有的社會技術地景代表的是社會的大趨勢如都市化、人口變遷、戰爭、危機，這些趨勢可能擠壓既有的體制，或是造成極端的改變，也可能促成某一個社會技術體系的穩定化。最上層則是更微觀的利基創新，包括新科技模式和行為。關鍵就在於如何觀察機會之窗，並且促使利基發展，無論是造成既有體系的改變，或是完全替代過往的社會技術體系。

多層次觀點認為整個轉型過程可以分成四個時期。第一個時期是各種社會或技術創新（如新商業模式、新技術、新的生活風格）還在試誤（trial and error）的過程；接著，在第二個時期中，創新經過學習，改善其價格或是表現而贏得有力團體的支持；第三個時期則是當社會技術地景中的外力衝擊了既有的社會技術體制，打開各種科技、政治、經濟、文化和社會體制必須重新調整自身來應對（alignment）創新的機會之窗，這使得利基能與既有的社會技術體制競爭，造成取代、重組或調；最終，各種新的商業模式、文化、管制和科技都彼此校準，新的社會技術體制再次穩定下來（Geels *and* Schot, 2007; Geels *et al.*, 2017）。其過程如其過程如圖3。

Geels *et al.*（2017）便以德國能源轉型為例：再生能源日益受到民眾支持，並且有再生能源法的支持，既有的能源系統（特別是核能）受到反核運動和負面的文化論述；最後則是福島核災作為外在壓力。如果我們再配合圖3的時間軸來看待德國的能源轉型，就會發現利基創新可以說是從1960年代社會運動所開始，被德國1970年代在地的反核運動所延續。在這個過程當中社區再造的倡議者以及再生能源的倡議者逐漸整合利基，進而以再生能源作為凝聚社區議題的核心（Morris *and* Jungjohann, 2016）。

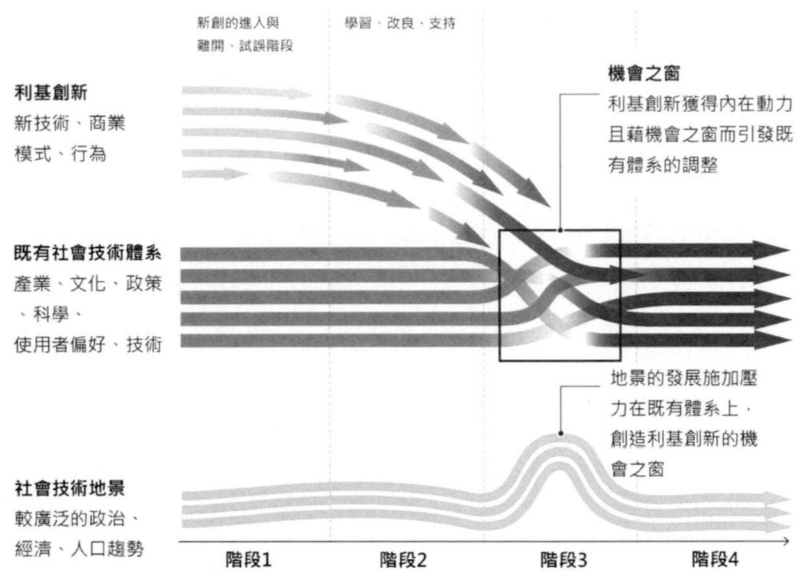

◎ 圖3　扶植創新以善用機會之窗

資料來源：Geels *et al.*, 2017: 1244.

而1980年代初，德國的「綠色研究所」（Öko-Institut）也開始提出「能源轉型」為名的報告（Morris *and* Jungjohann, 2016: 29）。而1987年的車諾堡事故作為社會技術地景的壓力，迫使既有的社會技術體制開始調整，政府也開始調整各種制度。2010年時，德國官方出版「能源概念」（Energy Concept）作為其環境和氣候行動的戰略；2011年的福島事故則迫使其又再次加快腳步。

1990年代，德國政府則開始抓住各種利基（如圖4），進而推動建立再生能源發展及治理的架構，並且開始提升其能源效率。例如在1992年的里約地球高峰會之前，德國便成立德國全球變遷諮詢委員會（WBGU-German Advisory Council on Global Change）來提供其對於永續發展、碳排放和各種資源調度的建議。德國的第一部FIT法律在1990年便已立法，2000年通過第一版的再生能源法以及核能汰除法。2010年時也對核能汰除法進行修正，並且提出「能源概念」（Energy Concept）如表2來發展長時間的國家能源與環境計畫。當福島核災發生後，**德國政府遇到的問題並非沒有規劃的廢核和再生能源發展，而是如何加快發展的腳步。**

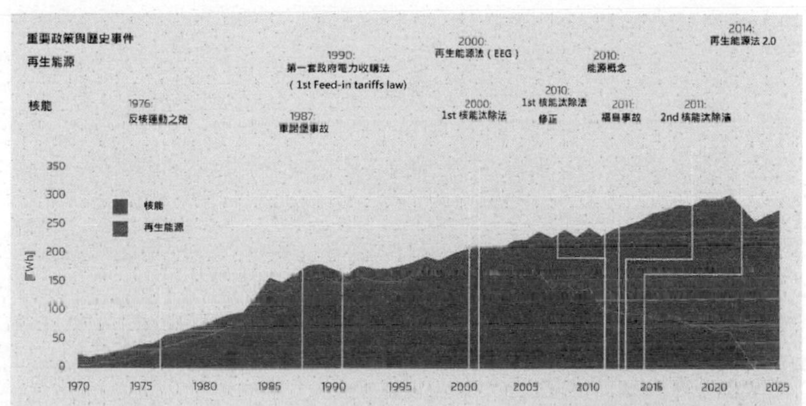

◎ 圖4　1970-2025年核能與再生能源發電，以及主要政治事件

資料來源：Agora Energiewende, 2015.

表2　能源概念的目標

目標	2020	2030	2040	2050
溫室氣體減量*	-40%	-55%	-70%	-80~95%
再生能源發電占比	35%	50%	65%	80%
再生能源於初級能源供應之占比	18%	30%	45%	60%
減少初級能源消費**	-20%			-50%
減少電力消費**	-10%			-25%
減少運輸部門能源消費***	-10%			-40%
減少建築部門供熱需求**	-20%			-80%
促進電動車使用量	1百萬輛	6百萬輛		

*相較於1990年**相較2008年***相較於2005年

資料來源：參照闕棟鴻，2015，作者自行整理。

值得一提的是，加速變革非常依賴個別國家在政治聯盟、產業策略、文化論述和公民社會壓力上的動能而定，所以沒有統一的路線圖。例如福島事故發生在日本，藉著媒體影響全球，然而並不是每一個國家都因此採取了行動，例如美國、荷蘭。但轉型的治理的確需要政府，無論是國家層級還是地方層級。例如WBGU透過轉型管理的理論提出積極型國家（proactive state）和Rockstrom所推出的快速去碳路徑（DDPP），都強調在轉型的過程中，國家首先去調整體制的重要性（German Advisory Council on Global Change, 2011; Rockström *et al.*, 2017）。關於這一點，本文在最後還會進一步說明。

轉型管理的實驗

即便整個社會的轉型很難去「治理」，但是政府可以進行策略性利基管理（strategic niche management）：保護、連結網絡和校正；藉此來強化和加速轉型的過程。透過此一過程來達成利基的強化和高價值化。而若從時間軸來看轉型管理週期可解釋，這可以包括四階段（Verbong *and* Loorbach, 2012）：

1. 轉型場域：問題結構化，建立組織轉型場域（transition arena）和展望（願景）。
2. 轉型情境和轉型議程：制定轉型議程，去實現永續發展和轉型路徑的願景。
3. 轉型實驗：建立和實施轉型實驗與網絡轉型動員。
4. 轉型監測：監督、評估和學習轉型實驗中的經驗教訓，並在此基礎上對願景、議程和聯盟進行調整。

因此，治理有其重要性。轉型管理作為一個新的領域，透過多層次觀點想發展出把「大想法」（grand idea）和「小規模行動」（small scale action）連結在一起的新治理模式。另外一方面，則是發展出轉型管理的實驗，使社會一同來思考解決方案。它的意義是多重的：既是學術所追求的目標，同時也是針對具體問題的解決方案；裡面有創新的想法，但也有熟悉的工具；治理雖然是一種由上而下的過程，然而它非常注重由下而上的過程。

例如在長時間的過程當中，治理面注重長程政策規劃，公民面則注重以轉型領域（transition arena）和轉型實驗（transition experiment）工作。在引發轉型的過程當中，它並沒有拋棄政治的治理過程，而是把傳統政治和社會上的各種力量帶到新的領域（arena）當中。在這裡，新的權力和知識配置（constellation）浮現，並且誕生新的節點。這種概念與Nowotny等人探討的型二知識（mode 2 knowledge）生產網絡概念有其相似之處：創新不只是在大學和國家的實驗室當中，而是在各種行動者在具體問題節點上所碰撞出來的火花（Nowotny *et al.*, 2001）。

1.「都市環境中的減緩、創新城市解決方案」（MUSIC計畫）

荷蘭伊拉斯姆斯大學荷蘭轉型研究所（DRIFT）、盧森堡大學亨利都鐸研究所（CRP Henri Tudor, LU）所執行的「都市環境中的減緩、創新城市解決方案」（Mitigation in Urban Context, Solutions for Innovative Cities, MUSIC）就試著結合五座歐洲城市政府和兩個不同研究單位的知識和實踐來找出城市減碳與節能的機會（Roorda *et al.*, 2014）。這五座城市分別是英國亞伯丁（Aberdeen）、法國蒙特勒伊（Montreuil）、比利時根特（Ghent）、德國路德維希堡（Ludwigsburg）、荷蘭鹿特丹（Rotterdam）。在此，DRIFT使用轉型管理來協助和訓練城市中的官員來如何動員利害關係人，而亨利都鐸研究所則發展出都市能源資訊及支援的地理空間系統，來整合都市計畫中的能源相關議題，以進行監測其成效。

MUSIC計畫的作法在於設定三個階段及其指導方向，包括引導（orieting）、議程設定（agenda setting）和啟動（activating）。先從各界中組成轉型團隊，他們必須先弄清楚範圍內的各種動態，這包括大量的

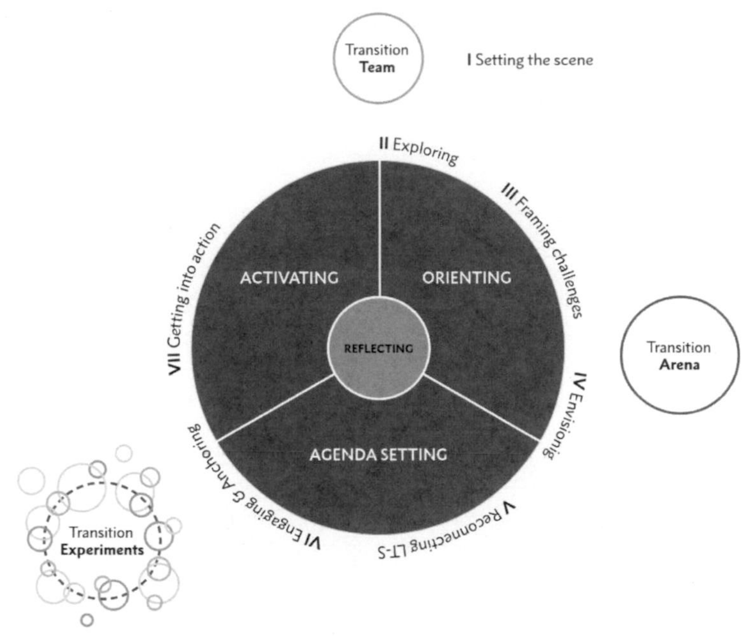

◎ 圖5 轉型管理流程

資料來源：Roorda *et al.*, 2014: 14.

資料分析和訪談，然後產出系統分析和行動者分析的結果。根據這些結果來邀請多元且適當的行動者到一系列的討論中，進而形成轉型領域（transition arena）。這一系列的討論首先要做的是架構出目前的挑戰，並進而形塑出共用的框架，才能交流彼此對未來可能的看法，進而產出預想情境。有這些情境之後，參與者必須藉此一步一步畫定轉型的路徑，包括指出根本性的改變以及相對應必須的行動。這些最後將被整理為轉型的議程。

轉型議程完成後必須公開，並且使其他能夠參與或者適應。同時也開展有關且短期的小型實驗使更多人能夠參與其中。這些實驗成果也進一步反饋到轉型的策略當中。

目前有很多社會與技術創新的作法，如黑客松，在各地都嘗試性地使用；而轉型領域的設置重點在於：不是單點式的辦活動去建立知識創新，而是先問如何建立網絡和討論的機制，然後使創新從社會中誕生。政府甚至是需要調整自身的腳步來與社會變遷進行校準，而不是由上而下式的進行變革。

2.「轉型社會創新理論」（TRANSIT計畫）

在轉型研究的理論面向，自2014年到2017年，由歐盟執委會的第七期研究架構（Framework Programme 7）所共同資助的4年計畫「轉型社會創新理論」（TRANsformative Social Innovation Theory, TRANSIT），進一步研究更大的網絡，去探索從社會創新的方式帶來社會轉型。TRANSIT的研究對象涵蓋25個國家（主要集中在歐洲和拉丁美洲）、20個跨國網絡以及110個以上的相關社會創新措施。如同前面MLP架構下的機會之窗，TRANSIT計畫也分析各個創新網絡的關鍵轉折點（critical turning points）—在過程中的主動經歷或決定改變的過程中的瞬間或事件—進

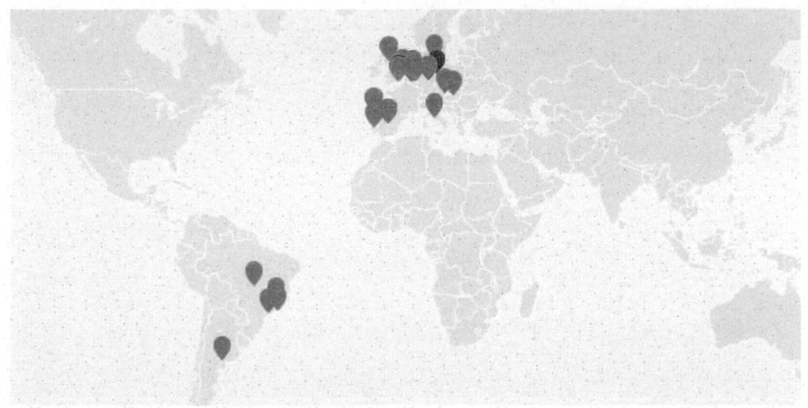

◎ 圖6　TRANSIT計畫的研究網絡

資料來源：Pel *et al.*, 2015.

行分析（Pel *et al.*, 2015）；其針對其中的20個跨國網絡研究其至少4個社會創新相關的措施，並建立總共大約80個有關社會創新舉措關鍵轉折點的資料庫。

這些網絡包含如「社會創新和永續設計網絡」（Design for Social Innovation and Sustainability Network）、「歐洲生活實驗室網絡」（European Network of Living Labs）、「種子交換網絡」（Seed Exchange Network）、「時間銀行」（Time Banks）、「慢食國際聯盟」（Slow Food International Association）以及「轉型城鎮」（Transition Towns）等。[2] 例如其中一個被分析的對象是「社會影響力製造所」（Impact Hub）。社會影響力製造所是一個有關社會創業家和共同工作空間的網絡，從2005年的第一個中心於倫敦開張後，至2017年已經超過95個影響力製造所成立在全球各地，也包含臺北。TRANSIT的成員針對他們的創新舉措，分別在阿姆斯特丹、維也納、巴西的貝洛奧里藏特（Belo Horizonte）、英國的倫敦國王十字等站進行關鍵轉折點的分析，以及深入研究阿姆斯特丹、鹿特丹和巴西聖保羅的社會創新措施個案。

透過個案的分析和資料庫累積，TRANSIT計畫在2017年的結案報告中，進一步衍生出「轉型社會創新宣言」（Transformative Social Innovation Manifesto）及其12項原則。這些被研究的網絡也成為宣言的連署者。轉型社會創新的研究對象從機構和傳統領導人身上轉移，而把目光置於世界各地正在實現改變的社群和個人。

從轉型管理到治理：國家能源轉型

然而，與其說社會創新開始放棄傳統領導者如國家的角色，應該說是重新平衡研究發展的視點，並且從網絡的角度來看待社會的轉型。

---

2 關於轉型城鎮，低碳生活部落格有一系列的報導可供參考。

MLP的文獻告訴我們，許多新技術發展的時間很長，但是替代掉舊技術的時間很短。雖然新的制度建立速度在人們的觀感很漫長，但比起技術發展的歷史，其實是相對短暫的，國家的體制仍然高度影響利基創新的發展空間及可能性。

根據Geels *et al.*（2017）對於低碳轉型的分析，

1. 加速轉型的第一要務是創新，因為創新可以打亂既有系統和打開新市場。產業特定的創新政策（研發補貼、示範計畫）等可以實踐，也比課稅容易的多。
2. 加速需要社會和商業支持，因此也要著重在實驗、學習、利害關係人參與、社會接受度、積極論述和新進入者的機會等。
3. 創新政策和產業特定的政策（電、熱、交通和都市規劃等）需要更強的彼此校準，探索科技和系統間的互動潛能。多點並進會更加有效。
4. 積極汰除既有系統，注意過程中的社會和分配後果。
5. 政策導向的研究需要以模型為基礎的社會技術研究分析；兩者雖然很難整合，但橋接的策略可能使得模型提供技術經濟上的檢核，而社會技術研究則提供模型結果可行性的檢核（Geels *et al.*, 2017）。

我國目前仍然在進行式的能源轉型也是理論和實踐的結合，Cherp *et al.*（2018）今年也剛好對轉型相關領域文獻以「能源轉型」為主題進分析。除了前面的多層次觀點和轉型管理的視點外，他提出轉型時需要考量能源流（energy flow）和市場、能源技術、政治行動和政策執行的三個面向。因此他從這三個面向整理出技術經濟面、社會技術面和政治面應考量的上位概念，以及依照各國不同應該也要納入考量的各種變數如下表。這些變數既是分析的項目，也應該是在轉型領域的願景中應該要被優先提出或者討論的各種關鍵議題。

WBGU從轉型管理出發，建議G20國家進行長程的政策規劃來減碳（German Advisory Council on Global Change, 2016）；瑞典斯德哥爾摩韌

表3 三種能源轉型觀點中的首要變數及部份次要變數

技術經濟	社會技術	政治
資源 1. 化石燃料的類型 2. 資源 3. 蘊藏量 4. 取得成本 5. 進出口燃料和載具 6. 再生能源類型和潛力 7. 相關科技的成本	**創新系統** 1. 國家、部門和技術創新系統的存在與否及其結構 2. 創新體系運作的表現，如研發行動和知識庫	**國家目標** 1. 國家目標的類型（能源安全、取得現代能源、氣候變遷調適、技術領先） 2. 影響國家目標的因素，如進口依賴、國際競爭
需求 1. 能源使用類型和規模 2. 能源密集度 3. 造成需求成長或下降的因素，如人口和經濟成長／衰退、產業再造	**體制和利基** 1. 既有體制的結構、資源和協作 2. 新來者利基的結構和資源 3. 利基－體制互動，包括外在的支持機制	**政治利益** 1. 特殊利益（如產業遊說） 2. 政黨意識型態和組織性社會運動 3. 投票人偏好
基礎設施 1. 既有的開採、運輸、轉換和使用之基礎設施 2. 基礎設施的年限 3. 設備的製造和進出口 4. 基礎設施營運和建設成本	**技術傳散** 1. 相關能源科技在全球的成熟度 2. 科技核心／邊陲的位置 3. 出口技術的可能性	**體制和能耐** 1. 國家能耐，如經濟和其他資源、政治穩定度 2. 制度安排，如各種資本主義、政黨體系、政府體系 3. 國際過程，如政策傳散、國際協定

資料來源：Cherp *et al.*, 2018.

性研究中心（Stockholm Resilience Centre）的Rockström教授也提出以十年為期的快速去碳路線圖，並將成果發表於科學雜誌中（Rockström *et al.*, 2017）。兩者的建議都是從時間和關鍵工具出發進行盤點，特別是其研究乃是針對全球國家進行建言，也相當值得臺灣進一步反思。其中如化石燃料、交通、城市建設、碳稅乃至於民生等範圍的思考，更需要目前推動能源轉型、思考未來路線圖的研究者和政策制訂者納入到思考的範圍內，以達到系統性的轉型。

有許多的研究者及研究單位已經提出轉型的各種方法和工具。局部的各種技術系統創新當然很重要，然而對於政府－無論是中央還是地方

表4 2010-2050年的快速去碳路線

	2010-2020	2020-2030	2030-2040	2040-2050
法制工具	建立碳稅、碳交易系統、額度系統、給產業提升能源效率的誘因	不斷提高碳稅到2060年為止		強化既有的成就和修正過去的錯誤 大部份的歐洲國家2040年就應去碳，美洲和亞洲國家則應該在2050年前達成
再生能源	FIT	過去的化石燃料補貼金額轉向再生能源	確保最低轉換儲存達到90% 能量傳輸最佳化 漂浮和飛行式再生能源最大化	
化石燃料	中止所有補貼			天然氣仍被節制地使用，但應該達到碳中和
民生	改變飲食習慣、降低食物浪費			
交通		停止所有以內燃機發動的交通工具 提升電池和儲能效率 改善航空推進方式	道路應該轉為完全的移動基礎設施：供應推進力並降低磨損	
財務	建立永續研究和發展的基金	比前十年增加十倍		
城市與建設		多中心的永續進展：材料改善 永續生活方式和想法	新的城市建設必須確保發電比其用電多 鋼筋水泥應該要換成木材、黏土、石材，並由高科技材料如碳纖維加以支撐	
生態		確保保護自然碳匯和碳庫、生態系、和自大氣中去碳100 Mt（如使用BECCS）的投資	透過大幅造林和BECCS有節制的使用加以去碳200 Mt	持續去碳

資料來源：Rockström *et al.*, 2017; German Advisory Council on Global Change, 2016，作者自行整理。

政府－仍必須試圖從系統的觀點來著手治理。當代的創新往往來自於社會上的某個節點，就如同創新的利基往往來自於非常小的行為模式改變。而政策如何維持整個議程不停地被推動、修正、實驗和執行將會是未來永續轉型的關鍵。事實上，應該視當前的能源轉型為整體社會轉型的一部份。

有許多的研究者及研究單位已經提出轉型的各種方法和工具。局部的各種技術系統創新當然很重要，然而對於政府－無論是中央還是地方政府－仍必須試圖從系統的觀點來著手治理。當代的創新往往來自於社會上的某個節點，就如同創新的利基往往來自於非常小的行為模式改變。而政策如何維持整個議程不停地被推動、修正、實驗和執行將會是未來永續轉型的關鍵。事實上，應該視當前的能源轉型為整體社會轉型的一部份。

最後，為何談的是永續轉型，而不是永續發展呢？是因為永續發展的概念發展數十年來的結果，更像是一個口號、各自表述，在此反而混淆問題應該被解決的對象。就像是Loorbach認為「永續發展其實是上一波大轉型的遺緒」（Loorbach, 2014）。重點仍然指向發展。許多邁向下一波轉型的利基、創新的思維，已經在當代社會中發展出來。這需要新的網絡帶動鏈結，帶進新的制度變化，最終落實到我們的生活中。這一方面需要治理的思維和方式進行轉型，另外一方面也需要強化社會集體溝通、參與和學習的能力。

就如同周桂田（2016）提出空氣污染、能源、產業轉型是相互關連的議題，臺灣接下來如果要走出「茫」的困境，就需要從系統性的思維中思考轉型，並同時將帶動產業、文化、制度和生活方式的轉型。也由於這種轉型不是單一部門所能推動的結果，也不是僅僅依賴國家由上而下的指導即能推動的轉型。因此，在推動轉型的過程中，治理思維、方式和過程也必須發生改變。政府的治理一方面需要更縝密的計算，另外一方面需要的卻是更彈性的溝通。特別是當舊的體制正在崩塌，信仰和價值觀也不再能夠統一地說服人；當前的情況創造出各式各樣的不確定性，不僅使許多人感覺驚恐，更多的時候可能會使人變得更加保守。因此，當政府開始推動能源轉型時，不應該僅僅停留在技術性的問題，而必須回應：如何一方面帶動整個社會正視當前持續發生的問題，另一方面將其帶向社會創新的思維。以及如何透過集體學習的智慧和決策來認清何謂整個社會想要的未來，不斷修改、調整和重新設定政策的短期目標，進而引發社會技術體制最終的轉型。

參考文獻

周桂田（2016）。〈氣候變遷驅動下臺灣能源轉型挑戰〉，周桂田、林子倫（主編），《臺灣能源轉型十四講》，頁3-26。臺北：巨流圖書公司。

闕棟鴻（2015）。〈德國能源轉型的現況與展望—發布至2016年能源規劃藍圖，持續進行再生能源等各領域之改革〉。http://km.twenergy.org.tw/DocumentFree/reference_more?id=119。2017/12/1檢索。

Agora Energiewende (2015). *Understanding the Energiewende. FAQ on the ongoing transition of the German power system*. Berlin: Agora Energiewende.

Bergh, J. C. J. M., Truffer, B. *and* Kallis, G. (2011). "Environmental innovation and societal transitions: Introduction and overview." *Environmental Innovation and Societal Transitions* 1(1): 1-23.

Cherp, A., Vinichenko, V., Jewell, J., Brutschin, E. *and* Sovacool, B. (2018). "Integrating techno-economic, socio-technical and political perspectives on national energy transitions: A meta-theoretical framework." *Energy Research and Social Science* 37: 175-190.

Frantzeskaki, N., Loorbach, D. *and* Meadowcroft, J. (2012). "Governing societal transitions to sustainability." *International Journal of Sustainable Development* 15(1/2): 19-36.

Geels, F.W. *and* Schot, J. (2007). "Typology of sociotechnical transition pathways." *Research Policy* 36(3): 399-417.

Geels, F. W., Sovacool, B. K., Schwanen, T. *and* Sorrell, S. (2017). "Sociotechnical transitions for deep decarbonization." *Science* 357(6357): 1242-1244.

German Advisory Council on Global Change (WBGU) (2011). *World in Transition: A Social Contract for Sustainability*. Berlin: German Advisory Council on Global Change.

German Advisory Council on Global Change (WBGU) (2016). *Development and justice through transformation: The Four Big 'I's. Special Report*. Berlin: German Advisory Council on Global

Change.

Loorbach, D. (2007). "Transition Management: New Mode of Governance for Sustainable Development." *Proefschrift Erasmus Universiteit* 193: 301-314.

Loorbach, D. (2014). *To Transition! Governance Panarchy in the New Transformation.* Rotterdam: Erasmus University.

Loorbach, D. *and* Rotmans, J. (2006). *Managing Transitions for Sustainable Development.* Dordrecht: Springer.

Markard, J., Raven, R. *and* Truffer, B. (2012). "Sustainability transitions: An emerging field of research and its prospects." *Research Policy* 41(6): 955-967.

Morris, C. *and* Jungjohann, A. (2016). *Energy Democracy: Germany's Energiewende to Renewables.* Switzerland: Palgrave Macmillan.

Nowotny, H., Scott, P. *and* Gibbons, M. T. (2001). *Re-Thinking Science: Knowledge and the Public in an Age of Uncertainty.* Cambridge: Polity Press.

Pel, B., Bauler, T., Kemp, R., Wittmayer, J., Avelino, F. *and* Dorland, J. (2015). *From research design to meta analysis guidelines. TRANSIT deliverable 5.1.* Bruxelles: EU.

Rockström, J., Gaffney, O., Rogelj, J., Meinshausen, M., Nakicenovic, N. *and* Schellnhuber, H. J. (2017). "A roadmap for rapid decarbonization." *Science* 355(6331): 1269-1271.

Roorda, C., Wittmayer, J., Henneman, P., van Steenbergen, F., Frantzeskaki, N. *and* Loorbach, D. (2014). *Transition management in the urban context: guidance manual.* Rotterdam: Erasmus University.

Verbong, G. and Loorbach, D. (2012). *Governing the Energy Transition: Reality, Illusion or Necessity?* New York: Routledge.

社會技術轉型與能源治理：從澳洲再生能源政策看臺灣

高佩懃
臺大風險社會與政策研究中心助理研究員

范玫芳
陽明大學科技與社會研究所教授暨臺大風險社會與政策研究中心研究員

前言

世界各國在面對氣候變遷的挑戰紛紛致力於朝低碳永續的經濟模式邁進。能源與環境和日常生活的連結也使環保運動在現今的社會更為活躍，這當然也是臺灣政府不得不面對的重要國際趨勢。然而能源轉型並不侷限在技術的變革，更是涵括範圍廣大，擴及所有行為者與國家的系統性轉變；所考慮的亦非僅是單一面向，而須具備更全觀的視野。針對能源問題的複雜性，有必要採取多元中心（polycentric）觀點，致力於立法和政策機制創新、由下而上的（bottom-up）以社群為基礎的能源和氣候變遷調適方案（Sovacool, 2014），以及能源技術創新發展和社會技術體制的轉型。

社會技術轉型理論提供全面與更具動態性的視角，以檢視面對社會技術轉型挑戰的動態過程。本文旨在介紹永續的社會技術轉型的概念和架構，藉由檢視澳洲低碳能源轉型的經驗與挑戰，進一步探討國內低碳能源轉型所面臨的重要課題。

永續的社會技術轉型

社會技術轉型（socio-technical transition）本質上是一種社會技術系統的根本性變革，且這樣的變革不僅針對技術本身，更包含組織、社會、文化等多面向的深層結構問題，同時其也涉及多方的行動者，如決策者、政治家、企業、消費者等。社會技術的轉型通常是一種多維度的長期過程，例如污水下水道技術創新推動社會習慣的改變即是社會技術轉型的案例（Markard *et al.*, 2015: 217），永續的能源治理更是如此。

然而朝向永續的社會技術轉型與過去不同的是，其不僅是單純的系統性的創新（system of innovation），而是具有一定的目標或目的，旨在解決環境的問題、且不存在特定的受益者的轉型過程，同時其與現有制度中，日常生活經驗相關的產業關係密不可分，如運輸、能源與食品。[1] 這些特點意味著永續的社會技術轉型必然涉及技術、政治面向（政策／權力／政治）、經濟面向（國家經濟／市場／商業）與文化面向（文化／論述／輿論）之間的相互作用。換言之，永續的社會技術轉型，除了理論與技術本身，還需考慮結構動態變遷的問題。此外，政府政策的立場、信念、權力關係，也都是需要考量的標的。延伸到生活層面，消費者的生活方式受到現有機制的影響，可能產生路徑依賴，例如能源使用的認知、飲食習慣、運輸習慣。因此，在現有環境下，創新如何出現，以及如何改造或重構現有的系統，成為永續社會技術轉型必須

---

1 Geels（2011）指出這些領域的產業特色其多是擁有附加價值（complementary assets）的大公司，如汽車製造商、電力公司、食品加工廠、超市……等等，附加價值則是指其多具有大規模測試經驗、大型銷售管道、服務網絡和技術等等。這些大型公司在永續的社會技術轉型中不見得願意扮演先驅者的角色，但有可能會為了維護現有的資源和價值，投入創新，而加劇整體環境與體制的變化。

面對的重要課題（Geels, 2011: 24-26）。

基於社會技術轉型具有不同動態層次的多元維度特質，社會技術轉型可以說是不同領域發展過程中相互牽動之變化。在社會技術轉型的框架和諸多討論中，多階段觀點（multi-phase perspective）和Geels在2002年提出的多層次觀點（multi-level perspective, MLP）是為較具有代表性的分析模式（Ulli-Beer *et al.*, 2017: 471-472）。多階段觀點主要是針對概念層次定義出四個不同的轉型階段，首先是發展前階段（pre-development phase），這個階段描述的是一個動態平衡的狀態，其中在系統性層次現狀不會有明顯的改變，但於在地層次則持續進行實驗。其次，起飛階段（take-off phase）是指系統受到各種創新與新的制度架構影響，而開始移動與變更。再者，加速階段（acceleration phase）是系統發生轉型的突破期，透過結構性的社會文化、經濟、生態和制度變遷的積累，系統在這個階段出現集體學習、擴散與嵌入的過程。最後進入穩定階段（stabilization phase）社會變化的速度下降，系統尋求新的動態平衡（Rotmans *et al.*, 2001: 16-17; Ulli-Beer *et al.*, 2017: 472）。

多層次觀點則是一個包含三個層次的分析觀點，而非單一的線性過程，其三個分析層次分別是：利基創新（niche-innovations）、社會技術體制（socio-technical regime）與社會技術地景（socio-technical landscape）。首先，利基指的是一個立場較激進的創新基礎，在不考慮社會與制度穩定的情況下，形塑一個受到保護的空間，使新的行為者或組織透過學習的過程，嘗試較激進的解決方案。第二，社會技術體制的層次則是指現有的非常穩定的體制，屬於社會的主流生活方式、產業、政府政策等，同時也明顯帶有路徑依賴與鎖定效應的特徵。第三，社會技術地景的層次則是指來自外部的地緣政治環境，某種程度上對現有的體制和利基層面帶來系統性創新的壓力，且三個層次之間同時有多重的互動（如圖1所示）（Geels, 2011: 26-29; Ulli-Beer *et al.*, 2017: 472）。

簡言之，當一個體制本身出現矛盾，或與其他體制或場景產生衝

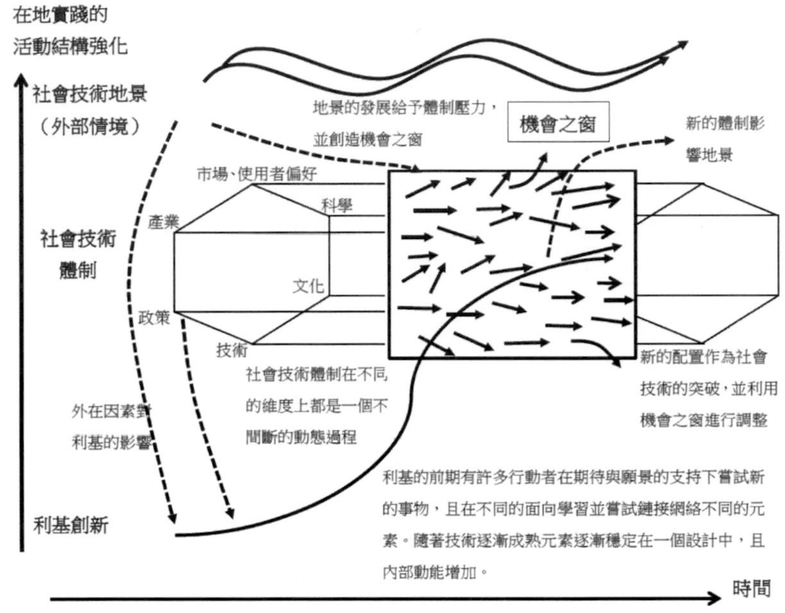

◎ 圖1　轉型的多層次觀點

資料來源：Geels, 2002: 1263.

突，新的利基創新契機就會出現。然而，實際上面對永續的社會技術轉型時，其複雜性可能遠比多層次觀點所涵括的範圍更廣泛，而現有體制在面對挑戰時，所選擇的路徑與反應也難以預測。下一節將以多層次觀點觀察澳洲的能源轉型政策，並以此省思臺灣目前能源轉型治理的侷限。

澳洲低碳能源轉型的經驗與挑戰

多數國家在低碳能源轉型的過程與倡議生活方式改變時，仍面臨現今社會慣於使用價格低廉、方便的化石燃料所帶來重大的挑戰，即便是自然資源相當豐富的澳洲也不例外。當國家期待為轉型（包含能源）

制定目標時，其能力往往受到制度性因素的限制，而制度性限制主要來自於政治制度、國家與產業關係及與市場經濟的互動（Cherp *et al.*, 2017: 614）。換言之，當國家與化石產業關係良好，整個由化石產業所建構的從政府、產業到社會的生活圈將難以被打破。且當國家企圖改變這個關係時，無論是透過增加稅收、減少補貼或其他的政策方式，必須顧及社會、經濟與政治考量，而採取相對保守且漸進的政策（Haigh, 2017: 4）。

以澳洲為例，其在自然資源與政治體制上有特殊的獨特性。在自然資源的部分，澳洲不僅是全球煤炭出口大國，同時也擁有石油與天然氣，另一方面，澳洲亦被評估為全球太陽光電最豐富的國家。在政治體制上，澳洲混合英國內閣制與美國聯邦制的要素，在聯邦政府的部分採行內閣制，但各州亦有自己的憲法與議會且保有與聯邦政府政策差異的部分彈性。政治體制的獨特性成為政策變革的重要影響因素，因此各州在再生能源發展目標亦有不同的設定。採取較積極目標的包含南澳洲、昆士蘭與首都直轄區，分別以2020年達到50%再生能源供電為目標，首都直轄區則設定100%的再生能源替代率作為目標；但其他州則多選擇採取聯邦政府框架，2020年再生能源供電達20%的保守目標（Haigh, 2017: 4-5）。[2]

在2015年能源政策白皮書發布之前，澳洲的能源消費結構約為石油38%、煤33%、天然氣24%，再生能源的部分僅佔6%。此外，前述曾提及澳洲擁有豐富的化石燃料資源，因此澳洲在2012-13年的整體能源生產增加了9%，在單項的部分煤、鈾礦、天然氣的增長分別是8%、18%、14%，再生能源則增加12%，故其仍維持煤礦出口大國的地位。整體而言，澳洲的能源生產有80%皆為出口之用，能源部門的產值佔GDP 7%，收入約為715億美元，並預估天然氣將會是澳洲未來能源出口的主力（張素美，2016）。

[2] 相關再生能源政策目標之宣示，主要出自2015年澳洲能源白皮書，且據國際能源機構（International Energy Agency, IEA）之相關數據，2014年澳洲的發電結構大致上為燃煤發電61.2%、燃氣發電為21.9%、燃油2%、再生能源為14.9%（包含水力7.4%、風力4.1%、太陽能2%與生質能1.4%）。

在政策面，澳洲現行的主要政策以2015年發布的能源政策白皮書為依據，強調能源開發與能源效率的優化，並藉由多方政策的營造澳洲能源市場的競爭性、提升營運效率及節省成本、鼓勵開發能源資源及技術投資，進而創造就業與擴大出口動能。在此訴求下，其重要的政策法案包含直接行動計畫（Direct Action Plan），以減少碳排與太陽能計畫為主；資產循環行動（Asset Recycling Initiative）以能源資產私有化的活動為核心；產業成長中心倡議（Industry Growth Centers Initiative）進行產業競爭力強化與轉型，在能源的部分則針對「油氣與能源」及「採礦設備、技術及服務」兩項進行倡議；再生能源法案（Renewable Energy Target, RET）從2001年及開始實施，以擴大澳洲的再生能源投資為要，分為大型與小型再生能源目標，為配合2020年的再生能源目標，在2015年之後的規劃以大型再生能源開發計畫為主，預計達成33,000GWh的發電量（台灣經濟研究院，2016）。

Haigh（2017）在探討澳洲的能源轉型政策如何協助社會技術轉型的重要創新，提出五個重要的機制作為分析焦點。第一個機制是需求與供應的安全性，即便燃煤發電是澳洲電力結構中最重要的一部分，但隨著澳洲的燃煤電廠老舊，且屆齡除役，其安全性、國際協議的減排要求與技術系統的逐漸成熟，成為能源轉型的觸發事件（triggering events）之一，體制的矛盾促使改變選擇的動力出現（Haigh, 2017: 22-24）。

第二，面對既得利益者與社會技術體制和政策戰略的連結，澳洲必須處理包含消費、生產、貿易、治理、具體政策與社會文化對於能源使用習慣等多面向的問題。這些元素中的每一個都有其獨特性，但也彼此相互作用。但整體而言，其中最關鍵的因素是能源轉型與國家財富和經濟的結合。其中潔淨能源金融公司（Clean Energy Finance Corporation, CEFC）在這個部分發揮極關鍵的作用，作為一個法定機構期透過氣候債券、股權基金等方式增加財務資金流動，並將投資重點放在再生能源、能源效率與低排放的技術，成為再生能源與低排放利基技術的重要支持（Haigh, 2017: 25-26）。

第三個機制則是現任政府和州之間的關係與保護利基技術的重要性。如前述CEFC成為再生能源發展利基技術的重要原因，也是推動再生能源裝置增設的重要資金來源。但整體而言，再生能源發展目標與減排政策的關係相對緊張。特別是當前極具野心的再生能源目標使澳洲企業感到不安，認為難以達成，這顯示企業與州仍認為能源政策應以「技術拉動政策」，這使新技術的產生與成熟應用更顯重要（Haigh, 2017: 26-27）。

第四個機制是社會技術體制與政治既得利益者之間的連結。上述的情況可以看出政策工具的選擇取決於政治考量。當然以政治考量而言，最後的選擇不見得是解決問題最有效的方案，這樣的情況在澳洲碳稅的討論上較為明顯的。雖然最終結果是低碳技術領域的成熟與澳洲煤炭產業的領導地位逐漸接近，但這不意味著其下各州政府願意完全接受現狀，原因在於各州對於再生能源目標有不同的設定。但這些挑戰並不代表澳洲能源轉型政策失利，而是在面對長期受到化石燃料影響的政治社會背景下漸進式的轉型選擇（Haigh, 2017: 27-29）。

如同前述社會技術轉型理論提到的，永續的轉型是一個動態的過程，更是一種對於社會技術系統的變革。澳洲經驗顯示其政策的制定是從五個社會技術的機制協助澳洲進行整體能源轉型的各種創新。然而即便如此，能源轉型議題仍在社會中引起相當大的爭議。澳洲再生能源政策推動至今近20年，仍面對諸多挑戰，包括不斷升高的能源價格、缺乏促進低碳電源開發的交易機制（Parry, 2017）、受制於聯合政府而難以完全整合且提供一致性的政策（Keenan, 2017），以及燃煤電廠逐步關閉，天然氣發電無法銜接，進而使能源安全受到威脅（McGar, 2017）。這引發各界質疑澳洲再生能源政策的失敗，甚至主流民意認為這並非市場與產品的失敗，而是因為政府的失靈所導致（Banks, 2017）。

澳洲經驗顯示，整體社會並未質疑能源轉型是一個錯誤的方向，而是政策失誤導致轉型的挑戰。這凸顯由少數政治人物和行動者主導政策制定的缺失，也因此近年澳洲地方能源治理過程中，更加重視民眾參與討論及審議，且成為支撐能源轉型繼續前進的重要動能。例如2014年在Alice Springs小鎮舉辦數場能源轉型對話工作坊。研究發現透過公民參與的過程，除了加強溝通外，更因此促成制度創新、降低社會不平等、使政策更彈性等結果（Foran *et al.*, 2016: 318-321）。

臺灣低碳能源轉型的省思

隨著2016年民進黨政府上臺，臺灣的能源轉型目標亦大幅度地提升。回顧臺灣的再生能源發展目標，有較明確的發展始於2009年的「再生能源發展條例」，並於2010年訂定2030年再生能源裝置容量達到10,858MW的目標。在太陽光電技術逐漸成熟的情況下，2015年將相關目標修正為2030年裝置容量17,250MW（周桂田等，2017: 62-64）。在民進黨政府上臺後除了將再生能源達成年限提前至2025年外，也將再生能源裝置容量目標提升約2倍，達到27,423MW，預計臺灣的發電結構將由燃煤發電45.4%、燃氣發電佔32.4%、核能發電12%、再生能源（含抽蓄水力）6.1%及燃油發電4.1%的現狀調整為燃氣發電50%、燃煤發電30%、再生能源發電20%的發電結構，作為邁向「2025無核家園」政策的目標。然而目前為止，臺灣的能源轉型仍缺乏更明確的路徑圖。[3]

從社會技術轉型的觀點來看，臺灣在外在影響的部分，雖然存在政治變因，然亦無法忽略國際整體面對氣候變遷的減排、綠色低碳經濟、降低化石燃料使用與補貼的趨勢。聯合國在2015年第21次氣候變遷大會（COP21）中通過《巴黎協定》取代了《京都議定書》的規範，並於會前要求各國自主提出減量目標，稱為國家自主決定預期貢獻（Intended National Determined Contributions, INDC）。臺灣則承諾將於2030年溫室氣體排放量為現況發展趨勢減量50%，相當於2005年排放量減量20%，

[3] 據能源局統計2016年的全臺總發電量為264,114.2GWh（百萬度），消費量則為255,381GWh。

作為2050年減至2005年排放量50%的階段性目標，並將其納入《溫室氣體減量與管理法》中（陳文姿、彭瑞祥，2015），成為臺灣面對國際最主要的永續轉型承諾。

在社會技術體制的面向，臺灣有兩個主要的挑戰，一是現有穩定的用電習慣，二是能源決策與治理模式缺乏有效的轉型路徑圖。從2017年8月15日因大潭電廠跳機，導致全臺啟動低頻卸載機制，分區輪換停電的爭議和論辯，可以看出臺灣社會對於電力能源的供應習慣「供過於求」，且因台電作為國營事業與電力系統牽涉民生議題所產生的特殊性，臺灣長期處於低電價且「有義務滿足用電需求」的慣性之中。在臺灣目前發電結構仍以化石燃料為主的情況下，民眾或企業仍仰賴便宜且無限供應的電力，傾向基於既有的運作方式來看待能源問題。大多數的工商業代表，面對分區輪換停電一事，多認為這是因為臺灣的基載電力不足，能源政策應重啟核電選項（陳政偉，2017），或認為停電是由於備用容量未達法定的15%所致，若有充足的備轉容量，應可應對單一電廠的跳機危機（林良昇，2017）。

然而環保團體或強調綠能發展的一方多認為815停電的問題是源於整個能源系統規劃不佳的系統性問題。環保團體和主張綠能發展者認為若臺灣的能源轉型能及早開始，採用分散式的再生能源電網，則不會發生因單一人為失誤，即產生影響範圍擴及全臺的危機（蔡怡杼，2017）。

在能源決策與治理模式的部分，面對能源系統的轉型與變革，至少有兩個關鍵性的面向：一是能源技術與相關基礎建設的發展，這主要牽涉不同能源供應系統的發展與競逐，如前述的集中型電網與分散型電網的選擇；再者，決策型態的調整與多元治理模式的交互作用，也會影響各方行為者在能源系統轉型過程的角色變動、互動以及影響力（林子倫、李宜卿，2017: 44-45）。若採傳統由上而下的技術官僚體系決策模式，缺乏民眾共同參與，則難以促進整體社會技術轉型。

以民進黨政府上臺後的幾項主要能源政策來看，《電業法》為能源技術與基礎建設發展的法制基礎，在2017年1月11日於立法院三讀通過。然而以電業自由化為主軸的電業法修法，雖然強調廠網分離、綠電先行，且優先開放再生能源的發電與售電部分，[4] 以優先獲得調度、輸配電費優惠、直接銷售與一定規模下無需提供備用容量等方式，降低民間小型業者進場的門檻。但即便是支持電業法修法的環團，亦對於電業法的通過有所質疑，主要的爭點包含電業管制機關的位階、電價公式、相關的衝擊評估與公民未來在能源轉型可扮演的角色（端傳媒，2017）。同時，部分的開放與折扣的自由化是否可以成為再生能源發展的推手，仍有待觀察（周桂田等，2017: 65）。

依據《能源管理法》第一條的授權，經濟部推出「能源發展綱領」作為各部會擬定發展策略與計畫之能源上位指導方針。「能源發展綱領」於2012年核定通過，並以三原則「安全、效率、能源」就供給、系統、需求三個部分提出六大方針作為政策方向。而2016年後經濟部能源局亦重啟「能源發展綱領」之修正，並於2017年4月24日正式核定修正案，以「確保能源安全、綠色經濟、環境永續及社會公平之均衡發展，期達成2025非核家園，實現永續發展」作為核心願景。此外，在四大面向下提出13項執行方針與五個主要的政策配套，將「能源轉型白皮書」作為推動整體的能源發展綱領的重要機制（經濟部能源局，2017a）。政府嘗試透過公民參與營造政府與民間的共同協力，提出全面能源轉型的行動方案（經濟部能源局，2017b）。然而目前能源轉型白皮書的討論，才剛進入第二階段的共同協作，[5] 能否達成預期廣泛納入公民參與能源轉型的目的，將有待後續進入共同協作與公民持續的對話階段。

---

4 此次電業法修法將電業分為發電、輸配電與售電三部分，並在再生能源領域開放發電與售電，輸配電網則維持國營，且可兼營公用售電業。

5 據經濟部規劃，能源轉型白皮書的討論分三階段，第一階段為預備會議，共計舉辦北、中、南、東四場預備會議，並於8月9日完成意見搜集（共計605則意見）；第二階段為共同協作預計將成立能源治理、節能、電力、新及再生能源、綠能產業科技，共五個工作小組，每個小組納入產、官、學、研與民間團體專家，共同協作產生具體內容並上網徵求意見，相關編組於10月5日啟動；第三階段為公民對話，預計舉辦分眾會議（民間團體與產業）及公民會議，並透過網路蒐集意見，再交由工作小組參考修正，並報院核定（經濟部能源局，2017b）。

在相關行動者的部分，非政府組織與社區協作、能源供給面的行動者、節能產業以及經由產業新思維崛起的相關產業，都是在面對能源轉型過程不可忽視的多元面向，也是能源轉型技術發展的重要利基起點。例如地區型公民電廠的成立與網絡的建立、離岸風力發電設備完全國產的訴求、能源技術服務產業、以及從整合角度發展的資通訊部門等（周桂田等，2017: 67-78）。從創能、節能、儲能與系統整合等面向，在現今臺灣相關產業鏈發展才逐漸起步的階段，透過引入國外的技術，或發展在地化的技術都將是能源轉型的技術利基。

綜觀臺灣的能源轉型發展，「社會技術轉型」的遲滯是全體必須面對的問題。在永續的社會技術轉型上，面對國際的壓力，透過新技術的出現推動社會技術體制的轉變至為關鍵。然現今即便有更具突破性的再生能源與能源轉型目標出現，但不免令人質疑相關的政策是否對於產業與社會的發展有實質的助益。從澳洲的經驗反思臺灣當前能源轉型和再生能源發展策略，有必要強化能源轉型與國家經濟與金融發展的結合，其中新技術發展的前期投資乃是不可或缺的要項。再者，公民參與及地方能源治理的重要性成為能源轉型的過程中，由下而上的重要驅動力。透過擴大公民參與和審議途徑，可以強化政策的彈性與適應性，使其更貼合社會價值與需求。最後，臺灣永續的社會技術轉型策略如何更為清晰，並使公民社會成為能源轉型過程中的重要動能，將關鍵性地影響臺灣能否跟上全球低碳經濟體系。

參考文獻

台灣經濟研究院（2016）。〈APEC能源國際合作資訊網：APEC各會員體能源資訊分析—澳大利亞〉。http://apecenergy.tier.org.tw/energy2/australia.php。2017/9/30檢索。

林良昇（2017）。〈815停電國民黨智庫：真相就是發電量不夠〉。http://news.ltn.com.tw/news/politics/breakingnews/2164925。2017/08/18檢索。

林子倫、李宜卿，（2017）。〈再生能源政策在地實踐之探討：以高雄市推動屋頂型太陽光電為例〉，《公共行政學報》（52）: 39-80。

周桂田、張國暉、歐陽瑜、徐健銘、趙家緯主編（2017）。《The Working Paper of RSPRC許一個臺灣的新發展願景：從能源轉型啟動社會轉型》。臺北：臺大風險社會與政策中心。

陳文姿、彭瑞祥（2015）。〈臺灣發布自主減碳承諾2030年降至2005年標準再減20%〉。http://e-info.org.tw/node/110187。2017/09/30檢索。

陳政偉（2017）。〈815全臺大停電林伯豐：核電就開吧〉。http://www.cna.com.tw/news/afe/201708150355-1.aspx。2017/08/18檢索。

張素美（2016）。〈澳洲公布2015年能源白皮書〉。http://km.twenergy.org.tw/ReadFile/?p=Reference&n=201624161427.pdf。2017/9/30檢索。

蔡怡杼（2017）。〈815全臺大停電環團：凸顯電力系統脆弱〉。http://www.cna.com.tw/news/asoc/201708150334-1.aspx。2017/08/18檢索。

端傳媒（2017）。〈臺灣電業法修法通過，2025年前停用全部核電廠〉。https://theinitium.com/article/20170112-dailynews-taiwan-electricity-act/。2017/09/30檢索。

經濟部能源局（2017a）。〈行政院核定修正「能源發展綱領」四面向架構臺灣能源轉型〉。https://www.moeaboe.gov.tw/ECW/populace/news/News.aspx?kind=1&menu_id=41&news_id=6673。2017/10/1檢索。

經濟部能源局（2017b）。〈能源轉型白皮書〉。http://energywhitepaper.tw。2017/10/1檢索。

Banks, G. (2017). "Energy crisis a blunder of governments, not a market failure." http://www.afr.com/opinion/columnists/energy-crisis-a-blunder-of-governments-not-a-market-failure-20170406-gvf25k. Retrieval Date: 2017/12/2.

Cherp, A., Vinichenko, V., Jewell, J., Suzuki, M. and Antal, M. (2017). "Comparing electricity transitions: A historical analysis of nuclear, wind and solar power in Germany and Japan." *Energy Policy* 101: 612-628.

Foran, T., Fleming, D., Spandonide, B., Wikkiams, R. and Race, D. (2016). "Understanding energy-related regimes: A participatory approach from central Australia." *Energy Policy*

91: 315-324.

Geels, F. W. (2002). "Technological transitions as evolutionary reconfiguration processes: a multi-level perspective and a case study." *Research Policy* (31): 1257-1274.

Geels, F. W. (2011). "The multi-level perspective on sustainability transitions: responses to seven criticisms." *Environmental Innovation and Societal Transitions* 1: 24-40.

Haigh, Y. (2017). "Shifting gears to post carbon living: tracking the socio-technical transitions in renewable energy policy in Australia." Paper present at the 3rd International Conference on Public Policy, Singapore, June 28th.

Keenan, A. (2017). "Anything less than bipartisanship on energy is a policy failure." https://www.acci.asn.au/news/anything-less-bipartisanship-energy-policy-failure. Retrieval Date: 2017/12/2.

Markard, J., Suter, M. and Ingold, K. (2016). "Socio-technical transitions and policy change —Advocacy coalitions in Swiss energy policy. " *Environmental Innovation and Societal Transitions* 18: 215-237.

McGar, J. (2017). "Whitehaven Critical of Energy 'Failure'." https://sourceable.net/whitehaven-critical-of-energy-failure/. Retrieval Date: 2017/12/2.

Parry, T. (2017). "Expensive power: brought to you by 20 years of bipartisan federal-state failure." http://www.afr.com/opinion/columnists/expensive-power-brought-to-you-by-20-years-of-bipartisan-federalstate-failure-20170823-gy2e2v. Retrieval Date: 2017/12/2.

Rotmans, J., Kemp, R. and Asselt, M.V. (2001). "More evolution than revolution: transition management in public policy." *Foresight* 3 (1): 15-31.

Sovacool, B. K. (2014). "Diversity: Energy studies need social science." *Nature* 511 (7511): 529-530.

Ulli-Beer, S., Kubli, M., Zapata, J., Wurzinger, M., Musiolik, J. and Furrer, B. (2017). "Participative modelling of socio-technical transitions: why and how should we look beyond the case-specific energy transition challenge?" *Systems Research and Behavioral Science* (34): 469-488.

「城市轉型實驗室」作為推動永續智慧城市的新途徑

歐陽瑜

銘傳大學國際學院新聞與大眾傳播學程助理教授暨
臺大風險社會與政策研究中心研究員

前言

氣候變遷的挑戰對於世界各國的人民、社會、與自然環境都帶來嚴重威脅。面來越來越艱鉅的氣候變遷挑戰，作為網路社會主要節點的「城市」，更擔負了帶動區域性永續轉型邁向低碳社會的重要單位。由於城市負擔了全球70%的能源消費與其帶來的碳排（IPCC, 2014），城市居民不只是氣候變遷的受害者，也是加害者。如何策略性地運用資訊科技系統的基礎建制，達到永續發展的目的，主動性地轉型城市既有的價值活動，達到經濟與環境共同獲益的社會，都是未來永續智慧城市治理重要的課題。例如：透過開放資訊與大數據進行城市的轉型治理、以城市作為服務平臺、多元利害關係人的智慧生活創新需求、以永續為導向的創新系統，資訊系統除了可以被導入在不同的組織內，成為達到減碳與資源保存目的的推動力；大型軟體公司也可以使用其能源與碳管理系統，協助組織進行內部的能源與永續的轉型。

為回應氣候變遷、永續發展的迫切性，綠色資訊系統的研究主題在近年來逐漸受到重視。過去有關資訊系統與永續發展的究大致分作兩個不同的方向：綠色科技（Green IT）與綠色資訊系統（Green IS）（Loeser, 2013, Lin *et al.*, 2013）。綠色科技主要考慮的是資訊科技如何造成環境污染、科技能源效率、與設備的使用性議題（Watson *et al.*, 2008）；而綠色資訊系統則探討資訊系統如何能對於永續營運有貢獻，成為減少環境惡化的可能解決方案（Melville *et al.*, 2010）。綠色資訊系統的研究已經有若干的研究成果（vom Brocke *et al.*, 2013; Elliiot 2011）旨在探討資訊系統如何可以對於減少溫室氣體排放、減緩全球變遷效果與其他環境議題上有所貢獻。其核心問題多在於處理如何透過產業結構、制度環境上的轉型，朝向綠色經濟發展，並配合氣候變遷的調適與改變。

早期的綠色資訊系統研究，大多都聚焦以「組織」為研究層級（Melville *et al.*, 2010; Dedrick, 2010）。然而，近年來，城市、能源、產業，特別是市民生活—也代表相當大比例的溫室氣體排放的來源（Loevehagen *and* Bondesson, 2013； Granath *and* Axelsson, 2014）。這些複雜性議題，以「城市」為分析單元的研究就逐漸受到重視。低碳智慧城市就成為城市發展、氣候變遷與數位創新科技的交集，成為一種全球研究的趨勢。藉由引進資訊通信科技（ICT），以城市作為尋求達到氣候目標的主要對象。例如：全球生活實驗室聯盟（Living Labs Global, LLG）所推出的創新服務解決方案平臺，以永續經營為理論視角，連結全球50大城市、2億位參與者，共同解決如交通、健康照護、永續經營、社區服務、觀光等都市問題；歐盟的智慧城市與社群（European Innovation Partnership on Smart Cities and Communities, EIP-SCC））聯結永續都市創新各種計畫與伙伴，建立共通的基礎建設與開放創新流程，都是試圖連結城市、產業、中小型企業、銀行與其他智慧城市的行動者，倡議共創智慧城市的願景。

回應這樣的智慧城市的發展趨勢，近年以「智慧城市」為題的研究在過去二、三年中，如雨後春筍明顯增加。例如有研究智慧城市設計與架構（Wagner *et al.*, 2014; Maccani *et al.*, 2014）、從公部門作為智慧服務平臺研究（Walravens, 2013; Chen *et al.*, 2014）、從公民參與智慧生活、都市發展的角度（Bergvall-Kareborn, 2015; Granath and Axelsson, 2014）、智慧交通、智慧住宅、智慧節能、智慧購物、智慧醫療照顧等創新服務（Kapoor, 2015; Krogstie *et al.*, 2013; Nguyen *et al.*, 2012; Kumar *and* Zhao, 2013）、智慧城市的風險與資安的議題（Goel, 2015）。這些智慧城市文獻雖有相當多元、不同行動者角度的研究取向，然而，多數研究都是從單一技術創新或行動者之科技治理－角度，並未同時回應氣候變遷壓力與低碳城市的雙考量。

反觀我國目前行政院所提出101-105年「國家通訊發展方案」也將「智慧城市」訂定為發展主軸。但是在發展與執行各項計畫的方式上，仍以各部門職掌科層分工架構處理不同議題（見圖1），例如：智慧生活由經濟部職掌、建設匯流網路則由交通部與通傳會負責、深耕數位則由教育部與通傳會負責。在發展方案中對於「智慧城市」這種複雜性議題最需要處理的「互連性（interconnectivity）」的問題，並未提出明確的處理與解決方式。事實上，低碳智慧城市牽涉到市民生活的各個層面，是需要考慮整個「生態系統」建制的跨領域議題，更需要同步與「能源與產業轉型」規劃，從統整性（holistic）的角度思考（見圖2）。

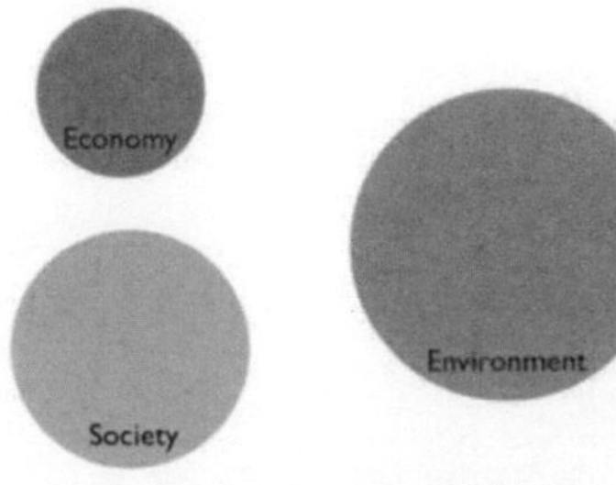

◎ 圖1　系統各自分頭發展

◎ 圖2　整合觀點（holistic view）的發展

全球各國所提出的智慧城市倡議，都指出「智慧城市」本質上是一個複雜「多重系統之社會－科技系統（Socio-technical System of Systems）」（Ojo *et al.*, 2014），如何以城市為中心，形成與地方脈絡結合的不同的「智慧生活生態系統」，能夠帶動產業轉型、市民參與和反饋，這些「互連性」、整合以及引導創新網絡衍生的能力，都對於原本「由上而下」的科技、管理與治理方式帶來高度挑戰。而對資訊系統產業而言，綠色智慧城市本身也是一個新興市場，如何協助城市治理者，建立更具智能的城市基礎建制，並同時達到永續與產業轉型目標，整合綠色經濟與智慧科技創新的觀點，導入預警原則，統整經濟、社會、環境三系統於低碳智慧城市治理架構，就成為綠色資訊系統研究領域的重要議題。

值得注意的是，我國政府2015年已經快馬加鞭針對4G寬應用智慧城市的共通介面制定共同規範，透過共同標準來連結過去多元、分散多頭馬車的發展。讓跨應用資料能互通互連，並透過Open API提供企業與民間研發人員快速開發創新應用，激發由下而上的應用價值衍生，來帶動智慧城市生態系統的產生。新發展願景已逐漸走出單一資通訊建設布建的科技思惟，採取更多統合觀點，透過「點、線、面」在考量地方政府的需求與資源脈絡下，促成技術應用創新與社會創新（都市計劃、行政、程序創新）間的對話，兼顧科技轉型與制度創新，這些都是治理能力朝向更務實，與國際接軌的進步發展。

雖然我國在智慧城市的政策藍圖上已經走向更多與「多重系統之社會－科技系統」取向，強度技術與制度環之對話。然而，這些政策藍圖將如何與巴黎氣候變遷會議後之低碳承諾與能源議題接軌？現有的公、私、市民、公民社會；中央與地方，如何突破現有的制度性安排，跨越既有的科層限制與資源配置，形成相互連結、合作、相生相長的智慧生態系統，這些重要的轉型難題，都尚未有清楚答案。

本文的目的在探討在世界各國都同樣面對低碳轉型的「碳脫勾、綠套牢」的過程中，可能的新興治理機制。由於低碳轉型需要有中央與地方的多層次治理，不同利害關係人通力合作，如何能在政府的科層組織、市場的交換體系之外，形成一種新形態的網絡治理，帶動現有的碳套牢轉型，是本文關切的焦點。

本研究指出歐洲永續城市轉型所採行的「城市轉型實驗室（Urban Transition Lab）」途徑是一種新興的制度性安排，可以協助複雜性議題最需要處理的「互連性」的問題，得到初步解決，彌補當前經濟、社會、環境各系統分頭發展、路徑依賴的困境。Nevens等學者（2013）將轉型管理應用在歐洲城市，包括英國的亞伯丁（Aberdeen）、法國蒙特勒伊（Montreuil）、比利時根特（Gent）、德國路德維希堡（Ludwigsburg）與荷蘭鹿特丹（Rotterdam）等，以達到因應氣候變遷的挑戰與低碳社會的目標。透過「城市轉型實驗室」途徑帶動各系統緊密合作與溝通，在政策制定與執行上採取聯合行動，透過溝通進行同儕學習與反饋，找到統整觀點（holistic view）提昇各級政府創新能力，以強化民間綠色創新活動，形成綠色生態系統。

本文首先回顧綠智慧城市文獻，繼而介紹轉型管理理論中的「城市轉型實驗室」概念，並以歐洲五個城市在摸索「城市轉型實驗室」的流程與障礙，作為我國的借鏡。最後簡介我國的相關案例。

綠色智慧城市研究探討

有關「智慧城市（smart city）」一詞，有許多不同的用法，例如：聰明城市（intelligent city）、知識城市（knowledge city）、永續城市（sustainable city）、未來城市（future city）、數位城市（digital city）、和創新城市（innovative city）等。根據Giffinger *et al.*（2007）的定義，「智慧城市是能在經濟、人民、治理、移動性、環境與生活等各個面項上都能夠以一種具前瞻（forward-looking）的方法進行。是建立在具有自覺與獨立的公民，提供的各種資源與活動的智慧組合上。」智慧城市不但被視作是一種改變的催化劑（Paskaleva, 2011），也視作一種都市創新，涵概了科技、組織與政策創新等，是一種之社會－科技的與社會－經濟層面上智識能力的成長。

智慧城市的概念包含相廣泛，並包涵大量多元的任務，包括政府流程改造、對市民服務供應的最佳化、與資訊管理等（Nam *and* Pardo, 2011），還包括各種相關領域、行動者、流程、與其各自不同的目標。但這些不同的任務最終都是以改善城市的成長、服務供應、基礎建設、福利、生產力與生活品質為主要的目標。其中「科技」扮演了相當核心的角色，同時「科技」也成為促進這些概念與流程可以實現的力量，主要聚焦於知識的轉移、基礎建制要素的改善、與環境面相等。

Brauer *et al.*（2015）回顧了當前在智慧城市脈絡下，資訊管理領域的頂尖期刊、以及環境科學、能源與交通、城市、建築與區域研究、科技與工程、軟硬體混和等非資管領域等廿餘個電子資料庫的相關文獻。結果發現：在資訊管理領域的文獻，大多並未涉及到都市計畫的層面，而且目前綠色資訊系統作為永續城市推動這一類文獻數量還相當少，且尚未以智慧城市作為推動綠色資訊系統的研究脈絡。而在城市層面上，這些文獻中的行動者主要涉及的是城市規劃的行政部門、或支持城市工作的供應商，只有非常少數以市民為研究對象。多數都聚焦在發展與使用資訊系統來支援蒐集資料，以進行決策，許多都處理的是用於基礎建設與交通的決策支援系統（decision support system, DSS）。

在環境科學、能源與交通等非資訊系統領域的研究，採納資訊系統以達到智慧城市的永續目的文獻中，大多數所提及的是蒐集與監測環境相關資訊的地理資訊系統（geographic information system, GIS），特別是都市計畫領域文獻引用甚多，但在資訊管理期刊中則完全被忽略。此外，在非資訊管理領域的文獻中也關切能源管理的解決方案，以及在都市計畫脈絡如何減緩環境破壞。例如：在基礎建設方面，像是全市的能源計畫系統、最佳化城市的照明、透過再生能源作為供應建築物可評供與可預期的能源選項等；減緩環境破壞方面，像是透過地理資訊系統蒐集的資料進行決策支援流程，這些資訊可能是自動蒐集、市民提供、或是遠距感應器所蒐集。在交通領域方面，主要探討減碳的解決方案，像是全市監測碳排的感應器與與推估、減少私人車輛使用的解決方案。非資訊管理領域期刊也甚少考量到市民，主要只是將市民視作為資料蒐集的過程，提供地理資訊系統內涵。但是，無論是否為資管領域期刊，都將資訊系統的核心角色視作訊息提供（informate），很少涉及到其自動化（automate）與轉型（transformate）的角色。

Brauer *et al.*（2015）以統整性的觀點，建議整合智慧城市脈絡下的綠色資訊系統解決方案，分作「城市層面」、「資訊系統層面」、「永續層面」三大類型，分別包括不同的行動者、系統、角色、流程、與永續目標，可作後續綠色智慧城市研究的藍圖。Brauer *et al.*（2015）指出，目前非資訊管理領域的智慧城市研究，多數是反應式的（reactive）將導入地理資訊系統，視為協助蒐集歷史資料進行決策的決策支援系統之功能。他建議，未來智慧城市研究應多探討直接影響到市民對環境永續正面影響的資訊系統，讓市民行為更多透明化，同時也能達成市民教育的功能，反饋系統也能更多達到環境正義的目標。當轉型的行為開始發生（例如：使用私人車到使用共乘），資訊系統的功能就會被視作為對環境有效性。

儘管Brauer *et al.*（2015）提出了發展綠色智慧城市的觀念性架構，然而從這項靜態性的架構仍然難以得知轉向「碳脫勾、綠套牢」的低碳轉型究竟應如何進行？公、私、市民、公民社會等不同的利害關係人應如何通力合作促成綠色生態系統的形成？有何種治理結構可以協助城市轉向永續發展？轉型管理理論對上述問題提出了動態性的理論視角。

理論性視角：都市轉型實驗室

城市轉型不只是科技或是單一主題領域，而應被視作在文化、結構與實踐上根本性的轉變的社會過程。轉型處理系統性的創新，不但需要有新興科技的產生，也需要改變市場、使用者習慣、基礎建制、文化論述、政策與治理機構。這些不同面項的系統與次系統，要能在不同實務上持續動態的互動與共生演化，因此，低碳轉型是透過所預期的永續系統配置的願景所引導的一個長期性過程。轉型管理是一個流程導向的架構，對於朝向永續發展持續性或新興發展的方向進行引導。其特色乃是考量不同領域的不同行動者長期性的思考，著眼於學習與系統創新。荷蘭政府在能源、水資源、廢棄物管理、交通等上都曾經使用轉型管理的途徑進行，推動社會科技系統轉型，過去這類轉型管理的研究主要是在國家層級，探討如何透過政府政策轉型，脫離路徑依賴的模式（Markard *et al.*, 2012; Verbong *and* Loorbach, 2012）。

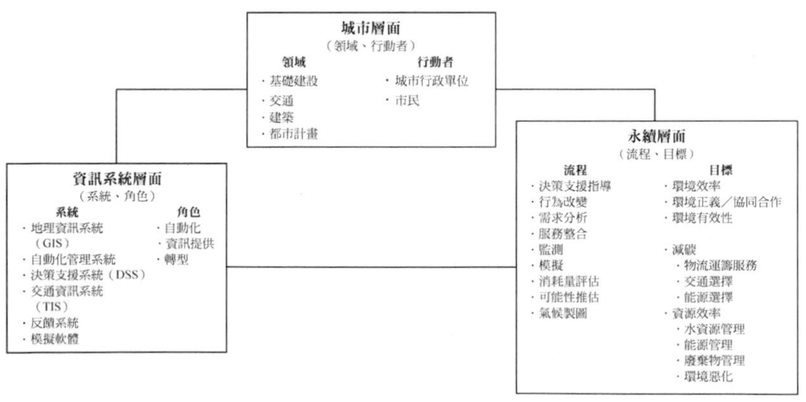

◎ 圖3　綠色智慧城市研究架構

資料來源：Brauer *et al.*, 2015.

轉型管理實務是一個「做中學（learning by doing）」的途徑，建立轉型場域（即一群先驅者所形成的特定網絡）是首要的工作，透過轉型場域建立共同創造生產的語言與未來的方向，每日的實務工作經過一段時間也會有漸進式的改變。透過不同行動者參與建立更廣的網絡，彼此激盪、辯、論、發想與實驗，會產生創新倍增與大量突破性創新的條件。因此，轉型管理的核心就是一種網絡式的管理，透過結構化的共創過程落實轉型管理，讓新的眼光浮現出來，同時可以以一種持續性的方式加以實踐與反省。這種「做中學」過程是透過所謂轉型管理循環（transition management cycle）進行，從中學習並對於願景、議題與聯盟的進行調整（Loorbach *and* Rotmans, 2010；歐陽瑜，2014）。近年來由於氣候變遷議題逐漸受到重視，必須要在城市層級進行有效的永續決策有關，因此有越來越多的研究將轉型管理的研究應用在區域與地方層級（Roorda *et al.*, 2014; Loorbach *et al.*, 2016）。其中以建立「城市轉型實驗室」作為轉型場域，成為一種重要的轉型管理取向。

所謂的「城市轉型實驗室」是汲取「生活實驗室（living lab）」的概念，指一種使用者導向、開放式創新的生態系統，通常在特定的區域處境下進行（例如：城市、聚落或區域），形成一種公－私－公民合作的伙伴關係。「城市轉型實驗室」可被視作一種制度性的場域，是一個混合、具有彈性的與跨領域的平臺，促成社會創新的形成、知識的轉型與交流。在這個場域中，變遷行動者（change agent）可以主動提出並促成城市的永續轉型。而這個跨領域平臺也提供空間與時間讓利害關係人進行學習、反思、發展在既有脈絡之下另類的解決方案。因此，「城市轉型實驗室」整合了目前的研究與創新流程，透過系統性的共創（co-create）、探索與實驗、評估新的創意、情境、概念與相關的科技人造物應用在真實生活中。同時包括有使用者社群的大量參與，既成為利害關係人，其本身也是創新活動的來源。

由於城市面對各式各樣的問題，需要尋找更智慧與永續的方式來引導其未來發展，同時也要處理社會的動態性。「城市轉型實驗室」即透過創造一個學習性的環境，來達成這些多重目標。因此，這種新型態的制度性安排，有別於科層與市場，更重視建立反身性、與創業的能力，以及整合知識帶來行動的能力。在「城市轉型實驗室」中，轉型團隊主要的任務是促成互動，去除套牢（lock-in）、發現創新的機會，確實促成具有透明性與培養社會學習的環境。因此，轉型團隊成員需要具備除了本身的專業之外更多的其他技能。因為「城市轉型實驗室」為地方城市政府治理提供了另一種新的面相，但卻又不取而代之。「城市轉型實驗室」的目標是成為一個城市轉型創新的育才機制，以創新突破套牢於高碳系統的既得利益或是孤島思維（silo-thinking）（Nevens *et al.*, 2013）。「城市轉型實驗室」也因此需要包容可能失敗的風險，在某些時候轉型無法徹底落實。然而，即使如此，城市仍然學到了有價值的功課與得到了寶貴的紀綠，而這也正是城市對於轉型團隊之工作最主要的要求。

Nevens等學者（2013）將轉型管理應用在歐洲城市的脈絡，以達到因應氣候變遷的挑戰與低碳社會的目標。在2011年歐洲的「城市地區的減緩：創新城市的解決方案（Mitigation in Urban Areas: Solutions for Innovative Cities）」專案，即在五個城市：英國亞伯丁、法國蒙特勒伊、比利時根特、德國路德維希堡與荷蘭鹿特丹途徑轉型實驗，以2030年達到減少50%的二氧化碳排放為目標。為了推動這個專案，荷蘭轉型研究機構（Dutch Research Institute for Transitions, Drift）提出了「城市轉型發展手冊（Urban Transition Management Manual）」，作為推動並輔助城市轉型流程的藍圖，協助城市的轉型從業人員的指導。手冊將城市轉型管理循環的運作界定為五個階段：1.預備與探索；2.問題的結構化與形成願景；3.探索路徑並建立議題；4.實驗與執行；5.監督與評估（Nevens *et al*, 2013; Drift, 2011）。本文即依循這個城市轉型管理的治理架構，予以進一步的說明，作為我國各城市進行治理轉型的借鏡。

推動「城市轉型實驗室」的流程

歐洲「城市轉型實驗室」是一個新興的轉型管理治理機制，包括許多治理的起始點、治理架構、特定的政策工具應用在城市或區域的脈絡上。城市轉型管理循環推動的階段，見表1。在不同的轉型階段都分別不同的目標與活動，與主要參與的行動者。如何能將每個階段落實，是由特定城市依據其特色與脈絡來決定的，由地方轉型團隊協助流程引導與制定。

1. 第一階段：預備與探索

在預備與探索階段，形成轉型團隊作為整個採納「城市轉型實驗室」途徑的重要推手。在初期轉型團隊包括3-5位成員包括特定領域的專家、特定內容專家（例如：能源）、轉型管理專家、地方政府的變革代表與流程協助人員，反映出先期辦公室混合策略。轉型管理團隊負責內外溝通與推動「城市轉型實驗室」的流程與相關的政策流程，其主要的工作是設定與管理治理的利基（governance niche），並創造安全環境，讓轉型行動與策略可以被提充分討論、共同設計、而沒有任何政府的行動者要作立即的控制。在這個階段不應排除轉型流程中的衝突，其目的就是對於處理複雜性議題的不同價值觀與多元角度帶來更多的洞見，同時讓不同的觀點能基於平等的立場充分討論與辯論，而解決方案的形成也因此能夠建立在更廣的脈絡讓更多的利害關係人都能夠參與。轉型團隊必須要能成為一個中介的角色，不但能辨識出這些衝突與張力，同時也能說明其背後的動機與利益，並予以折衝調和。因此轉型團隊的角色相當吃重且耗時（Nevens *et al*, 2013; Drift, 2011）。

轉型團隊在導入「城市轉型實驗室」途徑之前，必須先對城市進行系統分析與行動者分析，才能界定問題與形成願景。行動者分析顯示出

表1　推動「城市轉型實驗室」的階段性結構化要素

	參與的行動者	主要活動	主要產出的結果
1. 預備與探索	・城市行政官員 ・特定內容專家（例如：能源） ・轉型管理專家 ・流程協助人員 ・專家、資料所有權人與其他利害關係人	1）轉型團隊的形成 2）流程設計 3）系統分析 4）行動者分析（相關行動者的長名單與短名單，包括訪談） 5）設定監督架構	1）轉型團隊 2）城市轉型實驗室的流程計畫 3）對於值得聚焦之重要議題與張力有見地之觀點 4）辨識行動者與分類 5）監督架構
2. 問題的結構化與形成願景	・先驅者（願景設定者） ・創造性的個人（藝術家、設計師……）	1）轉型領域的形成 2）參與式的問題結構化 3）重要優先次序的選擇 4）參與式的願景建立	1）轉型先驅者的網絡 2）共同的問題意識與變革議題 3）以永續發展原則作為指引 4）共同的願景
3. 探索路徑並建立議題	・先驅者 ・行動導向的網絡 ・特定路徑的行動者（專家、產業、政府、市民社會、市民）	1）參與式反思並界定轉型路徑 2）形成議題與特定的行動	1）反向分析與轉型路徑 2）轉型議題與形成可能的次團體
4. 實驗與執行	・行動者 ・財務人員 ・經理 ・客戶／市民	1）願景、路徑與議題的傳散（轉型論述） 2）形成聯盟與連結更大的網絡 3）將轉型實驗在當前的政策與專案下執行	1）更廣的公眾認知與更多團隊的參與 2）變革行動者網絡與實驗組合 3）學習與執行
5. 監督與評估	・轉型團隊 ・行動研究者 ・行動者	1）對於方法、內容與流程進行參與式評估 2）反省願景與策略 3）以訪談進行監督	1）方法論架構的調整，與對於在地方和歐盟脈絡下學習到的教訓 2）策略的調適 3）學習與流程的反饋

資料來源：修正自Nevens *et al.*, 2013 *and* Drift, 2011.

哪些行動者應當進行訪談；而系統分析則提供了系統的邊界，例如：水資源與氣候、能源、觀光、農漁業等。透過系統分析，可以形成對系統整全的觀點，對於區辨主要系統的特性、互動與問題非常重要，不但可以了解當前的情況、持續性的問題與未來的挑戰，同時也可以刺激整合性的思考與長期性的觀點，讓行動者跳出其既有的專業與角度來了解系統間的互連性問題。而系統分析也提供了不同背景的行動者共同的知識基礎與語言來進行跨領域合作。轉型團隊的活動必須要能超越組織層次，而且不是孤立無援的，他們需要一群政策行動者（例如：政府官員與行政人員）支持他們的專業、所投資的時間、協助溝通管道與合約。

與一般的「專案」途徑不同，「城市轉型實驗室」途徑帶來的是一種激進的新環境設置，會與城市政府與其環境的主流典範有些部分相衝突。Nevens *et al.*（2013: 118）提出在歐洲城市實踐「城市轉型實驗室」途徑時，在預備與探索階段所面臨的主要障礙，如表2。

表2　實踐「城市轉型實驗室」在預備與探索階段所面臨的主要障礙

・政治與政府機構典型的「命令與控制」的態度：城市轉型的軌道完全要應以授權為主，並給予相當高度的自由。
・沒有野心，期待固定、有具體結果、可預期的計畫：城市轉型實驗室途徑有相當高度的自然浮現與意外發生的。
・嚴格地強制執行計畫：沒有留空間給乍看似沒有生產力的反省、重新考量學習。
・在整合途徑（例如：系統分析）中導入一些「軟性」的技巧（通常無法測量）。
・漸漸建立一些無形的結果，像是對於參與者的信任與授權。
・在政策制定機構與政策和發展中的轉型專案、政策與網絡中居間調停。

資料來源：Nevens *et al.*, 2013: 118.

2. 第二階段：問題的結構化與形成願景

在行動者分析後，一群先驅者被挑選出來，進行場域會議。這些先驅者是城市發展較有願景的人士，較願意跳脫既有框架思考，以創意參與永續城市未來長期發展的人士。這些先驅者往往是創客、政府官員、也可能是具某些特殊利基的行動者。

在設定轉型領域的流程中，通常有15-20位先驅者參與，對於特定議題共創出真實的願景。先驅者都是以個人身分參加，不代表任何單位。他們透過對城市的問題與挑戰的共同認知與結構化，提出發展未來城市系統應遵循的重要的優先次序，與價值和規範，以及作為底線的指導原則。這個設定願景的過程與後來產出的願景文化同樣的重要，因為設定願景的過程會帶來正向的團體動力，使不同的觀點能夠相互協調（Drift, 2011）。先驅者不但可被視為這些願景的創意發想者，同時也會透過其各自的網絡開始去傳散願景，擴大整個網絡。形成願景的討論需要有外在創意發想與參與環境，Nevens *et al.*（2013: 118）指出在這個階段，歐洲城市所面臨的主要障礙，如表3。

表3　實踐「城市轉型實驗室」在問題的結構化與形成願景階段所面臨的主要障礙

・選擇真實的先驅者，辨識出他們並讓他們參與：能夠跳脫框架思考的能力很重要，同時也要有能夠在團隊中發揮功能的能力、熱愛表達意見這些都是有幫助的能力。
・辨識出哪些先驅者沒有發揮功能，要設法有技巧的把他們移除。
・經過一段時間還沒有很具體的結果，卻還要保持這些領域成員的興趣與自願參與。
・要克服為某方利害發聲的習慣，創造一個個人參與的思惟，以達到一個讓所有各方都同得利益更廣的目的，帶來一個可以變革的配置。

資料來源：Nevens *et al.*, 2013: 118.

3. 第三階段：探索路徑並建立議題

在具有共同問題意識與永續願景的前提下，這個階段的城市轉型活動在不同的轉型場域爆發性的開展：許多有潛力網絡行動者被期待參與開發有不同主題的活動、提出主要策略，以共同建立一個大眾期待的未來城市。先前發展的願景與目前行動間的連結需在這個階段被建立起來，根據願景來啟發與動員。在這個階段，透過科技、文化／行為與結構化／組織的角度，形成未來可能的轉型路徑與其驅動力，並評估長短期轉型路徑可行性的建議。在這個階段中，轉型議題被建立、而不同的次團體也產生，每一個次團體都聚焦於特定的策略並有特定於不同轉型路徑相關行動者（例如：科技專家、產業人士、政府部門、公民、與公民社會組織），也需要辨識既有或尚未有的利害關係人，所適用的角色是在城市、區域、全國還是跨國的層次。這些路徑與轉型議題會實現城市永續未來的倡議，但是這些倡議並不應被視作為包含所有策略與行動的「轉型藍圖」，有固定的時程表與里程碑，或是有可以測量的目標。這些倡議是浮現式且開放式的。

表4　實踐「城市轉型實驗室」在探索路徑並建立議題階段所面臨的主要障礙

・在策略／行動間找出可行的均衡：找出一些可以被計畫與訂定時間表的，其他欠缺現成的資料、技術與空的，則再讓它繼續發展。
・超越當代的思惟，因為那會阻礙真實的創新策略與行動：尋找新的商業模式類型與合作。
・克服對於可行性的討論：基於目前現有的障礙，例如鑲嵌於法律、經濟績效指標等的討論。
・證明新的策略／行動的倡議實際上增加的價值。

資料來源：Nevens *et al.*, 2013: 119.

4. 第四階段：實驗與執行

在這個階段中，將轉型論述與先前的系統分析、願景、轉型路徑和議題整合起來，並且傳遞出去是相當重要的。由於城市轉型實驗室是在真實市民生活中規模性地實踐轉型路徑，以達到期待的未來願景，城市轉型實驗結果對外界（例如：地方的政策制定者、媒體）進行溝通，可以證明轉型管理的有效性，促進公眾認知與擴大參與。

其中有一個挑戰是如何將不同持續倡議的新的實驗連結到更廣的永續／低碳城市的論述上。由於轉型實驗是透過不同類型的行動者參與，對於不同類型的轉型問題提問建立起來的，明確地與更廣的轉型議題相連結，這些實驗本身對於轉變現行「不永續」的制度結構是具有工具性的。例如，鹿特丹的與水共生的漂浮亭（Floating Pavilion）的設計，就是與「漂浮城市（floating city）」的願景相連結，並帶來空間政策（有些港區就被指定作漂浮屋的空間）、經濟工具（調整了新的稅制）的改變。這些一開始只是科技的實驗，卻可以作為改變社會制度性脈絡的踏腳石，在類似實驗更加規模化、空間擴大之後，就能夠引導轉型路徑轉向「漂浮城市」（Nevens *et al.*, 2013）。由於實驗可能有失敗的風險，需克服諸多障礙。

表5　實踐「城市轉型實驗室」在實驗與執行階段所面臨的主要障礙

・鼓勵並吸引市民參與在新的實驗場域中，同時讓他們了解他們是這些實驗的先驅試用者，因此也需要承擔實驗可能產生的不確定性風險。 ・找出必要的財政工具來支持這個實驗，要設法有技巧的把他們移除。 ・必須要牢記要將實驗與更廣的轉型脈絡（對於願景、轉型路徑與行動有連貫性的論述）加以關聯起來，並且讓其關聯性非常明顯。 ・轉型實驗有高度的不確定性，且聚焦在新的組合與洞見。轉型實驗包含尋找與學習的過程（既是做中學也是學中做），因此實驗失敗應被視為城市轉型管理中容許接受的一部分。所謂實驗失敗是指在實驗過程中沒有學到任何功課，而非指專案失敗。

資料來源：Nevens *et al.*, 2013: 119.

5. 階段五：監督與評估

在轉型的過程中很重要的一個元素是「學習」。因此持續性的反省與反身性態度也應包含在轉型過程中。這種「學習」不會只是在單一路徑上的一個階段發生，而應是循環性的，在轉型過程設計中持續結構化的流動的。無論是會議、路徑、實驗、願景和場域都需要持續性地接受監督與評估。有一部分的監督與評估方法應當是參與式的，例如：訪問先驅者、行動者與政府部門，另一部分則應有轉型團隊來進行。這個監督與評估應當要容許失敗，並將失敗界定成沒有學習到任何功課。此外，「學習」應當要包括一階與二階學習兩種層次。所謂一階學習是指在特定的情境與特定的問題產生新的創見；而二階學習則是指對於問題的定義、價值、規範、目標與行動者的信念與問題解決的途徑這些層次提出新的洞見，見表6。

表6 實踐「城市轉型實驗室」在監督與評估階段所面臨的主要障礙

・在轉型管理過程中，監督與學習通常都缺少可用的資源（例如：時間與金錢），能夠更有系統地對於社會與更高層次的學習有較完整的了解，這對於如何將學習的經驗擴大規模是一個非常嚴重的障礙。 ・城市轉型實驗或是轉型管理並非一種可以應用在科學情境的「方法」，而是一種「希望看見改變」的態度。持續性的反省與反身性的監督，才能帶動一種願意重新對準方向、重新思量、重新設計的動力。這與一個專案設定了計畫，在固定架構下照表操課是不一樣的。持續的反省經常也會讓我們衝撞到現有的主流常規的安全性、與心智結構。

資料來源：Nevens *et al.*, 2013: 120.

個案：臺北市智慧城市專案辦公室

臺北市政府是我國智慧城市發展中率先導入轉型管理觀念進行永續轉型的城市。有別於大多數的亞洲城市在東方政治文化脈絡下，多以由上而下（top down）的方式建構其智慧城市；臺北市政府於2016年3月成立臺北市智慧城市專案辦公室，採取城市轉型實驗室的途徑，透過雙向途徑：一方面由下而上（bottom up）將民間產業創意導入政府施政、另一方面由上而下協助政府主導的方案與智慧產業鏈媒合，形成相當有特色的公私協力城市轉型治理的機制。這個新興的治理轉型機制雖才起步不久，臺北市智慧城市已獲得2017年世界電子化政府城市與地方政府組織（World e-Governments Organization of Cities and Local Governments, WeGo）永續智慧城市獎的肯定，未來「城市轉型實驗室」的途徑是否會在臺灣其他發酵，進而帶動中央與地方、公私協力多層次的永續轉型，相當值得注意。

根據德國聯邦政府全球環境變遷諮詢委員會（German Advisory Council on Global Change, WBGU）的研究報告，城市回應氣候變遷進行低碳轉型，應考量促地本地特色（characteristics）、具包容性（Inclusiveness,指有助市民參與和共同使用）、保持地方自然生態的基礎（Natural life-support systems）等規範性指南（WBGU, 2016）。臺灣是全球資通訊產品設計製作大國，從個人電腦、顯示器、手機、GPS、WLAN、ADSL、到電子書等都在全球市佔率俱有舉足輕重的地位。資訊設備年產值超過新臺幣三兆元，通訊設備也約一兆元。因此，在進行能源與性統轉型的同時，若以智慧城市為脈絡，資通產業同步升級與建立新的供應鏈鏈結，將能促使「綠色資訊系統作為永續轉型助力」的目標。臺北市智慧城市專案辦公室即是在臺灣資通訊業優勢的地方特色下提出的構想，與歐洲城市轉型實進行的內容不盡相同，著重在以綠色資訊系統創新帶動永續轉型，但在流程上有類似可參照之處。

首先，**在預備與探索的第一階段**，先驅者是臺北市資訊局、電腦公會等智庫，希望透過「城市轉型實驗室」途徑搭建開放式創新的平臺，來媒合臺北市政府服務市民需求。同時也協助資通訊產業的解決方案規模化，提昇產業發展。臺北市智慧城市專案辦公室即轉型團隊的核心成員，包括有電腦公會、資策會產業情報研究所、產業興辦研究所、商業發展研究院等智庫成員15人形成轉型團隊。轉型團隊成員各自均有既有的工作網絡連結，轉型先驅者幾乎都是透過轉型團隊既有的人際網絡進行串連與資訊傳散。臺北市資訊局、臺北市副市長與其他局處官員也都是轉型團隊的重要行政支持與指導。

由於臺北市智慧城市專案辦公室將「城市轉型實驗室」定位成幫助市政府加速創新的開放式創新平臺，相當於外掛在臺北市政府之外，促進公私協力，以資訊科技解決永續議題的創新機制。轉型團隊首先選定臺北市五個行政區（內湖、南港、信義、士林與文山等區）進行系統分析了解市民需求，同時與臺北市地政局舉辦市民參與活動，蒐集市民對於智慧生態社區改善意見，並廣泛接觸包括里長、社區大學等對永續智慧創新持開放態度的行動者，了解其願景與意見。

其次，**在問題的結構化與形成願景第二階段**，轉型團隊也透過其既有網絡，邀請資通訊產業先驅者主動提出永續智慧城市的解決方案。因著眼於開放式創新，專案辦公室對創新專案的審查標準只有兩項：一是要夠創新、能解決問題；二是要永續、要與公共服務有關。透過轉型先驅者網絡徵求提案，經審核後的專案就有機會得到在臺北市實驗場域，得到實證其創新概念（Proof of Concept）的機會。**在探索路徑並建立議題的第三階段**，需要轉型團隊、先驅者與臺北市府相關的局處人員多次折衝協調溝通，解決適法性、合宜性與需求銜接等各種問題，得到機會場域實證的提案就有機會將其創新構想執行並規模化，進入**實驗與執行的第四階段**。

臺北市智慧城市專案辦公室成立20個月以來，轉型團隊已接觸三百家以上的業者，有許多是新創團隊與中小企業，歷經了超過六百場的公私協力溝通會議，與超過17個政府部門進行協同合作，成功地媒合了60個以上的永續智慧轉型的提案（例如：臺北市與訊舟科技、中央研究院、瑞昱及LASS社群共同合作，推出全臺首創的「空氣盒子」計畫，偵測全臺環境中的PM2.5；臺北市政府資訊局聯合消防局、工務局公園路燈工程管理處，聯合資通訊廠商技術，利用預計以無人機應用於都市災害通訊備援平臺；媒合國內新創公司Wemo威摩科技，於臺北市導入「U-Motor電動機車共享」智慧電動機車租賃服務；媒合艾普仕公司在內湖部分路段導入智慧路燈，觀察內湖科學園區附近的空氣品質，上班週間的車流狀況及停車資訊公開等）。其中「空氣盒子」與「LoRa無線傳輸物聯網實驗平臺」兩項創新都已成功地銷售到日本與韓國。

值得注意的是，「城市轉型實驗室」這個促成城市開放式創新的平臺是一種新型態的城市治理機制，可以帶動對城市發展新的低碳路徑的共創，其進行的過程不應被視作一種線性管理方法，由上而下的控制來進行社會改革。相反的，「城市轉型實驗室」途徑需要給予時間、空間、並容忍失敗的可能性，透過**監督與評估**，再改進、重新調整方向，以一種反身性、學習反思的方式循環式的進行。在開放創新的過程中，有些在甲城市脈絡失敗的案例，在乙城市可能更合適，例如：零耗能智慧公車站未必適用於公車站已裝設LED燈的臺北市，但在網路建制較不

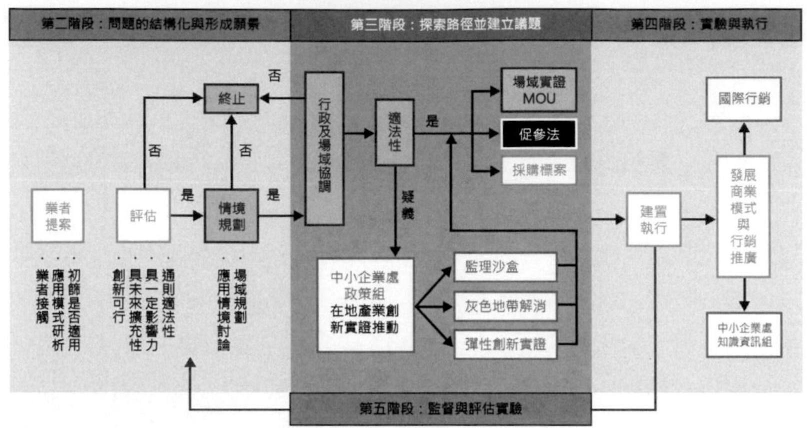

◎ 圖4　臺北市智慧城市「城市轉型實驗室」流程

資料來源：修正自臺北市智慧城市專案辦公室，2017。

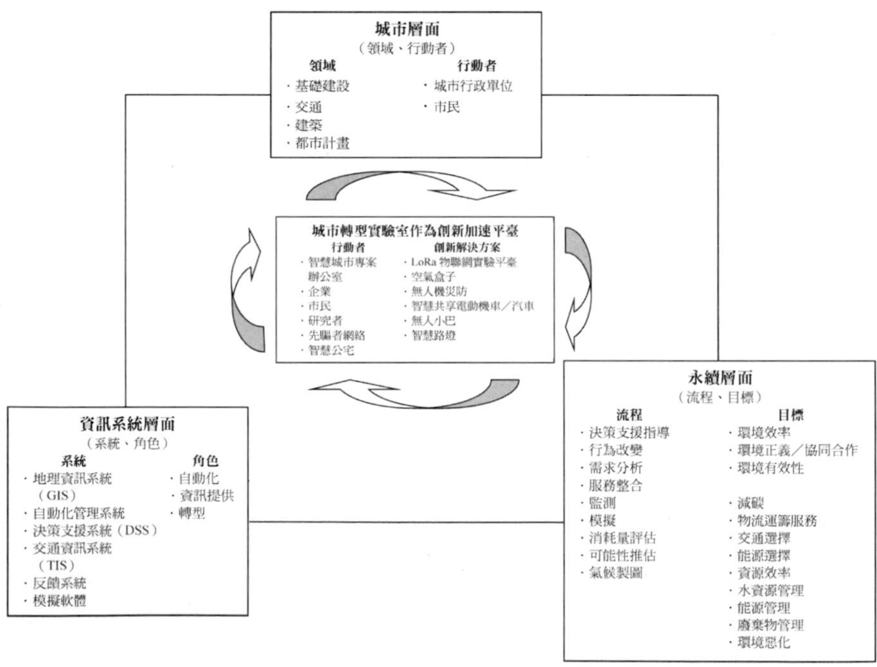

◎ 圖5　「城市轉型實驗室」作為帶動綠色智慧城市各結構化元素連動的齒輪

資料來源：修正自Brauer *et al.*, 2015.

完整的地區可能就是很有價值的解決方案。「城市轉型實驗室」的「做中學」途徑，旨在透過平臺激勵創新、整合新構想與資源，促使公、私、市民、研究者等多元行動者，共同協同合作來參與、共創，永續轉型提出解決方案，而非以科層架構來決定創新的重要性。將各種類型的城市資源都包容進永續城市的發想中，為行政體系注入新的外部資源與創新文化，進而跳脫既有的路徑依賴，為邁向未來期待永續智慧城市尋找出新的可能性。此一方式本身也成為一種行政創新，為科層思維的公部門帶來創新轉型的動力。

參考書目

經濟部工業局（2014）。〈4G智慧寬頻應用城市產業推動計畫〉。加速行動寬頻服務及產業推動小組簡報。

歐陽瑜（2014）。〈永續發展——一個治理的問題：從高雄氣爆事件談轉型管理的落實〉，周桂田（主編），《永續之殤—從高雄氣爆解析環境正與轉型怠惰》。臺北：五南。

Brauer, B., Eisel, M. *and* Kolbe, L. (2015). "The State of the Art in Smart City Research—A Literature Analysis on Green IS Solutions to Foster Environmental Sustainability." *Proceedings of PACIS 2015.*

Chen,S-C.,Miau, S., Wu,C-C. (2014). "Toward a Smart Government: An Experience of E-Invoice Development in Taiwan." *Proceedings of PACIS 2014.*

Dedrick, J. (2010). "Green IS: Concepts and Issues for Information System Research." *Communications of the Association for Information Systems* 27(11): 173-184.

Drift (2011). "Urban Transition Management Manual". https://transitiepraktijk.nl/files/Urban%20TM%20Manual%20Drift%20Music%20April%202011(1).pdf. Retrieval Date: 2017/11/30.

Elliiot, S. (2011). "Transdisciplinary Perspectives on Environmental Sustainability: A Resource Base and Framework for IT-enabled Business Transformation." *MIS Quarterly* 35(1): 197-236.

Giffinger, R. Fertner, C. Kramar, H., Kalasek, R., Pichler-Milanovic, N. *and* Meijers, E. (2007). "Smart Cities Ranking of European Medium-sized Cities." Vienna University of Technology. *October*, 1-28. http://curis.ku.dk/ws/files/37640170/smart_cities_final_report.pdf. Retrieval Date: 2017/11/30.

Goel, S. (2015). "Anonymity vs. Security: The Right Balance for the Smart Grid." *Communications of the Association for Information Systems* 36(2), Available online at http://aisel.aisnet.org/cais/vol36/iss1/2.

Granath, M. *and* Axelsson, K. (2014). "Stakeholders' Views on ICT and Sustainable Development in an Urban Development Project." *Proceedings of ECIS 2014.*

Kapoor, K., Millard, J., Weerakkody, V. (2015). "Smart Transport for Smarter Cities in the UK." *Proceedings of AMCIS 2015.*

Krogstie,J., Stålbrøst, A., Holst, M., Gudmundsdottir, A., Olesen, A. *et al.*(2013). "Using a Living Lab Methodology for Developing Energy Savings Solutions." *Proceedings of AMCIS 2013.*

Kumar, A. *and* Zhao, K.(2013). "Making Sense of a Healthcare Forum - Smart Keyword and User Navigation Graphs." *Proceedings of ICIS 2013.*

IPCC (2014) "Mitigation of Climate Change. Contribution of Working Group Ill to the Fifth Assessment Report of the IPCC." Cambridge, New York: Cambridge University Press.

Lin, Y-T., Ou Yang, Y.S. *and* Hsu, C. (2013). "Building Legitimacy for Green IS Innovations in Taiwan." *Proceedings of PACIS 2013.*

Loeser, F. (2013). "Green IT and green IS: Definition of Constructs and Overview of Current Practices." *Proceedings of AMCIS 2013.*

Loevehagen, N. *and* Bondesson, A. (2013). "Evaluating Sustainability of Using ICT Solutions in Smart Cities—Methodology Requirements." *Proceedings* of *International Conference on Information and Communication Technologies for Sustainability 2013,* 175-182.

Loorbach, D. *and* Rotmans, J. (2010). "The Practice of Transition Management: Examples and Lessons from four Distinct Cases." *Futures* 42: 237-246.

Loorbach, D., Wittmayer J. M., Shiroyama, H., Fujino, J. *and* Mizuguchi, S. (2016). "Theory and Practice of Urban Sustainability." *Transitions Governance of Urban Sustainability Transitions: European and Asian Experiences.* Berlin: Springer.

Maccani,G., Donnellan,B., Helfert, M. (2014). "Systematic Problem Formulation in Action Design Reserch: The Case of Smart Cities." *Proceedings of ECIS 2014.*

Markard, J. Raven, R., Truffer, B., (2012). "Sustainability Transitions: an Emerging Field of Research and its Perspective." *Research Policy* 41:955-967.

Melville, N., Street, T. *and* Arbor, A. (2010). "Information systems Innovation for Environmental sustainability." *MIS Quarterly* 34(1): 1-21.

Nam, T. *and* Pardo, T. (2011). "Conceptualizing Smart City with Dimensions of Technology, People, and Institutions." *Proceedings of the International Digital Government Research Conference on Digital Government Innovation in Challenging Times 2011.*

Nevens, F., Frantzeskaki, N. Gorissen, L. (2013). "Urban Transition Labs: Co-Creating Transformative Action for Sustainable Cities." *Journal of Cleaner Production* 50: 111-122.

Nguyen,V-T, Le,T-N, Bui,Q-M, Tran,M-T, Duong, A-D (2012). "Smart Shopping Assistant: A Multimedia and Social Media Augmented System with Mobile Devices to Enhance

Customers' Experience and Interaction." *Proceedings of PACIS 2012*.

Ojo, A., Curry,Edward,J. Tomasz,D.(2014). "Next Generation Smart City Initiatives - Harnessing Findings and Lessons from a Study of ten Smart City Programs." *Proceedings of ECIS 2014*.

Paskaleva, K. A. (2011). "The Smart City: A Nexus for Open the Smart City: A Nexus for Open Innovation?" *Buildings* 3: 153-171.

Roorda C, Wittmayer J, Henneman P, van Steenbergen F, Frantzeskaki N, Loorbach D. (2014). *Transition Management in the Urban Context: Guidance Manual*. Rotterdam: Erasmus University.

Verbong, G and Loorbach, D. (2012). Governing in Energy Transition. Reality, Illusion, or Necessity? In *Routledge Studies in Sustainable Transitions*. New York: Routledge.

Vom Brocke, J., Waston, R., Dwyer, C., Elliot, S., Melville, N. (2013). "Green Information Systems: Directives for the IS discipline." *Communications of the Association for Information Systems:* 33(30): 509-520.

Wagner,S., Brandt,T., Neumann, D. (2014). "Smart City Planning - Developing an Urban Changing Infrastructure for Electric Vehicles." *Proceedings of ECIS 2014*.

Walravens,N. (2013). "The City as a Service Platform: A Typology of City Platform Roles in Mobile Service Provision." *Proceedings of AMCIS 2013*.

WBGU-German Advisory Council on Global Change (2016). *Humanity on the Move: Unlocking the Transformative Power of Cities*. Berlin: WBGU.

#【能源政策如何推展？】

全球化石燃料補貼改革發展趨勢分析

林子倫
臺灣大學政治學系副教授
暨臺大風險社會與政策
研究中心研究員

趙家緯
臺大風險社會與政策
研究中心博士後研究員

龍吟欣
臺灣大學公共事務
研究所碩士生

前言

化石燃料補貼的移除或政策改革，已被廣泛視為全球減碳與能源轉型的關鍵策略之一，不僅有助於能源效率的提升，更可達成環境、財政以及社會分配等三重紅利的效果。跨政府間氣候變遷專家委員會（IPCC）於2014年發布的《氣候變遷2014： 氣候變遷的減緩策略》評估報告指出若欲達成減量目標，在未來20年間每年針對傳統化石燃料發電廠的投資金額需較2010年時減少20%，而針對低碳電力的投資金額則需較2010年增加一倍，其中半數的投資須用於再生能源發展。此外在能源效率方面，每年亦須投資3360億元以上，進行設備汰換，提昇能源效率。另依據最新的跨國團隊研究成果，全球若欲達到抑制增溫攝氏兩度以下的目標，每年於潔淨能源投資上需新增8000億美元，此額度與當前全球一年於化石燃料投入高達5200億美元補貼的金額相當。因此，應藉由推動化石燃料補貼的移除，促進資金流的轉移（McCollum *et al.*, 2014）。

面對化石燃料補貼議題，全球主要經濟體於2009年的20大經濟體（G20）峰會以及亞太經濟合作會議（APEC）上，已倡議要移除無效率的化石燃料補貼。而2012年於巴西召開的里約永續發展高峰會（Rio+20）開始之前，大會主辦單位舉辦了"Vote for the future you want"的線上投票，邀請全球民眾票選出其最支持的可推進永續發展的政策建議。票選結果顯示，環境財稅改革獲得極大的支持，例如在推動眾人可享有的永續能源此議題上，採取具體移除化石燃料補貼的作法，獲得高達66%的支持率，為全球民眾認為在此次峰會上最應達成的政策共識。

同時，2015年聯合國制定了十七項永續發展目標（sustainable development goals；以下簡稱SDGs）。其中，在第十二項目標「責任消費與生產」（Responsible Consumption and Production ）中，化石燃料補貼移除亦被列為重要議題，強調應對鼓勵浪費性消費的低效化石燃料補貼進行合理化調整；對此，應根據各國國情消除市場扭曲，包括調整稅收結構，逐步取消有害補貼以反映其環境影響，同時充分考慮發展中國家的特殊需求和情況，盡可能減少對其發展可能產生的不利影響並注意保護貧窮、弱勢人口和受影響社區。

臺灣方面，民間團體自2011年起，於油電價格調整爭議時，既以臺灣產業享有高額化石燃料補貼，要求電價調整時應優先移除工業享有的化石燃料補貼；2012年氣候變遷國家會議中，亦要求公部門應承諾將逐步落實化石燃料補貼的移除；近期反核遊行中，亦將此議題列為整體能源政策訴求之一；另外，2015年APEC部長級會議中，我國亦響應紐西蘭之「削減無效率的化石燃料補貼自願性同儕審視」（Voluntary Peer Review on Inefficient Fossil Fuel Subsidy）提案，並於2016年起邀請國際專家團就臺灣化石燃料補貼情形加以檢視（王玉樹，2016）。

本文旨在就國際以及臺灣環境運動均十分關切的化石燃料補貼改革議

題發展脈絡以及最新趨勢加以解析，另引介馬來西亞的化石燃料補貼改革案例作為臺灣參考，最終則綜整臺灣此次參與APEC化石燃料補貼同儕審查的成果，作為臺灣後續化石燃料補貼改革政策之推動基礎。

補貼的緣起與改革動力

石油價格為使用化石燃料的成本。在政府希望穩定並維持低油價來維持經濟發展的考量下，油價的波動會大幅影響政府補貼化石燃料的支出。世界銀行1442號研究論叢形容1970年代為「衝擊的十年」（the decade of shocks），1980年代為「調整的十年」（the decade of adjustment）——這二十年尤其對發展中國家的經濟造成很大的影響。1970年代兩次石油危機帶來的高油價造成了嚴重的經濟衝擊，也造成了國內貨幣的貶值，影響國際收支（balance of payment）。這兩種結果迫使政府重新檢視國內油價政策。政府面臨是否要繼續維持低油價，或者選擇把油價提高、逐漸向國際價格靠攏（Krapels,1985）。政府在這樣的脈絡下，會考慮降低化石燃料補貼來減少政府支出。

1980年代最大的石油補貼國家為發展中的石油輸出國—厄瓜多、埃及、印尼、墨西哥、秘魯、突尼西亞和委內瑞拉。自1981年以降，所有的發展中石油輸出國都已降低石油產品的補貼。在印尼，只有煤油補貼被保留，而該國補貼已經從1981年起降低了90%；但是，其他國家仍對所有石油相關產品進行補貼，並造成國家本身巨大的財政負擔。如果未來能源價格持續上漲，政府將為這些能源補貼付出更高額的代價，補貼也會更難移除（Kosmo, 1987）。

從另一方面來看，雖然平均而言幾乎所有發展中的石油進口國都對石油產品課稅，但高價的石油稅卻被用於交互補貼煤油、柴油和燃料油（heavy fuel oil）。此舉扭曲能源消費行為，讓消費者轉而增耗課稅較少或者補貼較多的產品（Kosmo, 1989）。

依據國際補貼改革倡議計畫（Global Subsidies Initiative, GSI）的彙整，化石燃料補貼可被區分為以下三類（Koplow, 2009）：

1. 油電價格低於市場燃料價格：政府將能源價格固定、有價格上限或者是提供依單位計算的價格補貼。此種政策的範圍可能擴及整個市場，或者會根據不同的消費者訂定不同的價格。政府能直接負擔補貼的成本，或者本身即擁有能源公司的所有權，又或者透過對能源公司施壓等方式，以低於市場的價格將化石燃料賣給消費者。
2. 針對化石燃料生產者的賦稅減免：針對不同的能源，國家會制訂不同的稅收標準。當國家的實際稅收低於原本認為適當的標準時，減少的稅收便被視為是補貼的一部分。因此，降低化石燃料的稅收或者免除稅收皆為化石燃料補貼。
3. 針對特定族群提供化石燃料消費時的相關優惠：有些政策會反映國際市場價格，但在另一方面也會提供能源相關的優惠給某些能源消費者。例如：直接的現金轉移、提供購買能源上的優惠，或者提供配給額度。

1990年代能源價格議題重新被提起，配合減碳風潮，能源議題被納入了環境面向，石油產品過度補貼的問題被重新討論（Bhattacharyya, 1995）。國際能源總署（IEA）在1999年出版的《世界能源展望1999》則使用永續發展的角度，從三個方面論述能源補貼改革帶來的正面影響：原本用在補貼上的資金能夠被挪至社會福利和所得重分配等政策上；移除補貼所獲得的環境效益則可從降低各國和世界的污染（包含二氧化碳排放）中增進；經濟成長可以由改善的經濟效率和降低的預算成本去提升。在這份報告的論述中，能源補貼不再只做為環境議題的一環，也不是減碳的附加工具之一，而成為國家在財政、經濟和環境問題上都能獲得助益的重要改革。

如國際貨幣基金（International Monetary Fund, IMF）於Rio+20高峰會

中舉辦了『綠色經濟所需的稅制與補貼改革』（Tax and Subsidy Reform for a Greener Economy）之議程，其邀集了OECD、美洲開發銀行、亞洲開發銀行、國際農糧組織等國際重要財政組織的代表，提出該組織針對推動環境稅制以及移除補貼的分析，並研析該如何落實。

IMF的代表強調每年四千億以上的化石燃料補貼，造成了環境、財政以及社會分配上的三重損失（triple loss）。在環境上面，依據IEA的研究，若能移除化石燃料補貼，則可削減全球溫室氣體排放量達5%以上。各方認為化石燃料補貼有助減輕窮人負擔，但根據IMF的研究，全球的燃料補貼上，有43%是由前四分之一的富有階級所享有，而佔所得分配最後四分之一者，僅享有7%。

OECD的代表則強調環境稅在社會與經濟面上，具有可使經濟成長更具兼容性、協助高債務國家財政健全以及減少阻礙經濟成長的賦稅等成效。根據研究，若能以環境稅取代所得稅，則每1%的賦稅額度轉移，則可增加GDP 0.6%至2.3%。此外，環境稅或是移除化石燃料補貼亦可促進創新的效果，依據研究指出，再生能源方面的專利數，與石油價格具有正相關性。

美洲開發銀行的代表則特就如何制定最適的環境稅率加以探討。其列舉出相關研究指出，若將空氣污染、全球暖化、道路壅塞、噪音、意外等各類外部性都納入計算時，則每一加侖的汽油應課徵1.83美元的環境與能源稅。其亦引用學者針對厄瓜多、阿根廷與玻利維亞的研究，說明若能制定可充分反映化石燃料耗用所造成之空氣污染、全球暖化等外部成本的環境稅，不僅可大幅削減外部成本，亦有助弭平貧富差距。

近期化石燃料補貼改革倡議觀察

1. 巴黎協定與化石燃料補貼改革

全球於2015年12月達成巴黎協定，且於隔年11月，批准國達到55國以上且其排放量占比達55%後，此協議正式生效。巴黎協定中希冀將全球增溫抑制於攝氏兩度之內，並以全球增溫1.5度以內為努力目標；同時，其揭櫫了於本世紀後半葉達到全球碳中和的願景。為達到此願景，巴黎協定於第二條中明確指出「需使資金流動符合溫室氣體低排放和氣候適應型發展的路徑」。根據學者研究，若可以移除化石燃料補貼，則可使2050年全球的溫室氣體排放量削減8%。IMF（2014）更指出若可再進一步就化石燃料的外部性課徵環境稅，則可使2050年的排放量削減23%。因此歐洲氣候行動網絡（Climate Action Network Europe）與海外發展研究院（Overseas Development Institute）指出各國應將化石燃料補貼改革視為履行巴黎協定的關鍵策略。

同時，英國於巴黎氣候峰會期間發起了「化石燃料補貼改革公報」（Fossil-Fuel Subsidy Reform Communique），訴求化石燃料補貼改革應遵循三原則：公共溝通與資訊透明、改革應有積極的目標與時程、改革應確保弱勢族群仍可獲得保障；目前已有44個國家響應，除了美國、德國、加拿大等先進國家，亦包含甘比亞、迦納等非洲國家以及馬爾地夫、馬紹爾群島等島國。此外，3M、EDF、聯華、飛利浦等23家企業亦跟進簽署此公報，從企業端的角度促使全球政府落實化石燃料補貼改革。

巴黎協定中的一大行動為推動各國以由下而上、自主貢獻的方式，在符合環境正義和公開透明的基礎上訂定國家自定預期貢獻（Nationally Determined Contribution；以下簡稱NDC）。NDC以五年為一次重新盤點週期，並無懲處機制，仰賴各國將執行成果公開以供國際檢視、盤點，進而達成監督效果。除了締約國之外，巴黎協定同時倡議非締約國的參與，非締約國亦可上報減量目標與成果；就此，臺灣主動提出NDC（行政院環境保護署，2015），目標以全國為範疇、於2030年達成溫室氣體基線排放量（business as usual; BAU）減量50%，相當於減少214百萬公噸的二氧化碳排放量。在COP21上，這也貼合了巴黎協定對於NDC的期待：化石燃料在燃燒的過程中將排放大量的溫室氣體；若要減少溫室氣體排放量，從化石燃料的使用著手減量，可以帶來顯著的影響。依據分析，中國、新加坡、迦納、伊索匹亞、埃及、布吉納法索、紐西蘭、印度、塞內加爾、獅子山共和國、越南、阿拉伯聯合大公國等13國在其NDC目標執行計畫中均將移除化石燃料補貼列為重要的減量政策之一。依據全球補貼倡議計畫分析，化石燃料補貼移除對埃及、阿聯等國的減量效果可達到10%以上。巴黎協定中的關鍵機制就是定期的全球盤點（global stocktake），而歐洲氣候行動網絡（Climate Action Network Europe）與海外發展研究院（Overseas Development Institute）強調可藉由此機制要求各國應將化石燃料補貼改革政策列入該國的國家自主貢獻落實計劃之中，接受國際同儕檢視。藉由巴黎協定的機制，可在既有的G20與APEC等改革承諾之外，更全面性地推動各國重視化石燃料補貼改革此議題。

2. 近期化石燃料補貼改革政策趨勢

雖自2009年G20將化石燃料補貼改革納入領袖宣言起，此議題既已被納入各國的政策議程之中，但公民團體均批評其未訂定明確的移除期限，導致此承諾難有具體成效。然於2016年5月召開的7大工業國（G7）峰會上，美、德、法、日、義、英、加拿大與歐盟等國，共同宣示其將於2025年時充份移除化石燃料補貼，為首次於多國政治領袖宣言中明確訂定化石燃料補貼移除時程。

立基於G7的宣示，全球關注此議題的公民團體，於2016年G20峰會招開前夕，發表公開信要求G20亦以2020年為期限，要求旗下會員國落實化石燃料補貼改革，且並於2017年各會員國應公開其化石燃料補貼資訊以利檢核。然而，最終於G20公報中仍僅提出鼓勵各國參與同儕審視程序，並在考量窮人需求下於中期目標（over the medium term）淘汰化石燃料補貼，未能納入明確時程。但美中兩國於此次峰會前夕，發表了其化石燃料補貼同儕審查報告，此舉將有利於加速各國化石燃料補貼透明化。

觀察近年來，國際上能源效率提升、乾淨能源用量擴增、投資轉向乾淨能源而非化石燃料、化石燃料消費補貼由2014年的5000億美元減少至2015年的3250億美元，一方面顯示國際油價低落的市場背景有利於化石燃料補貼移除，另一方面，實則反映出許多國家已經凝聚了一股推行化石燃料補貼改革的動力和決心（IEA, 2016）。舉例而言，沙烏地阿拉伯在2016年4月宣布“Vision 2030”計畫，將朝向「多樣化經濟」發展，減少其歲入上對石油的依賴。中東地區許多產油國亦在油價下跌之時宣布將縮減對於油價的控制。

他山之石－馬來西亞化石燃料補貼改革觀察

馬來西亞過去利用補貼，把電價和油價維持在一定的價格以下。2007至2008年間國際油價大漲，造成該國政府財政負擔。2008年，政府實行了移除補貼的計畫，為減輕人民負擔，同時也進行減稅。2013年9月，馬來西亞因為難以承受的預算赤字，和日漸攀升的國債，決定調漲汽油價格，改用現金補貼民生。

1. 改革背景

根據IMF報告顯示，2011年，馬來西亞稅前化石燃料補貼占該國GDP的1.88%，為政府總收入的8.57%；稅後補貼占總GDP的7.21%，為政府總收入的32.94%。

造成馬來西亞補貼嚴重的主因為其計價公式：該國柴油和RON95的價格是由自動定價機制（automatic pricing mechanism）決定。一般國際上的定義，自動定價機制會讓價格反映國際市場價格變動；但是在馬來西亞，燃料價格不會受到國際價格影響——自動定價機制只是讓馬來西亞政府方便計算需要補貼多少而已。

這樣的計算方式讓馬來西亞政府掌握補貼金額的決定權。2010年，馬來西亞將移除補貼列為該國第十個五年計劃重要的一部份。這個五年計劃從2010年開始實施，微幅調整補貼價格，但是自此之後價格沒有顯著的改變。但至2013年，政治情勢促使馬國政府改革：經過了當時執政政府長達56年的掌權，人民對於政府的滿意度降至歷史低點，加上日漸嚴重的財政赤字與國債高築，該國家領導人納吉（Najib）希望透過經濟改革展現領導力，拯救岌岌可危的財政危機。

2. 改革起因

馬來西亞改革主因為財政赤字、債臺高築。馬來西亞赤字高達GDP的4.5%，在亞洲新興市場13國中排名第二，僅次於印度。馬來西亞政府設定目標在2015年將赤字比例降至GDP的3%以下，馬來西亞國債和GDP比高達53.3%，也為亞洲新興市場中第二，僅次斯里蘭卡。

化石燃料補貼為該國的主要支出之一，2013年，馬來西亞花了79億美金在補貼化石燃料，占該國政府債務的5%。該國政府表示，減少補貼能夠在2013年底以前縮減3.49億美金的開銷。

2013年9月會進行改革，原因可追溯至當年6月18日財政委員會（Fiscal Policy Committee）的成立。財政委員會的職權主要是解決預算

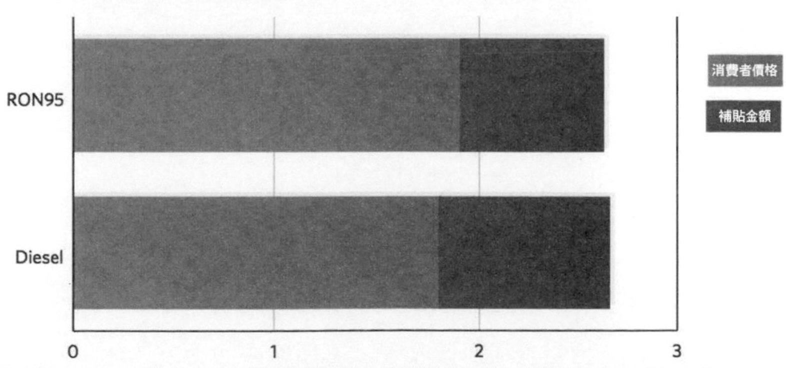

◎ 圖1　2013年九月馬來西亞補貼化石燃料比例（單位：MYR/liter）

資料來源：Bridel *and* Lontoh, 2014.

赤字問題。大概在8月底，該委員會已初步達成移除補貼共識，在9月2日，財政委員會就公告於9月3日起提高柴油和RON95價格。

3. 歷年改革進程

自新的五年計劃實施以來，價格調漲數次，其中以2013年9月調漲最為顯著。2013年9月的改革提升了三種燃料（柴油、RON95、RON97）的價格。下表1可見2010年7月至2013年11月柴油與RON95之價格變動。

表1　2010年7月至2013年11月間柴油和RON95的價格變動

（單位：USD/liter）

燃料種類	2010年7月前	2010年7月	2010年12月	2013年9月
柴油	0.53	0.54	0.56	0.63
RON95	0.55	0.57	0.60	0.66

資料來源：Bridel *and* Lontoh, 2014.

儘管馬國已調升燃料價格，和亞洲其他國家比起來，馬來西亞的燃料價格仍偏低。如下圖2所示，菲律賓沒有規範燃料價格，因此可作為反映市場基準價格的比較標準，馬來西亞的燃料價格明顯比菲律賓低，甚至和印尼這樣補貼情形嚴重的國家比起來，價格仍然較低。圖中，燃料價格較高的國家（如新加坡），則對燃料課比較高的稅。

儘管2013年9月馬來西亞大幅提升燃料價格，卻沒有改變其定價公式，因此該國燃料價格仍然沒有適當的反映國際價格。此外，該國政府也沒有提出具體完全移除補貼的時程。

4. 配套措施

馬來西亞首相在2013年9月時，表示將擴張現金補償、加強社會福利，減緩燃料價格上漲對低收入家庭所帶來的衝擊。納吉表示，政府總共增加15億美金的社福預算，並執行馬來西亞人民資助計劃

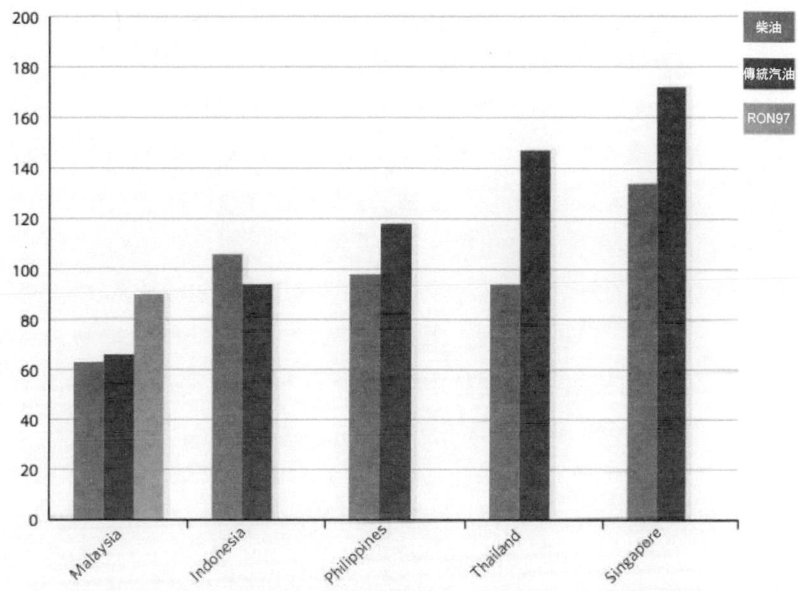

◎ 圖2 2013年九月亞洲新興國家燃料價格（單位：US cents/liter）

資料來源：Bridel *and* Lontoh, 2014.

（BR1M），預計將有790萬人受惠。但15億美金的社福支出大大超過了馬國原本計劃從化石燃料補貼省下來的10億美元。因此，該國政府也預計將減少糖的補貼，增加電業稅收。BR1M預計補助月收入低於953美元的家庭每個月159美元，第二階段補助收入低於635美元的21歲以上單身個人每個月79美元。馬來西亞首相也宣布將建制完整的資料系統，整合過去社會福利的受益人和BR1M受益人的資料，以避免資源分配不均，確保不會重複補助。馬來西亞政府也提供八萬戶住家，為確保人民能夠負擔，這些住家的價格為一般市場價格水平的80%。

除了直接的施行社會福利配套措施以幫助人民因應衝擊，馬來西亞政府也投入許多時間與各方利益團體進行溝通。首相針對以下幾點與人民溝通：

(1) 馬來西亞的財政狀況
(2) 強調補貼也讓高收入戶與外國人受惠
(3) 燃料價格僅部分上漲，政府並沒有完全移除補貼
(4) 解釋政府如何透過社會福利制度（如BR1M）減緩移除補貼對於低收入族群的衝擊，並強調長遠來說，移除補貼能夠提供一個更完善的社會安全網
(5) 強調政府針對財政赤字所採取的各種措施，包括延後政府的部分計劃，長期發展觀光業等
(6) 強調移除補貼的計劃會分階段落實，不會一夕之間改革，而2013年9月的調漲只是第一步

除了上述的這些公告以外，馬來西亞政府也持續的改善燃料補貼資訊的透明度，透過在加油站等地方公告燃料價格，包括市場價格和補貼後的價格，讓人民對於政府補貼的額度一目了然。

5. 改革成效與反思

馬來西亞移除化石燃料補貼的改革算是幾個進行改革的國家中較為成功的案例之一。化石燃料有效地提升，至今沒有下降。但目前該國政府仍面臨許多的挑戰，包括定價問題、社會衝擊、尋求各方支持等，這些都是長遠來說，馬來西亞永續發展的重要挑戰。

首先，馬來西亞直接漲價的方式，並不是一個長期的解決之道。目前馬來西亞的化石燃料價格儘管移除了部分補貼，仍然低於市場標準。根本的方式應該調整該國的燃料定價公式，讓化石燃料價格適當的反映國際市場價格波動。短期內，馬來西亞可先調整自動定價機制，讓消費者感受國際價格波動，但仍享有部分補貼。長期而言，應讓國內燃料價格完全與國際接軌。

馬來西亞政府在幫助人民因應燃料漲價時，忽略了政策的時間差。政府先將燃料價格調漲，一面公告社會福利政策。但是現金補償要一直

到八個禮拜後，才被寫在2014年的預算，這讓部分人民短期內無法適應燃料價格上漲。此外，社會福利的資料庫也應該要在政府調漲價格之前就設立好。

補貼透明化有助於建立各方信心。馬來西亞政府持續地透過許多活動提升意識，讓人民了解補貼的成本，並公佈價格資訊。但是馬來西亞沒有確實與人民溝通改革計劃。總理納吉只有說，未來會漸漸以數個階段來漸漸廢除補貼，但並沒有明確說出幾個階段及其較為細緻之規劃。這樣的資訊不對稱會讓人民和企業對未來感到無所適從。

APEC的化石燃料補貼改革機制

1. APEC「自願性化石燃料補貼改革同儕檢視」之目的

2013年2月，G20財政部宣佈他們將嘗試發展一套自願性同儕檢視框架，以移除無效率且促使浪費的化石燃料補貼；美國與中國在當年12月聯合聲明兩國將在G20進程下實行相互檢視（且已於2016年完成檢視報告），隨後德國、墨西哥、印尼也加入聲明願意接受檢視的行列。

而同年3月，APEC能源工作組（Energy Working Group; EWG）也以2007年5月即上路的「能源同儕檢視機制（Energy Peer Review Mechanism）」為基礎，提議參照在能源同儕檢視機制框架下設置「能源效率同儕檢視（Peer Review on Energy Efficiency）」的經驗，進一步針對化石燃料補貼改革設置「自願性化石燃料補貼改革同儕檢視（Fossil Fuel Subsidy Reform Voluntary Peer Review）」（APEC, 2013a ; APEC, 2013b），以期達成其「綠色成長議程」；祕魯、紐西蘭、菲律賓、臺灣（以中華臺北之名義）在爾後的三年間先後接受檢視機制，越南、汶萊也表明願意接受檢視，預計將於2017年完成檢視程序。

各國紛紛表明願意加入同儕檢視機制或對化石燃料補貼進行定期自我檢視，以促進國內化石燃料補貼的透明化、公開化。

故APEC希冀可藉由「自願性化石燃料補貼改革同儕檢視」，達成下列目標（APEC, 2015）：

(1) 增強向APEC領導人報告化石燃料補貼狀況的品質；
(2) 提供有興趣進行化石燃料補貼改革的APEC經濟體相關協助；
(3) 逐步發展對於被檢視經濟體之有效分析與建議；
(4) 透過檢視過程促進各個經濟體互相學習。

2.「自願性化石燃料補貼改革同儕檢視」之準則與運作流程

這些準則首先確立化石燃料補貼的脈絡，並且檢視自願接受檢視的經濟體，其化石燃料補貼是否鼓勵或支持浪費性的能源使用。再來，自願接受檢視的經濟體應認明「無效率」或「無效用」之化石燃料補貼政策，並且檢視改革估計將帶來的預期影響、判定應優先進行改革之政策項目。最後，其他經濟體應學習已接受檢視之經濟體的改革計劃與成果。

然而，因應各個國家不同的政治、經濟、社會、文化脈絡，自願性化石燃料補貼改革同儕檢視機制會在判定化石燃料補貼定義與範疇、決定改革執行的起始點時，有針對性的考量。

自願性化石燃料補貼改革同儕檢視不僅支持對於化石燃料補貼的獨立評估，還提供了改革的方案選項，以期幫助自願接受檢視之經濟體進行改革。

以下為自願性化石燃料補貼改革同儕檢視的運作流程（APEC, 2015）：

(1) 自願受檢視之經濟體會與APEC能源工作小組、化石燃料補貼改革秘書處（Fossil Fuel Subsidies Reform Secretariat）協力選擇將受到同儕檢視小組檢視的補貼項目；
(2) 化石燃料補貼改革秘書處協調同儕檢視工作並提供技術性支援；
(3) 同儕檢視小組的成員來源包含APEC經濟體或具備能源、化石燃料、財務、經濟專業之相關單位自願者；是由APEC能源工作小組先行挑選後，經過自願受檢視經濟體的同意始形成。

3. 臺灣參與「自願性化石燃料補貼改革同儕檢視」現況

APEC為亞太地區關鍵性的多邊互動平臺，且為臺灣能夠參與的重要國際組織；有鑒於此，臺灣不應錯失表明接受化石燃料補貼改革檢視意願的大好機會。

2015年10月13日，臺灣在第十二屆APEC能源部長會議（Energy Ministers' Meeting）上表示對於檢視機制的贊同，並且有興趣接受檢視。此舉獲得其他經濟體的認可與支持，而此項言論成功以中華臺北的名義納入了部長宣言（Ministers' Declaration）。隨後，在同年11月19日的第23屆APEC經濟領袖會議（Economic Leaders' Meeting）上，臺灣正式宣佈將承諾參與自願性化石燃料補貼改革同儕檢視。2016年9月底，APEC同儕檢視小組前來臺北拜會（為期五天：9月26日－9月30日），審視臺灣政府提出的五項補貼項目：

(1) 離島地區油品海運運輸費用補助

(2) 公用路燈電價優惠

(3) 農機設備相關油電免徵營業稅

(4) 農業動力用電停用期間基本電費減免

(5) 農機設備油價補貼

此同儕審視的專家小組是由全球補貼改革倡議計畫（GSI）的計畫主任Peter Wooders擔任主席，共計有來自美國、泰國與日本的四位專家就我國能源局團隊所準備的前述五項化石燃料補貼之資訊加以分析。其並於來訪期間與台電、中油、地方政府與相關學者進行對話。

而專家小組來臺後，提出欲拜訪地方公民代表之要求，故Wooders主任主動與本文作者群聯繫，邀請本文作者群與綠色公民行動聯盟代表與其討論。會中專家團隊就各個補貼項目，詢問本文作者群與綠色公民行動聯盟的看法。本文作者群於會中指出，由於APEC同儕審視程序的範疇乃由各國自己界定，臺灣囿於各部會的意願，在此次審議中只提出離島地區油品海運運輸費用補助、公用路燈電價優惠、農機設備相關油電免徵營業稅、農業動力用電停用期間基本電費減免、農機設備油價補貼等五項規模極小補貼項目供國際專家檢視。關鍵的工業電價補貼、煉油業進口原油免稅、漁業用油補貼均未就此分析，且於探討公用路燈補貼是否有效率時，未將其對各地方政府推動傳統路燈汰換為LED路燈計畫之影響納入評估。

APEC同儕檢視小組針對臺灣的檢視報告，已於2017年7月正式發布上線。其針對五項補貼之歷史成因與法源依據做出整理，並指出五項補貼皆屬於無效率且鼓勵浪費之補貼，故其建議均應加以改革（詳表2）。APEC同儕檢視小組表示，臺灣政府提交審查的補貼大多已長存多年，因此可能已經過時、無法貼合臺灣當前之農業產業策略或是政府對綠色成長之期望。再者，這些補貼往往是為了抑制燃料與電力價格而生，卻未曾考量到補貼之舉是否真的最能滿足目標受益者之社會與經濟需求。舉例來說，針對農業部門的補貼，應衡量受補貼影響農民之收入、支出、年齡、農業種類等因素後，始得完整評估政府做此補貼是否真正有達到其所欲達成之社會目的；同時，也應衡量其他對於農業部門的扶植政策是否更具有經濟效益或更能達成政府欲達成之目的，進而考量應保留、修正或廢止該補貼。

對臺灣的啟示

目前研究結果指出藉由巴黎協定中的各國自主減量貢獻的審視程序、G7訂定出2025年移除化石燃料補貼的具體期限以及各國利用能源價格走低減少補貼等三大趨勢，將促使化石燃料補貼改革漸進落實。

臺灣官方對於此議題之認識，藉由參與APEC同儕審查程序，已有所提升。然而目前的同儕審查因於範疇界定階段未能納入利害相關人觀點，導致審視項目限縮，未能達成同儕審視促進政策改變之功能。且根

表2　APEC對臺灣化石燃料補貼改革建議

項目	改革建議
離島地區油品海運運輸費用補助	此補貼項目因降低離島地區油價，造成浪費性的化石燃料消費、不效率與市場扭曲；因此，建議取消補貼，改以低碳發展之定向投資或是現金移轉予地方政府，促使其提供其他的社會福利，例如：醫療健保、教育、基礎建設等。
公用路燈電價優惠	此補貼項目仍具不效率性。中長期來看，因為公用路燈電價優惠將使更換LED燈具（能源效率較傳統燈具高）的誘因降低，進而促成浪費性的化石燃料消費。同時，台電將難以控制電力負載增長率，進而促成投資、建置新電廠的需求——此亦為不效率之舉。 建議先評估地方政府支付全額電費的能力，並且取消優惠電價，考量現金移轉或是其他能促成能源效率提升的誘因政策，例如：支援改裝LED燈具。
農機設備相關油電免徵營業稅	此補貼項目可以增強針對性與效率性。建議恢復徵稅，並透過現金移轉以在鼓勵減少化石燃料使用的情況下維持對農民的幫助。或是可以協助農機設備技術發展，例如：電動農機設備、綠能農機設備等。若欲保留補貼，必須將補貼限縮於真正低收入、需要幫助的農民。然而，建議仍須先界定利害關係人並且洽詢其意見。
農業動力用電停用期間基本電費減免	若欲保留補貼，必須將補貼限縮於真正低收入、需要幫助的族群。建議以現金移轉的方式取代該補貼項目或是協助提升農業運作中的能源效率。
農機設備油價補貼	提供與油價補貼等值的現金福利予農民可以達到一樣的效果，同時減少浪費性的化石燃料消費。或是可以協助農機設備技術發展，例如：電動農機設備、綠能農機設備等。 若欲保留補貼，必須將補貼限縮於真正低收入、需要幫助的農民。然而，建議仍須先界定利害關係人並且洽詢其意見。 建議臺灣農委會與相關部門對於農業部門之發展補貼，應做更進一步的盤點、分析、改善。

資料來源：整理自APEC, 2017.

據同儕小組審查結論，本次提送審視的離島地區油品海運運輸費用補助、公用路燈電價優惠、農機設備相關油電免徵營業稅、農業動力用電停用期間基本電費減免、農機設備油價補貼等五項補貼，均屬於無效率且導致浪費者，其建議政府應該根本性減碳，並重新思考化石燃料補貼政策所欲達成的目標為何？這樣的目標是否可能藉由更有效率、更少負面成本的政策工具所達成？我國政府應參考國外成功改革之案例，經過成本效益分析，尋求不像化石燃料補貼政策一樣扭曲市場、鼓勵污染的替代性政策工具。

而臺灣後續化石燃料補貼改革政策之推動上，環保署於2017年11月提出行政院依據溫室氣體減量與管理法提出之「臺灣溫室氣體排放管制行動方案」，亦將避免化石燃料不當補貼明文納入政策措施之中。此政策推動上，則應從將化石燃料補貼項目、金額與用途公開化、透明化著手，並協同政界、學界、非營利組織與民眾，共同檢視各項補貼是否具有其效益。而整體過程中將仰賴政府與行政機構的溝通力、公信力與政治意志，藉由完整、全面性、具備具體轉型時程的能源路徑圖，建構化石燃料補貼改革的社會正當性。

參考文獻：

王玉樹（2016）。〈年花6億美元補貼化石燃料？APEC專家9月來台清查〉http://www.chinatimes.com/realtimenews/2016061600 6865-260410。2016 /11/1檢索。

APEC (2013a). "45th APEC Energy Working Group meeting non-paper: A brief review of the APEC fossil fuel subsidy reform process." http://apecenergy.tier.org.tw/database/db/ewg45/Fossil_Fuel/NON_PAPER_brief_review_of_APEC_fossil_fuel_subsidy_reform_process.pdf. Retrieval Date: 2018/01/30.

APEC (2013b). "Development of a Voluntary Peer Review of Fossil Fuel Subsidy Reform." http://www.iisd.org/gsi/sites/default/files/g20lib_apec_2013_peerrvwconceptnote.pdf. Retrieval Date: 2018/01/30.

APEC (2015). "APEC Peer Review of Fossil Fuel Subsidy Reforms - Objectives & Process." https://www.ewg.apec.org/documents/Session_3_Chikkatur.pdf. Retrieval Date: 2018/01/30.

APEC (2017). "Peer Review on Fossil Fuel Subsidy Reforms in Chinese Taipei." https://www.apec.org/Publications/2017/07/Peer-Review-on-Fossil-Fuel-Subsidy-Reforms-in-Chinese-Taipei. Retrieval Date: 2018/01/30.

Beaton, C., Gerasimchuk, I., Laan, T., Lang, K., Dunbar, V.D., Wooders, P. (2013). "A Guidebook to Fossil-Fuel Subsidies Reform: For Policy Makers in Southeast Asia." International Institute for Sustainable Development, Winnipeg, Manitoba, Canada.

Bhattacharyya, S. C. (1995). "Fossil Fuel Subsidies: The Case of Petroleum Products in India." *OPEC Review* 19(1): 71-80.

Bridel, A. *and* Lontoh, L. (2014). "Lessons Learned: Malaysia's 2013 Fuel Subsidy Reform. IISD-GSI." http://www.iisd.org/gsi/fossil-fuel-subsidies/case-studies-lessons-learned-attempts-reform-fossil-fuel-subsidies. Retrieval Date: 2018/01/30.

International Energy Agency (1999). *World Energy Outlook 1999 Insights: Looking at Energy Subsidies: Getting the Prices Right.* Cambridge: Cambridge University Press.

Intergovernmental Panel on Climate Change (2015). *Climate change 2014: mitigation of climate change.* Cambridge: Cambridge University Press.

International Institute for Sustainable Development (2015). "Fossil-Fuel Subsidy Reform Communique." http://www.iisd.org/library/fossil-fuel-subsidy-reform-communique. Retrieval Date: 2016/10/20.

Koplow, D. (2009). "Measuring Energy Subsidies Using the Price-Gap Approach: What Does It Leave Out?" International Institute for Sustainable Development, Winnipeg, Manitoba, Canada.

Kosmo, M. (1987). *Money to Burn? The High Costs of Energy Subsidies.* Washington, DC: World Resources Institute.

Kosmo, M. (1989). "Commercial Energy Subsidies in Developing Countries Opportunity for reform" *Energy Policy* 17(3): 244-253.

Krapels, Edward (1985). "Petroleum Pricing in Developing Countries." Paper presented at USAID/ORNL Seminar on Energy Policy Research, June 14.

McCollum, D., Bauer, N., Calvin, K., Kitous, A., *and* Riahi, K. (2014). "Fossil resource and energy security dynamics in conventional and carbon-constrained worlds." *Climatic change* 123(3-4): 413-426.

Parry, I., Heine, D., Lis, E. and Li, S. (2014). *Getting Energy Prices Right: From Principle to Practice.* Washington, DC: IMF.

邁向轉型時代

——破除「以煤易核」、「犧牲生態」與「成本昂貴」的三重迷思

趙家緯

臺大風險社會與政策研究中心
博士後研究員

前言

「又熱又病又髒的黑暗未來」、「非核家園　火力全開」、「815全臺大停電背後　潛藏你不知道的供電危機」，報章雜誌斗大的標題，描繪出2017年因「815全臺大停電」、「中南部空污危機」、「中油第三接收站對觀塘藻礁的衝擊」等事件，所導致當前能源轉型政策推動上，所遭逢的「以煤易核」、「電價飆漲」、「缺電危機」、「沒有生態的非核家園」等四大質疑。面對上述質疑，無論其立意為何，均意味著建構能源轉型社會論述時，應審慎應對的議題。

本文將分析未來能源轉型路徑是否會使燃煤火力發電增加，而以天然氣作為能源轉型的橋接選項時，是否會導致藻礁的影響。而整體發電結構的變化，又將對電價成本有何影響？最終則指出能源轉型在治理面向，該如何面對前述迷思，建構強健的社會論述。

兼顧非核減煤的轉型之道

於2017年底空污議題討論時，諸多論點均聚焦在現行非核家園的能源轉型政策方向下，是否會導致空氣污染物排放量之增加。且在去年年底COP23舉辦期間，英國、加拿大領銜成立「棄用燃煤發電聯盟」（Powering Past Coal Alliance），共計有34個國家與州政府，承諾將加速淘汰燃煤發電（Government of Canada, 2017）。在此國際趨勢下，國內在能源轉型政策中，不僅須達成已經法定的2025年非核家園目標，同時更須大幅度的削減燃煤發電需求。本研究在此則分就短、中、長三個時間構面，探討近年來空污季的電力結構變化以及未來能源轉型路徑下如何加速減煤，以其可在能源轉型政策推動下，同時達成改善空污的目標。

1. 近年空污季發電結構分析

於近年空污爭議時，均有論者指出乃是因為核一一號機以及核二二號機無法重啟所致。而本研究彙整2014年以來，近四年空污季（10月至隔年3月）時的發電結構變化（圖1）。因停機之故，空污季時核電占比較過往的15%以上，降至10%以下，但此削減的缺口，並非全由燃煤火力電廠填補。與2014年相較，目前空污季中燃煤火力的占比由33.5%僅微幅增加至33.9%左右，而另一方面，燃氣機組占比則由27.4%增加至34.3%，已高於燃煤火力發電。故由此趨勢分析可知，現行主要採用燃氣機組因應核電機組停機時的發電缺口，相較於增加燃煤機組占比，可減輕對空污的影響。

且在去年起修正「空氣品質嚴重惡化緊急防制辦法」，台電於電力調度上於空氣品質不良日時配合燃煤電廠降載，以及雲林縣政府削減六輕操作許可證的使用配額，致使麥寮電廠於去年11月停機下，整體而言，使去年度10月至12月間空污季期間全臺燃煤發電量較於去年削減。

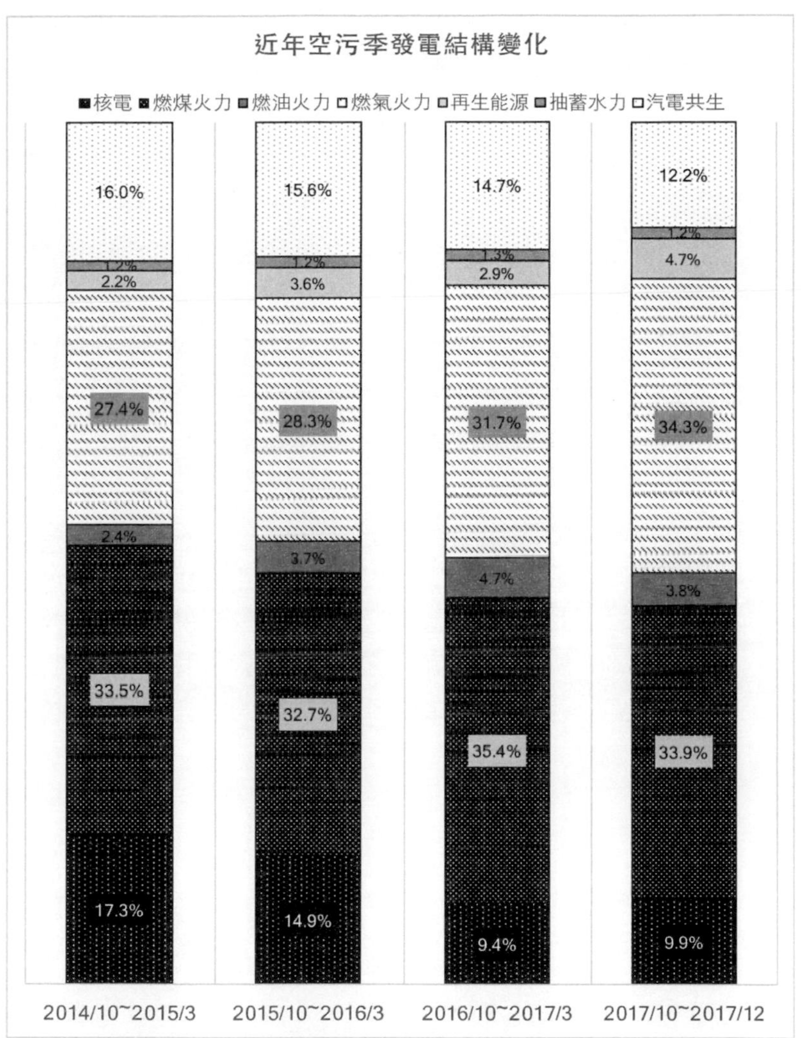

◎ 圖1　近四年空污季中發電結構變化

資料來源：本研究整理自能源局，2018a（能源統計資料查詢系統）與能源局，2018b（能源統計月報）。

2. 能源轉型路徑下的電力結構變化

為綜整性分析現行的能源轉型政策對於減碳目標以及空污改善之影響，在此以經濟部能源局於2015年11月提出的能源開發政策評估說明書（初稿）中所提出的「穩健減核」情境為比較基礎，以分析其與當前以非核家園為導向的能源轉型政策情境下，其於2020年以及2025年發電結構的差異（圖2）。

本分析中設計六個情境（表1），以分析核四有無、用電成長率以及能源轉型強度下的2020年與2025年的電源結構變化，進而估算電力系統的二氧化碳排放量。依據其能源開發政策評估說明書情境，在興建核四情境下，2020年燃煤發電占比在47%~52%之間，2025年則在41%~48%之間。

在能源轉型政策方向下，2020年時，燃煤發電占比則為41%~44%之間，而2025年時則可降至30%以下。且若可積極推動節能，達到全國國土計畫中所設定的用電需求零成長之目標，則2025年的燃煤占比更可降至23%。反觀若未能抑制用電需求成長，導致年均用電量成長幅度達1.3%時，則2025年時不僅再生能源占比僅能達到18%，燃煤占比亦無法降至30%以下（圖3及4）。

	情境規劃思維及供電組合	台電10405案	2030年再生能源目標	2035年再生能源目標	核能政策情境		2030年新增發電機組選擇順序		2035年新增發電機組選擇順序	
穩健減核	C1: 核四商轉+核一二三不延役+再生能源(18,734 MW)+燃氣擴大(2,600萬噸)+,新增燃煤	既設與規劃中發電機組	再生能源(17,250MW)	再生能源(18,734MW)	核四商轉	核一二三不延役	燃氣(供氣上限2,050萬噸)	燃煤	燃氣(2,600萬噸)	燃煤
非核家園	C2:核四不商轉+核一二三不延役+再生能源(18,734MW)+燃氣擴大(2,600萬噸)+,新增燃煤				核四不商轉	核一二三不延役	燃氣(供氣上限2,050萬噸)	燃煤	燃氣(2,600萬噸)	燃煤
成本考量	C3: 核四商轉+核一二三延役+再生能源(18,734 MW)+新增燃煤				核四商轉	核一二三延役	燃煤		燃煤	
	C4: 核四不商轉+核一二三延役+再生能源(18,734 MW)+燃煤				核四不商轉	核一二三延役	燃煤		燃煤	
減碳考量	C5: 核四商轉+核一二三延役+再生能源(18,734MW)+新增燃氣(不設限)				核四商轉	核一二三延役	燃氣(供氣不設限)		燃氣(供氣不設限)	
	C6: 核四不商轉+核一二三延役+再生能源(18,734 MW)+燃氣				核四不商轉	核一二三延役	燃氣(供氣不設限)		燃氣(供氣不設限)	

◎ 圖2　2015年能源開發政策評估說明書所提出的電力結構規劃原則

資料來源：能源局，2015。

表1 情境說明

政策方向	穩健減核（續建核四、既有核電除役）			能源轉型		
情境名稱	政策環評中需求	政策環評低需求	需求抑制與有核四情境	全國國土計畫	供電穩定	溫室氣體減量方案
今日至2025年年均用電成長率	1.9%	1.2%	0.7%	用電零成長	1.3%	0.7%
說明	引用能源開發政策評估說明書（2015.11）中在中需求成長時的「核四運轉、其餘如期除役」之情境，以代表馬政府時穩健減核政策方向。[2]	引用能源開發政策評估說明書（2015.11）中在低需求成長時的「核四運轉、其餘如期除役」之情境，以代表馬政府時穩健減核政策方向。	為在同一用電量基準下進行比較，引用能源開發政策評估說明書（2015.11）「核四運轉、其餘如期除役」之電力結構，輔以目前官方於溫室氣體減量推動方案中所設定的總發電量。	於2017年10月公布之全國國土計畫中，[3]提出2025年電力需求為2575億度。亦即達到民間能源轉型聯盟長期倡議的用電需求零成長。	2017年11月8行政院（經濟部）提出的產業穩定供電策略簡報中，提出未來的尖峰負載變化，在此假設用電需求成長幅度與尖峰負載一致。以分析若節能成效不彰，導致高用電成長時，對排碳量的影響。	引用2017年11月8日環保署所公布的溫室氣體減量推動方案（環保署，2017a；環保署，2017b），能源部門的評量指標為2025年時再生能源發電量為546億度，占比達20%。此情境下年均用電成長率約0.7%

資料來源：本文整理。

1 能源開發政策評估說明書（2015.11），詳請參閱：http://e-info.org.tw/node/112113。2017/11/23檢索。
2 全國國土計畫，詳請參閱：http://www.cpami.gov.tw/filesys/file/chinese/dept/rp4/rp1061020-1.pdf。2017/11/23檢索。

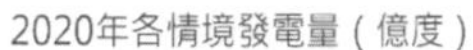

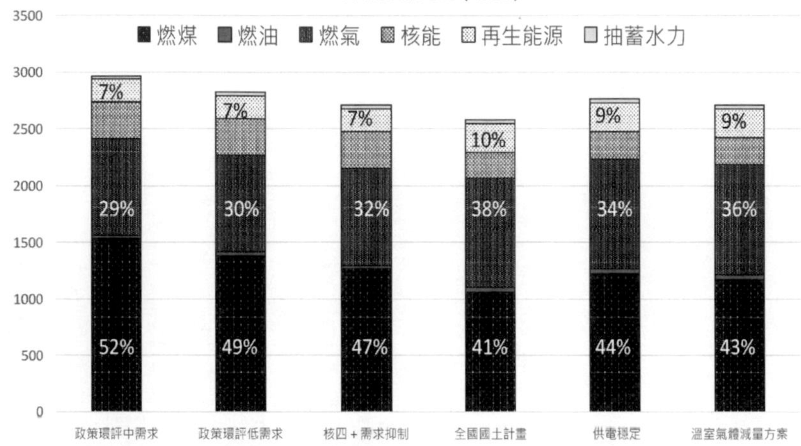

◎ 圖3　2020年各情境之電力結構

資料來源：本文整理。

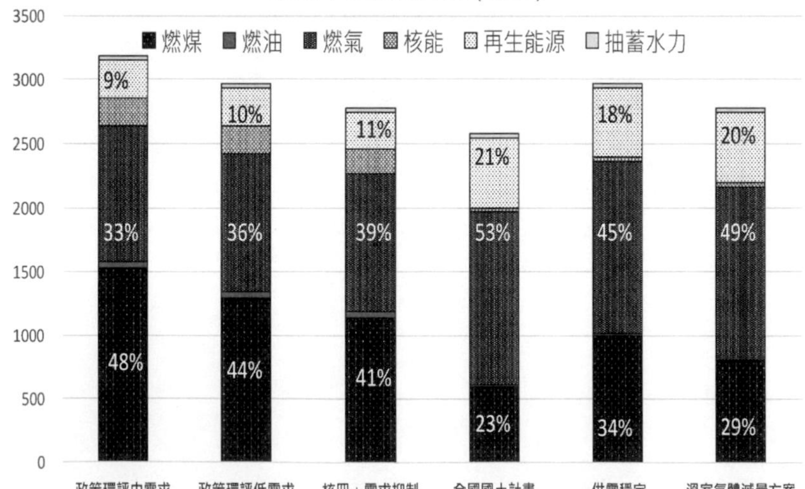

◎ 圖4　2025年各情境之電力結構

資料來源：本文整理。

3. 減碳目標與空污改善之影響

本研究中依據上述結構變化，引用臺灣2050能源供需情境模擬器（Taiwan 2050 Calculator）的排放係數（工研院，2015），估算各情境下2020年與2025年電力系統的二氧化碳排放量以及空氣污染排放量之差異。[1]

如下頁圖5所示，在相近的電力需求成長率時，現行能源轉型政策方向下，2020年與2025年時排放量均較「穩健減核」的情境時為低。然在能源轉型政策方向下，若未能採取積極的節能政策，將用電量抑制在1.3%以下，則2025年電力系統的排放量僅能降至2005年的水準，無法協助達成2025年時較2005年減量10%的目標。反之若可達到用電需求零成長，則2025年時電力系統的排放量則可較2005年削減3426萬公噸以上，不僅可以履行2025年的管制目標，更可藉此加速減量幅度，使2030年的減量幅度高於現所提出的國家自主減量貢獻（Nationally Determined Contributions, NDC），呼應巴黎協定中欲藉由全球行動盤點促使各國提升減量承諾的精神。

同樣的，在空氣污染物排放量上，如圖6所示，在相近的電力需求成長率時，現行能源轉型政策方向下，除了2020年時，「減量行動方案」情境的空氣污染物排放量會較「核四與需求抑制」情境為高以外，2025年時整體能源轉型政策下，其空污排放量均較「穩健減核」的情境時為低。然在能源轉型政策方向下，若未能採取積極的節能政策，將用電量抑制在1.3%以下時，則2025年電力系統排放量僅較2015年削減30%左右。反之若可達到用電需求零成長，則2025年時電力系統的排放量則可較2015年削減47%以上，將有助於將臺灣達成年均PM2.5濃度降至15 $\mu g/m^3$的空氣品質標準。

---

[3] 本文各類火力發電廠空氣污染物排放係數引用自工研院所研發之臺灣2050能源供需情境模擬器。由於無法再細分至不同壽齡的機組，故燃煤發電排放係數上，選擇採用超超臨界機組之排放係數，已反映優先削減老舊機組之趨勢。燃氣發電上，則引用新機組發電量，已反映未來將新增大量燃氣機組之趨勢。而本次考量的空氣污染物為$PM_{2.5}$、SO_2、NOx，並引用莊秉潔教授研究，將個別污染物排放量彙整為$PM_{2.5}$排放當量。

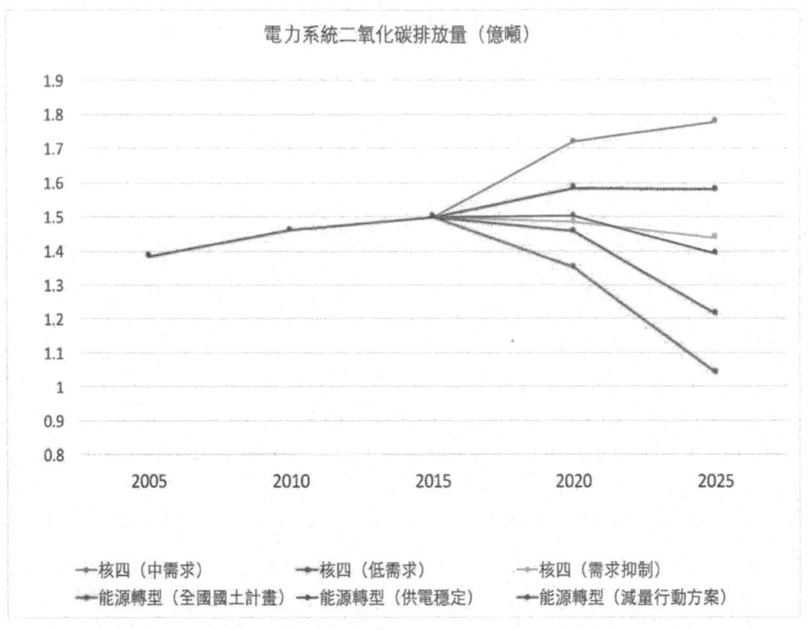

◎ 圖5　各情境之電力系統二氧化碳排放量

資料來源：本文估算。2005~2015資料，整理自環保署，2016。

4. 節能才能廢核又止肺咳

綜合前述分析，本中心指出相較於過往的「穩健減核」的政策規劃，目前所規劃的藉由加速再生能源發展及擴大天然氣占比的能源轉型方向，是可兼顧非核家園、低碳社會以及確保公共健康的三重目標。然而影響臺灣減煤與減碳的關鍵要素，乃為節能政策的推動成效。唯根據本中心的分析，行政院（經濟部，2017）與環保署在2017年11月8日分別發表的兩項重要政策上，在對於未來電力需求預測上有極大落差，顯見目前各部會在節能政策上仍欠缺整合。應藉由溫室氣體減量方案的推動以及能源轉型白皮書中節能目標暨路徑規劃重點方案研擬的契機，統合各部會的節能政策，方可達到能源轉型的願景。

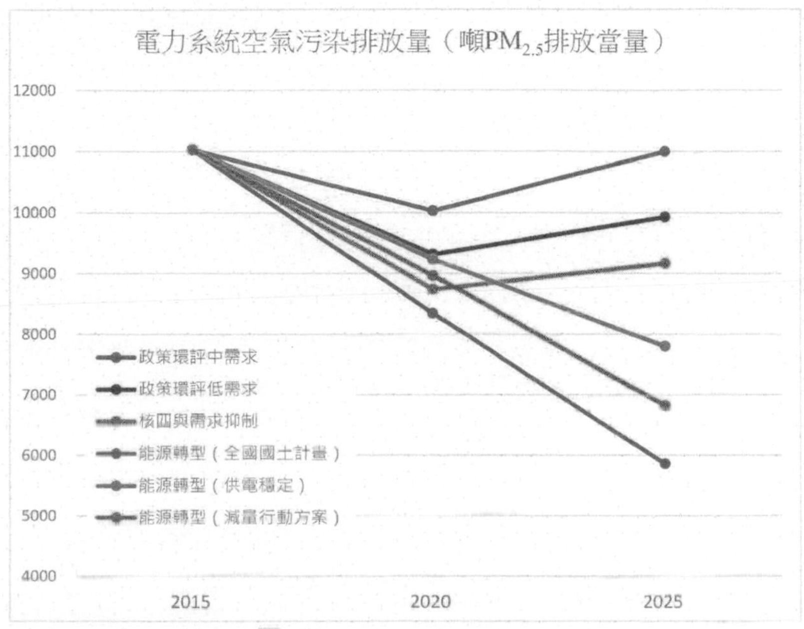

◎ **圖6　各情境下電力系統空氣污染物排放量比較**

資料來源：本文估算。

為了非核犧牲生態？

能源轉型的政策方向中，其中一個軸線為擴大燃氣發電占比，而為達此目標，既需擴增天然氣卸收站，因此中油提出於觀塘工業區興建第三接收站的規劃。然而其接收預定地處，則有珍稀地景－藻礁，故過往兩年來當地保育團體以及生態學者均疾呼應另覓替代方案，如臺北港。然面對此訴求，中油則以若選擇其他場址，將因工程延宕，無法於2025年時，將燃氣發電占比提升至50%。此回應亦引發諸如「非核尚方寶劍下　前瞻藻礁　如沒入茫茫大海」（邱文彥，2017）等批評，致使當前能源轉型政策，被質疑是以生態為代價。

事實上，目前中油以及台電所提出的天然氣擴建計畫，並不僅只有第三接收站（能源局，2017b）。如圖7所示，其尚包括既有接收站擴建、臺中港外接收站以及協和接收站等規劃。

依據能源局估算，2025年燃氣發電量從2017年的931億度增長至1354億度時，總天然氣的需求為2354萬噸。而依據現行天然氣接收站擴增規劃，2025年時總接收量可達3270萬噸，顯見燃氣發電量仍有增加空間。而目前天然氣擴增規劃中，關鍵爭議乃為第三接收站的設置，然若以臺北港為替代方案，興建時程有所延後時，2025年天然氣卸收容量仍可達到2670萬公噸，相較於該年的需求量仍高出300萬噸左右。

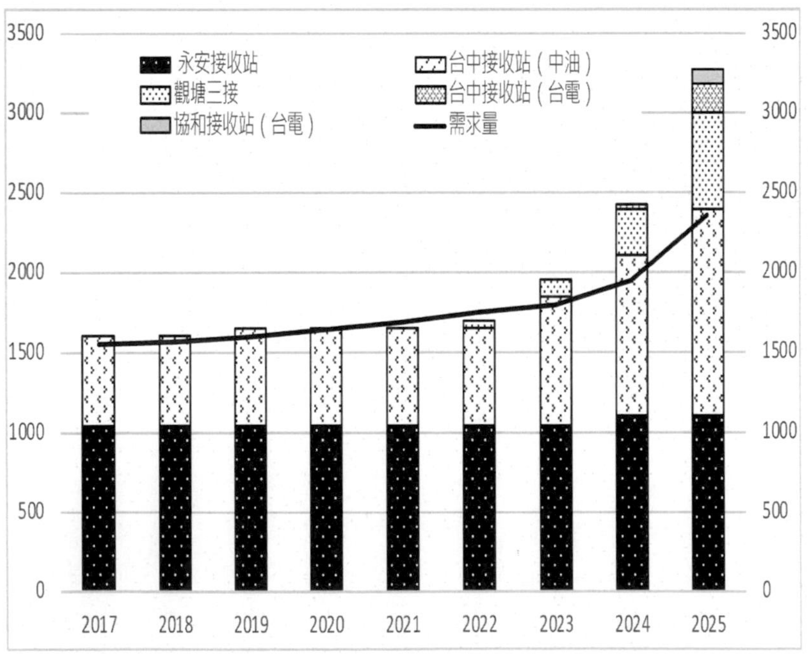

◎ 圖7　臺灣未來天然氣卸收規劃（萬噸）

資料來源：改繪自能源局，2017b。

在接收站的卸收能力以外，另一個關鍵因子是輸氣管限制。依據中油說法，目前其只有一條海管，可將天然氣由臺中輸送至大潭，但該管線的輸送能力已飽和。但檢視中油統計資料既知，臺中到大潭海管的輸送上限是900噸／時，而大潭電廠現行最高需求為600噸／時。實際上目前夏月尖峰量加上工業與中油自用約為才620~630噸／時左右，利用率在七成，相較其餘陸管當前利率均達93%為低。但當大潭七號機都完成後，大潭電廠與其他用途的尖峰需求可能衝到1000噸／時以上，超過海管輸送能力，存在供氣量不足的危機。然因2025時備用容量率可到20%以上，故大潭電廠未來夏月尖峰時，並無將其尖峰時刻容量因數要衝到95%以上之需求，可視其供應量調節其發電量。

若改以臺北港為第三接收站的替代場址時，基本上不至於影響2025年的非核家園下燃氣占比達到50%的目標，但會影響2022年與2023年這兩年間燃氣發電量的增長比例，進而影響其可削減燃煤發電量，影響空污改善進程。所以可以採用浮動式接收站的設置，讓大潭電廠的新機組，在臺北港三接完成前，可有充足的氣源。由此可知臺灣是可於2025年時，在達成非核家園理想下，亦可確保藻礁生態系的健全。

昂貴轉型，加劇能源貧窮？

能源轉型政策上，另一個爭議乃是價格問題。雖然依照歷來民調，臺灣有高比例的民眾願意為了發展再生能源與削減空污接受電價調漲，但於此仍為工商團體於能源轉型議題討論時，屢屢提出的疑慮。故在此嘗試分析在目前的轉型政策下，電價可能的變化趨勢。

首先就近十年電價變動趨勢分析，可見2008年電價調整與2012年施行電價公式後，對電價之顯著影響。如2009年平均電價成長13%，而2012年至2014年間每年平均電價漲幅達6%。然自2015年起，由於國際燃煤與天然氣價格下跌，削減燃料成本，故平均電價分別削減5%與11%。

除平均電價的波動外，近三年間電價結構亦因燃料成本的趨勢，產生大幅變動，燃料成本的占比由2014年的63%，將至2016年的50%。近十年間，因電價調整過程中，各方對於工業是否獲致電價補貼議題之關注，故調整過程中工業電價的調整幅度較高，整體而言，電力與表燈平均電價間的差距從2007年的27%，大幅縮減至2016年的9%。

然而展望未來電力結構的變動，在「20、30、50」的結構下，搭配國際能源總署（IEA）以及國際再生能源總署（IRENA）針對火力電廠燃料成本以及再生能源發電.成本的變化趨勢（表2），估算2025年時的電價變動。

依照此分析結果顯示，在此過程中，2025年的平均電價將約較今增加29.4%，與2008年至2014年七年間的增加幅度相當。若平均以十年期間進行調整，每年漲幅可控制在2.6%左右。

雖然在再生能源成本急速下降以及天然氣價格平穩下，整體能源轉型政策對電價的影響幅度尚較過往電價調漲幅度為低，但為彰顯能源轉型背後的社會公平意涵，未來電價調整時除反應電源結構變化對成本的影響以外，亦應掌握此契機促成電價負擔上的公平性。

依據2014年家庭收支調查進行分析，臺灣家戶平均電費占所得的比例約為1.4%，然而若以所得五分位分析計，收入最高的第五分位，其電費占所得比例僅0.8%，而收入最低的第一分位則達2.2%。顯見目前電費負擔性呈現累退性，為後續改革時著重之處。

表2　主要發電類別發電成本變動趨勢

發電類別	2015	2025	變化幅度	資料來源
燃煤火力（台電）	1.22	1.24	燃料2%	IEA（2017）
燃氣火力（民營）	3.29	3.34	燃料2%	
太陽光電	6.66	2.73	59%	IRENA（2016）
陸域風機	2.26	1.67	26%	
離岸風機	5.74	3.85	33%	

資料來源：本文整理自IEA, 2017及IRENA, 2016。

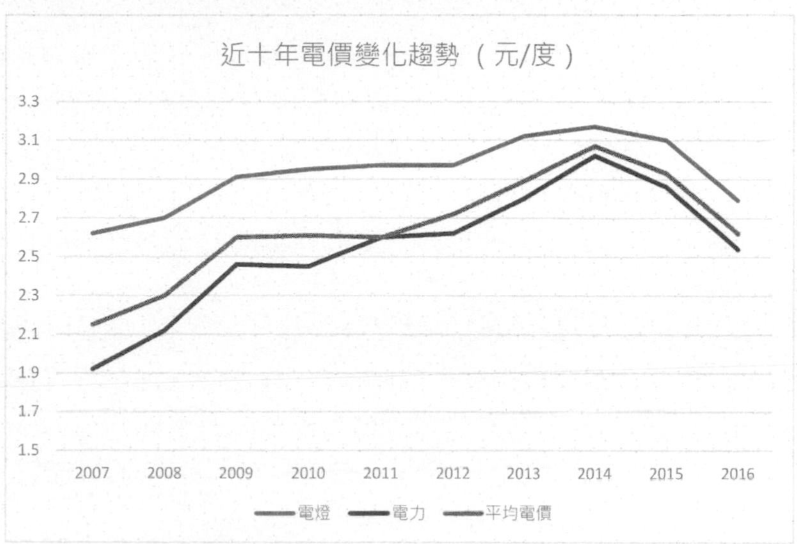

◎ 圖8　近十年電價變化趨勢

資料來源：本文整理自台電，2017。

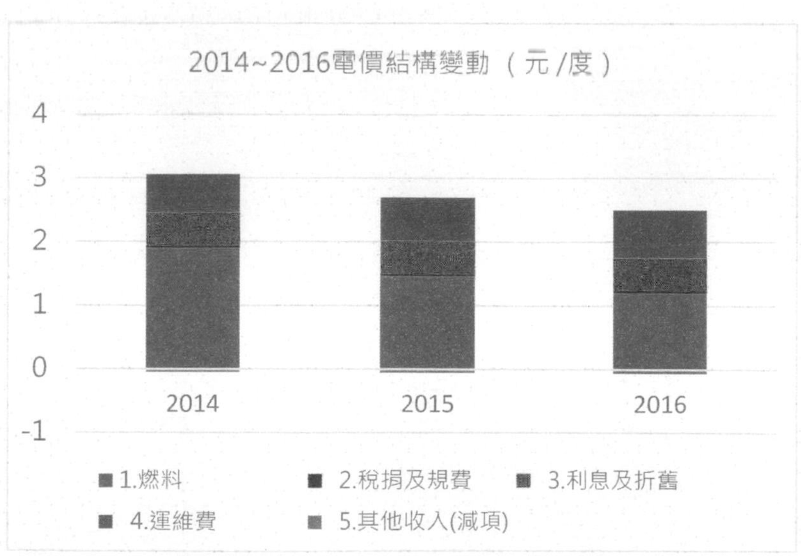

◎ 圖9　近三年電價結構變化

資料來源：本文整理自台電，2017。

另參考李安妮等人（2010）所整理不同家戶所得階層與其能源消費量的關聯性，所得第一分位的戶均用電量較第五分位高出27%。因此若後續進行電價調整時，除依循330度基本費不漲以外，更應就思考不同級距間漲幅的差異化，如700度以上漲幅較500度以下為高等原則，促使電價負擔更為公平。

能源轉型過程中如何因應能源貧窮（energy poverty），則是國內電價調整時應同時思考的配套措施。整體而言，臺灣電費支出占所得比例超過10%以上者約僅有0.06%，意即若以國際上能源貧窮標準相比，臺灣因電價導致的能源貧窮情形並不嚴重。但依據工研院產業中心的分析，以新竹縣市低收入家庭為例，其能源支出平均達到18%，而63%的低收入家庭，電費支出超過所得的10%（蔡昕穎等，2016）。故由此趨勢觀之，後續電價調整時，應特別注重對低收入家庭之影響。應仿效臺北市政府於2015年針對低收入家庭進行節能燈具汰換等方式，將低收入住家節能改造視為電價調整中所應採行的配套措施。

急速減煤的政策條件

前節分析指出現行的能源轉型政策方向下，可於2025年時將燃煤發電占比降至26%，若可導入積極的節能政策，則可降至23%，但此目標相較於前述國際「棄用燃煤發電聯盟」成員國中，如英國提出的2025年

表3　2014年各所得分為電費占所得之比例

所得分位	電費於所得之占比
第一分位	2.2%
第二分位	1.57%
第三分位	1.33%
第四分位	1.13%
第五分位	0.83%

資料來源：本文整理自李安妮等人，2010。

淘汰所有燃煤發電，或是荷蘭訂定的2030年目標，則應有更為積極之作為。而檢視目前提出的能源轉型路徑規劃中，則除了節能政策以外，燃氣發電以及再生能源占比則仍可提高。

燃氣發電占比提升的關鍵乃是天然氣供應量，依據能源局估算，2025年燃氣發電量從2017年的931億度增長至1354億度時，總天然氣的需求為2354萬噸。而依據現行天然氣接收站擴增規劃，2025年時總接收量可達3270萬噸，顯見燃氣發電量仍有增加空間。目前天然氣擴增規劃中，關鍵爭議乃為第三接收站的設置，然若以臺北港為替代方案，興建時程有所延後時，2025年天然氣卸收容量仍可達到2670萬公噸，相較於該年的需求量仍高出300萬噸左右。若將300萬噸的供給餘裕用於增加天然氣發電量，則可使燃氣發電量增加至1573億度，促使其占比提升至56.7%（溫室氣體減量方案情境）~61.1%（國土計畫情境）。

而再生能源方面，目前離岸風力發展上，目前擬將2025年的目標量由3GW提升至5.5GW，發電量則可由規劃的118億度增加至217億度。總體再生能源發電量則可由546億度增加至645億度，故可使再生能源占比提升至23.3%~25%。

綜合以上述規劃，藉由增加燃氣發電量與離岸風力發展，則在「溫室氣體減量方案情境」下，可將燃煤發電占比進一步削減至17.3%。若導入積極的節能政策，在「國土計畫情境」下，燃煤發電占比則可降至11%，燃煤發電量可較今大幅度削減65%左右，可加速臺灣減煤時程。

把握轉型機會之窗

如同德國全球變遷委員會指出「今日的社會技術政體是奠基在化石燃料之上，藉著燃燒不僅是供給能源，而是同時支撐了經濟、政治、社會等各個系統。」（WBGU, 2011）因此要系統性的推動能源轉型，僅仰賴「宣示2025再生能源占比提升至20%」與「將綠能建設納入前瞻基礎建設」之中，實為不足，需根本的檢討過往能源治理機制的缺失，強化制度量能，方有助全面轉型。

行政院於2017年4月修訂能源發展綱領後，於7月起啟動能源轉型白皮書的研擬程序。相較於過往的全國能源會議的專家導向，由主管部會與其智庫提出各項行動方案後，再讓各方利害相關人就各方案進行攻防。此次白皮書的研擬程序，則首次將議題設定的決定權開放給民眾，藉由分區預備會議與網路徵求匯集多方意見後，再經由多元代表所組成的工作小組，以協作（co-production）型式，將預備會議所提出的各項建議，轉譯成具有執行性的行動方案。而白皮書初稿完成後，再將藉由公民會議、分眾會議、網路徵詢等多重管道，再次進行社會對話（能源局，2017a）。

此程序的設計乃為國內相關政策之首見，具有公共政策民眾參與的示範性作用。然就能源轉型的推動而言，此機制能否發揮實質效益的決定性因素有三：

1. 跨部會間充分整合－能源轉型與減碳、空污防制、國土計畫以及大眾運輸提升等均高度相關，故應藉此程序達到跨部會政策目標與推動措施間的充分整合；
2. 營造協作氛圍－過往因全國能源會議多囿於核電以及耗能產業結構調整兩議題，激化各方代表對立。故此次於工作小組研擬行動方案階段，應強調本次的白皮書乃是以非核為前提下，尋求可達到減碳目標與確保能源安全的轉型途徑，促使主管機關、產業界、學研以及公民團體四方代表可以「協作」替代「對抗」；
3. 決策評估資訊透明化－於白皮書研擬過程，需提供充足的決策評估資訊，如可達到2030年國家減量目標時的能源結構、各類發電技術成本預測、天然氣卸收量等。以避免資訊不對等，削弱社會信任。

除了整體參與程序外，既有能源行政體系的量能強化，亦極為重要。但目前能源行政體系中，仍見跨部門整合不足與社會溝通受限等問題。面對前述兩大問題，民進黨政府自2016年6月起於行政院設立能源與減碳辦公室，除責成政務委員督導外，亦另聘3~9位的民間委員加速與民間的溝通。但該辦公室運作近兩年來，卻見由於能減辦並非如同科技會報辦公室與國土安全辦公室一般，列為行政院下的常設性的單位，且未具有獨立的預算權，導致其無論在人力編制、資訊整合以及研究能量上都有所限制。故後續若要強化能源轉型政策之推動，應將其位階提升至常設辦公室，並賦予其獨立預算權，方能發揮其跨部會協調的能力。能源與減碳辦公室乃是因應2015年的空污大遊行而提出的政策承諾，故其應發揮能源轉型政策之社會對話功能。而德國能源轉型政策中，其邀請四位學者設置獨立稽核委員會，定期出版進度稽核報告。故能減辦應仿效此機制，責成其民間委員成立能源轉型稽核小組，定期提出臺灣能源轉型的進度稽核報告，強化社會溝通。

參考文獻：

工業技術研究院（2015）。〈臺灣2050能源供需情境模擬器（3.2版）〉。http://my2050.twenergy.org.tw/.2018/1/20檢索。

台電（2017）。〈資訊揭露專區－電價成本〉。http://www.taipower.com.tw/content/new_info/new_info-a02.aspx?LinkID=22。2018/1/20檢索。

李安妮、侯仁義及柯亮群（2010）。〈能源消費及節能意識之性別差異分析〉。https://www.moea.gov.tw/mns/main/content/wHandMenuFile.ashx?file_id=2855。2018/1/20檢索。

能源局（2015）。〈能源開發政策評估說明書（初稿）〉。

能源局（2017a）。〈能源轉型白皮書介紹〉。http://energywhitepaper.tw/why/。2018/1/20檢索。

能源局（2017b）。〈擴大天然氣與穩定供應計畫〉。http://energywhitepaper.tw/upload/201711/151135385733912.pdf。2018/1/20檢索。

邱文彥（2017）。〈非核尚方寶劍下　前瞻藻礁　如沒入茫茫大海〉。環境資訊電子報2017/10/11: http://e-info.org.tw/node/207825。2018/1/20檢索。

經濟部（2017）。〈「產業穩定供電策略」記者會簡報〉。https://www.slideshare.net/OpenMic1/20171108-81732880。2018/1/20檢索。

蔡昕穎、葉建宏及張念慈（2016）。〈弱勢家庭　被電費拖更窮〉，https://news.housefun.com.tw/news/article/157927141817.html。2018/1/20檢索。

環保署（2016）。〈2016年中華民國國家溫室氣體排放清冊報告〉。http://unfccc.saveoursky.org.tw/2016nir/uploads/00_nir_full.pdf。2018/1/20檢索。

環保署（2017a）。〈「能源轉型減污減碳」記者會簡報〉。http://enews.epa.gov.tw/enews/fact_Newsdetail.asp?InputTime=1061115101758。2018/1/20檢索。

環保署（2017b）。〈溫室氣體減量推動方案（草案）〉。https://www.epa.gov.tw/public/Data/711815381571.pdf。2018/1/20檢索。

German Advisory Council on Global Change (WBGU) (2011). *World in Transition: A Social Contract for Sustainability.* Berlin: German Advisory Council on Global Change.

Government of Canada (2017). "Powering Past Coal Alliance Declaration." https://www.canada.ca/en/services/environment/weather/climatechange/canada-international-action/coal-phase-out/alliance-declaration.html. Retrieval Date: 2018/1/20.

International Energy Agency (IEA) (2017). *Energy Technology Perspective.* Paris: OECD.

The International Renewable Energy Agency (IRENA) (2016). *The Power to Change: Solar and Wind Cost Reduction Potential to 2025.* Bonn: IRENA.

【綠電這樣做！】

臺灣電業法及其配套法案中永續能源目標落實的探討

劉書彬

東吳大學政治學系教授暨
臺大風險社會與政策研究中心研究員

前言

聯合國大會於2015年9月開會期間的決議，採納「2030議程」（2030 Agenda）的永續發展目標（Sustainable Development Goals，簡稱SDGs），做為未來15年間世界各角落轉型的目標，並於2016年開始推動。其中第七項永續能源目標設定為：確保提供支付得起、可靠與永續現代的能源。進一步觀察其細項目標的內容，更要在前述永續能源性質外，達到：「提高再生能源共享、提升一倍能源效率、改善國際合作管道促進乾淨能源和科技的投資、擴大基礎建設改善科技，提供低度發展（LDCs）和小島國家（SIDS）現代及永續的能源服務」目標。

延伸「永續發展目標」原先設計含括的經濟、社會與環境領域目標達成，解構永續能源所生產出來的電力意涵時，可發現：

1. 「可支付得起」的能源，含有電價費率合理、公平付費、親近使用的意涵在其中，屬於永續社會層面。

2. 「可靠」的能源在電業領域意謂著：電力供應穩定、電網分布安全、與適當的備用電力容量，該能源性質屬於經濟性。
3. 「永續」的能源意指：達到低碳、非核和使用再生能源、以及減少能源消耗和提高能源效率，屬於環境領域性質。
4. 「現代」的能源，則應該反應現今的時代精神，從現代民主社會中尋求電力產業在「產輸配售」發展程序上反映民主參與，而有能源民主的意涵。

臺灣從2016年中，開始啟動電業法修訂，以符合民進黨政府非核家園暨發展綠色能源的政策追求。2017年1月16日電業法修訂後，相關配套法案如火如荼修訂中，包括位在電業法之上，主導我國能源政策的能源轉型白皮書訂定。

由於過去我國的電業與相關能源法規，是以國營事業壟斷的集中式發輸配售為結構，因此是以滿足當時的政策目標，如：穩定供應、具經濟競爭力的生產成本為能源目標。然在面臨氣候變遷、能源匱乏、公民參與政策的挑戰，以及符合國際趨勢下，如何透過電業法相關配套法案的修訂達到現階段的立法目標，根據前述永續能源發展目標，作者以為：在兼顧原先的穩定供應（可靠）、電價具競爭性（支付得起）之外，達到綠能發展（永續）、節省能源（永續），以及能源民主（程序民主），是電業法應該要處理的議題。

鑒於電業法公布後，與其相關還待訂定的子法有30多條（尹俞歡，2017），因此本文將以促進綠能發展為主軸，分別搭配影響其發展的1.減碳因素（永續）、2.電價費率（支付得起）、3.電力供應安全（供應可靠）設計，以及迄今電業法相關配套法案修訂時，是否納入公民參與制度的設計，來討論在能源政策轉向時，我國是否能透過前述三項相關立法設計和公民參與，來達到符合聯合國推動永續能源發展的三大目標，並進而提出建言。

減碳永續的改善

根據國際能源總署（IEA）2017年出版之「關鍵世界能源統計」報（IEA/OECD Key World Energy Statistics 2017），其直指臺灣於2016年當時所進口的碳產品總重量達到66兆噸（Mt），是世界第五大的進口國，僅次於中國（247Mt）、印度（199Mt）、日本（189Mt）與南韓（134Mt）等國（IEA/OECD, 2017: 17）。該署2016年同樣的報告顯示：我國2014年能源使用CO_2排放總量為249.66百萬公噸，占全球排放總量的0.77%，全球排名第21位；人均排放量為10.68公噸，全球排名第19位；其中人均排放量，甚至超過最大排碳總量中國的人均排放值（行政院環保署，2017；IEA/OECD, 2017: 68-69）。

圖1顯示：2001-2016年以來，我國人均GDP和能源消耗量是成正比的，2016年能源結構中化石性能源的比例接近92%（能源局，2017a：7），這意味著：臺灣十幾年的經濟成長，是以大量消耗化石性能源為代價實現的，屬於褐色經濟。因此，若要減碳，第一必須從節能、提升

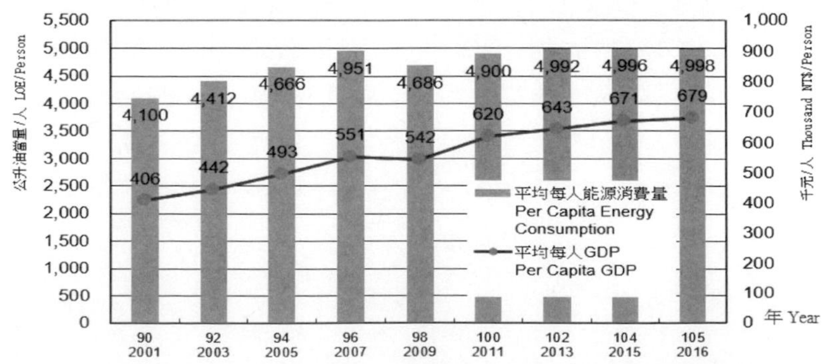

◎ 圖1　2001-2016年臺灣平均每人實質國內生產毛額與能源消費量

資料來源：能源局，2017b。

能源效率開始；其次就是要減少化石性能源的消耗來著手。前述節能減碳策略，是2016年國際能源總署「能源技術展望」（Energy Technology Perspectives 2016: Towards Sustainable Urban Energy Systems）報告中，認為短期內最具減碳貢獻度的措施（傅偉祥，2016: 2-3）。

1. 節電減碳

能源局2017年6月已經揭示：能源轉型為新政府的能源政策目標，將達成(1)潔淨能源發電結構、(2)非核家園願景的目標。具體措施上，欣見「推動節能極大化，提升能源使用效率，抑低電力需求成長」為除了「穩定開源」之外的第二個重點措施。對節能措施，能源局制定了：「技術研發」、「示範應用」、「獎勵補助」、「產業推動」、「能源查核與輔導」、「教育宣導與政策支援」、「強制性規範與標準」七大面向節能措施。其並說明：各項措施除可各自獨立推動，創造節能效益外，亦可依階段循序漸進形成強制性規範與標準（能源局，2017c：91）。

將最有效力的強制性規範列於最後順序，顯示政府節能的決心不足。僅有的有效強制節電措施，只有能源用戶（用電容量＞800kW）依「能源管理法」第九條訂定之節能目標及執行計畫，應於2015年至2019年達成節電率1%以上的規定。2017年11月8日行政院賴清德院長，針對「缺電問題」召開記者會提的「新節電運動方案」，預計透過政府帶頭全民參與，達到2018年節電22.58億度，該值約占2016年總發購電量2257.91億度的1%。但這本來2014年起就推行，[1] 現今因為缺電解決方案而被凸顯，美其名為新，但實是舊瓶裝新酒。

---

[1] 我國2008年6月的「永續能源政策綱領」中，曾訂下提高能源效率的量化目標：未來8年（至2016年）每年提高能源效率2%以上，使能源密集度於2015年較2005年下降20%以上；並預期在技術突破及配套措施下，2025年能源密集度下降50%以上。行政院依據「能源管理法」第九條規定，於2014年起推動「全民節電行動」，設定全國未來1年以再節電1%為目標，超過800kw用電大戶，未來5年平均每年節電率為1%（工研院，2016: 2）。但事實上，台電售電量資料顯示：2015、2016年分別成長了0.3%、2.9%（台灣電力公司，2017a）。

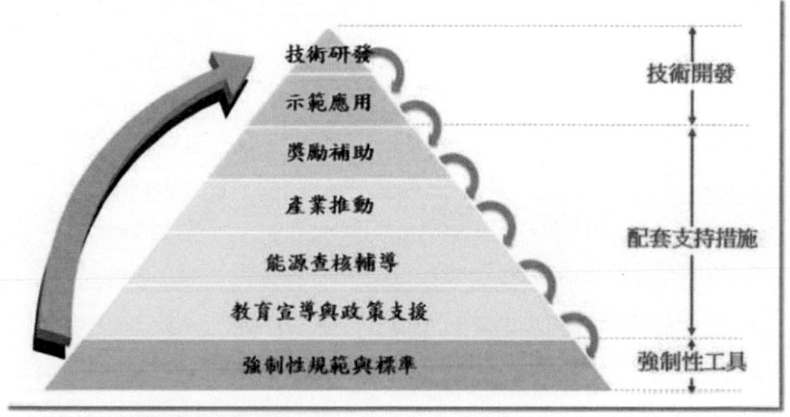

◎ 圖2 我國節約能源推動做法

資料來源：能源局，2017c：91。

2. 設定電力排碳係數

為符合全球氣候變遷法制減碳規範所需，我國在2015年7月的「溫室氣體減量及管理法」（簡稱溫減法）第4條中明訂2050年的溫室氣體排放量達到基準年2005年的排放量50%以下。有關電力減碳，規定在「溫室氣體階段管制目標及管制方式作業準則」第4條第2項，是以「電力排放係數」階段目標和公用事業減碳責任，作為管理用電減碳的機制。新電業法第28條則規定：「『電力排碳係數』相關事項，均由電業管制機關依國家能源及減碳政策制定，並定期公告」

「電力排碳係數」（電業法第2條第22項）定義為：電力生產過程中，每單位發電量所產生的CO_2排放量。僅有化石性能源發電會有電力排碳係數出現，依能源局公佈之2016年度電力排放係數：每度電約排放0.529公斤的CO_2來估算。若依據能源局時程，順利於2017年公告電力排碳係數基準，這基準若越小於2016年的0.529公斤，台電必須再增加再生能源，或是以天然氣來替代石油或燃煤的發電比。若如此，長期下來就可以達到具體減碳，以及在發電結構上達到遠比現在更具低碳的能源結構比。根據2017年9月1日能源局公告的「電力排碳係數管理辦法草案」第二條，這規範是要求電業後端的公用售電業，因其遠比位在電力產業前端的電力生產業，更能感受實質上無法達成每年自行規劃的預估值的壓力，且於每期程第五年經過第三方公正單位驗證後，若仍未達期限目標，將面臨150萬~1,500萬罰鍰（電業法第74條），且須限期改善處理的困窘，這對國營的台電而言，將形成巨大壓力。或許可以理解電力排碳係數的規範有其效用。而檢視每五年期程開始前一年公告的「電力排碳係數基準」設定的降幅與速度，就能看出政府推動低碳能源轉型的決心。

根據草案第9條：「公用售電業銷售電能之年度電力排碳係數不得超過前一期之公告基準」。然檢視表1，2005-2016我國的電力排碳係數時，發現11年來的排放係數僅降為2005基準年的94.6%，降幅只有5.4%，平均一年不到0.5%。並非是好的減碳成果。未來每五年期程設定的係數降幅若太低，雖然符合法規，但能否有效達成目前溫減法的目標，大有疑問。

在「開放綠能發電和售電業」設立的階段，除了目前民進黨政府「能源轉型」政策將於2025年達成再生能源、燃煤、天然氣發電比為20: 30: 50，努力藉由大力發展再生能源發電比例，降低高排碳量的燃煤，並替換1/2發電燃料為排碳量較低的天然氣外；電力排碳係數的設定規範對綠能售電業者之競爭對手─公用售電的台電而言，形成一個重要的發電結構規範。然而這樣的政策目標，目前尚未進入我國具有約束力的能源治理法令體系或是配套措施中。期待近期緊鑼密鼓正進入第二階段討論的「能源轉型白皮書」，能符合現階段能源綱領所述的「推動機制」設置目的，如實串起目的、時程、手段和監督機制，才能發揮功效。

表1　2005-2016年的全國電力排放係數

單位：公斤 CO_2e/度

年度	94	95	96	97	98	99	100	101	102	103	104	105
全國電力排放係數	0.559	0.564	0.559	0.557	0.543	0.535	0.536	0.532	0.522	0.521	0.528	0.529

資料來源：能源局，2017d。

公用電價費率之討論

根據國際能源總署2017年資料，2016年我國住宅電價為全球第二低，工業電價為全球第七低（台灣電力公司，2017b）。在臺灣進口能源比例達98%左右，其中五成是發電所需的能源時，照理講：臺灣的電價應該不低。但臺灣卻是低電價，值得探究其原因。最主要是國營的台電配合政令的緣故（如電價凍漲、政策補貼、公共設施與離島和偏遠地區的優惠電價），然而台電還負責再生能源躉購電價（FIT）、擴大天然氣使用、核電廠停建賠償等事宜，因此台電的經營難以反映真實成本，曾出現2013年底累積虧損超過2,151億臺幣的狀況（曾家宏，2014: 2-15）。

分析臺灣的電價結構（表2），以2015年住宅電價為例：臺灣的電力生產成本將燃料和利息折舊費計入後，比例達到電價成本的75%。然在屬於外部成本（external cost）的規費和稅捐項目上（見表2說明，Pettinger, 2017），[2] 臺灣這部份僅占1%生產成本。換言之：臺灣支付的電價中很少加入外部成本。

表2　2015年德國與臺灣住宅每度電的電價比較

德國（2015）每度電	電能採購費用＋營運（26.0%）	網線費用（22.6%）	＊規費：（28.3%）	賦稅：電稅+加值營業稅（23.0%）					平均電價總價
	2.79	2.43	3.04	2.47	0	0			10.73
臺灣（2015）每度電	燃料（55%）	網線運維費（26%）	規費（1%）	稅捐（0%）	利息+折舊（20%）	-其他收入（-2%）	生產成本	（法定）盈餘（9.9%）	平均電價
	1.46	0.68	0.04	-0.003	0.52	-0.55	2.64	0.29	2.93

＊規費：促進各類再生能源、特許使用、新建電網費。

資料來源：作者根據Bundesnetzagentur, 2015、Gordoncheng's Blog, 2017及台灣電力公司，2016比較。

---

2 外部成本發生於當人們生產或是消費某物品或服務時，對第三方所施加的成本（Pettinger, 2017）。例如：生產電力會產生污染，然很多社會、環境代價與醫療成本，卻未被計入支付的電價中，這些就是外部成本。

根據Alberici等人的研究（Alberici *et al.*, 2014: 35-38），各類能源發電時均有單位的外部成本，然以化石燃料的外部成本最高。趙家緯的研究指出：根據國際貨幣基金（IMF）的報告，將未有稅捐矯正的化石燃料外部成本視為一種補貼時，若將空污、氣候變遷、塞車等外部成本納入，臺灣2015年對化石性燃料的補貼達到316億美元，約新臺幣1.1兆（趙家緯，2017: 252）。這樣一年驚人的外部成本金額，在我國該年的火力發電比達到83.0%，電價結構中嚴重低估外部成本時，剛好用來描述使用化石性能源所涉及的環境成本（如：氣候變遷、空氣污染、化石性燃料枯竭、農業產地占用）、累積人體毒性造成的個人與整體醫療支出、相關的社福照顧體系費用，乃至於抗爭污染形成的治安成本的巨大，同樣反映著臺灣整體對於低電價效果，只重視經濟成長率的狹隘短視，卻忽略更多領域上巨大且不易平復的損失。

在公用售電業上，檢視2017年7月24日能源局舉行的「公用售電業電價費率計算公式」公開說明會簡報，能源局在電價結構的用途別中，依舊照例分為：燃料成本、折舊、利息、稅捐及規費、用人費、維護費和其他營業費用等諸多項目，並以發、輸配、售三類經營類別，或是服務別成本來討論個別用途，值得讚許的是：這次草案看到電價結構的細部組成，並出現核定電業利潤的經營績效考評項目，是從「穩定供電」、「節電減碳」目的出發，經說明會意見提出，目的部分將加入「照顧民生」項目。然根據草案，在發電業別中，依然並未針對「稅捐及規費」所含括的外部成本機制，如：環保團體與學界對氣候變遷、減碳、環境污染防治，乃至於鼓勵綠能或綠色工業發展等議題做回應。

至於輸配電業，在穩定供電項目上的績效指標是：輸配系統停電時間、停電次數的設計，再搭配上售電業的備用供電容量與需量競價容量，顯示透過輸配業也可加入穩定供應電力的陣容中。

節電減碳指標上，於輸配電業和售電業上的節電效率應呈現創新價值，進而帶動產業轉型；同樣地，也應配合再生能源發展所需之投資項目，以及智慧電網之設置的興建計畫，並建立「智慧電表」普及率指標，以利節電減碳的能源轉型，對前述建議，能源局皆以「智慧電網及電表之安裝係由輸配電業負責，行政院另有管考機制，故未納入電價公式處理，以免疊床架屋。」不過作者提醒：智慧型電網和智慧電表雖屬於輸配電業業務，卻是重要的綠色工業項目，能有效結合我國工業強項的資訊業，需要國家重點培植。未來不管是國家補貼，或民眾採部分自付，都需要籌畫好財源，才能有效促進再生能源發展、節能以及相關產業發展。

此次的公用電價調整機制，規定了每年檢討兩次電價，由電價費率審議委員會依電業經營績效核定合理利潤數，預計上限為3-5%。然每次電價漲、跌幅調整平均不超過3%。若以2016年家用一度電2.6159元來論，若每次都新增至最高的3%，五年10次漲價也不過僅有30%漲幅，每度平均價格可能不到4元。這樣對民眾和各消耗電力的產業，並不容易造成有效的節能減碳效果，更重要的是，也不利於再生能源和相關能源提升效率有關綠色產業的興起，連帶引發產業轉型。國際原油於2012-2014年中每桶的價格動輒超過100美元的高價，2017年底尚未超過60美元，仍屬於低檔階段，此時若能逐步調整電價價格，算是能合理反映成本的適當時機。

供應可靠的電力－備用供電容量和其他相關的討論

電力作為促進經濟成長重要的工具，須具備供應安全的條件，成功滿足消費者的使用需求，才是可靠的電力。換言之，電力是否能可靠供應，應該是從滿足消費者的需求的角度來定義，因為電力從生產、輸送、分配、再到銷售與各種管線維修和服務，經歷各種過程，一旦中間有一環節發生問題，消費端絕對會產生缺電問題。德國能源經濟部甚至以2015年時，德國所有居民和廠商企業於該年的停電狀況僅有12分鐘，相較於同屬先進國家的義大利同年停電41分鐘、法國50分、英國53分、美國114分、加拿大306分鐘，這比較顯示德國的電力供應安全狀況達到歷史上高點。而這成就的達成，再生能源居功厥偉（BMWi, 2017）。以德國為例，德國的經濟能源法（EnWG）的能源安全儲備是以發電量至少100千瓦的化石性能源的電廠作為義務單位，要求其必須有30天的裝置容量或是天然氣儲存。德國的能源安全是將電力供應安全，以持續性的永續電力需求架構來檢視規劃，因此分成：電力生產、電力傳輸、電力系統穩定度的維護、可運用的電力生產燃料四部份來進行（BMWi, 2016: 7）。

1. 電力生產的裝置容量是依照法定年限內所有已規劃、正在興建或是將退役的電廠所含括的電力裝置容量，包括再生能源電力來計算（BMWi, 2016: 9）。
2. 電力傳輸，除了基本的管網傳輸容量、可靠度，需由政府規範決定外，平常的管網保養維修，所有權人應該負責；對於再生能源，基於其即發即用的特性，因此其是否能達到高度使用效能，絕對和當地輸送管網、儲存技術和影子電廠（Schattenkraftwerke）等的技術能力與使用狀況有關。然這些與國家綠能技術的使用程度有關，議題若涉及興建新電網所經地區如：地方政府和當地居民的參與，則需要有法律規範指引。
3. 電力系統的穩定度，需要重視電力生產和負載之間的平衡輸送，絕無電力傳輸瓶頸和過度負載的狀況。然這需要針對尖峰需求和供應做平衡管理；同時面對駭客破壞，通訊和電力資料傳輸系統也應做好安全防護（IT-Security），避免受駭。
4. 可運用的燃料部分，包括：各類的進口能源合約內容，以及到期因素（BMWi, 2016: 22）。只要臺灣還依賴化石性能源當電力燃料，就絕對會遇到燃料進口供應相關的價格、品質與合約持續性問題。

為確保臺灣供電穩定及安全，電業法第27條明定：「……發電業及售電業銷售電能予其用戶時，應就其電能銷售量準備『適當的備用供電容量』等」。茲將電業法中有關維持供電安全的所有條文，列舉為表3，從中可知目前我國供電安全系統的規劃。

表3　電業法中有關供電安全的法條與重點內容

受規範電業別	條文	規範	說明
無	§3（4）	電業管制機關	負責電業籌設、擴建及電業執照申請之許可及核准、電力供需之預測、規劃事項。辦理電力調度之監督及管理。
無	§3（7）	「電力可靠度審議會」之設立	由政府機關、學者專家及相關民間團體組成。
發、輸配售業（台電）	§6	台電轉型為控股公司	為達成穩定供電目標，台電分：發電、輸配售兩公司。
發電業 售電業	§27	備用供電容量	確保供電穩定及安全，由電業管制機關定之。售電業與發電業簽約。
發、再生能源售電業	§19	電業不得擅自停業或歇業，除非經核准	維持電力供應，停歇業應具相關計畫，向電業管制機關申請核准。
發電業	§20	電業停業、歇業時之電力供應	維持電力供應，電業管制機關協調他電業接手，或輸配業調度電力供應。
發電業、輸配電業	§40	移除樹木	維護線路及供電安全。
輸配業	§6	輸配業為國營	以一家為限，其業務範圍涵蓋全國。
輸配電業	§8	再生能源優先併網	確保電力系統安全穩定。
輸配電業	§2（21）	輔助服務費用定義	為完成電力傳輸並確保電力系統安全及穩定所需。
輸配電業	§9	收取輔助服務費用	確保電力系統供電安全及穩定，依調度需求及發電業申請，由電價費率審議會審決。
中央主管機關	§90	設立電力試驗研究所	專責研究提高電力系統可靠度及供電安全。

資料來源：劉書彬整理自電業法。

如此可知，一個國家有關電力供應安全的問題，是從電廠設置、電力可靠度審議委員會提供足以涵蓋平時與尖峰電力安全需求的各種供電容量標準，並要求發輸配售電業的責任，以及設立電力試驗所負責研議供電安全等議題來達成。涉及的議題廣泛，然而各界對供電安全的討論，仍然集中在「備用供電容量」措施上。

根據能源局2017年7月3日公告的「備用供電容量辦法」草案，將「容量義務和緊急供電的責任」由原先唯一的綜合電業—台電，透過「容量義務機制」的法定規範，轉換至電業自由化後的「售電業」，並以「容量義務機制」要求售電業，透過和容量提供者簽約，保證在緊急時，能配合電力調度，達成有足夠供電量，並且以國際間的定義，要求「供電容量機制」以五年後電力系統所需容量來訂定，並以此為五年為一期程，來要求售電業履行。

備用供電容量之計算公式（草案第四條）為：

總供電容量＝

（達成年全國電力系統應備之總供電容量）
達成年系統尖峰負載預測值*
（1＋適當備用供電容量率：15%）

╳基準年系統尖峰日之售電比率
該負擔備用供電容量義務者之基準年系統尖峰日售電量
────────────────
基準年系統尖峰日總售電量。

說明：適當的備用供電容量率現今訂為15%

然此將出現幾個問題：(1)若該備用容量順利於2017年底通過，一期五年的基準年時—2022總供電量，是以年成長1.88%計算（能源局，2012: 33）。[3]這樣的總供電量將持續增加，並未考慮節能的效果。

(2)電力供應來源：因為是要求售電業，所以以台電和開放自售的再生能源受電業為對象。若該子法順利於2017年底通過施行，則預計履行的基準年為2022年底。惟此時在電力來源供應上，有許多變數無法確定，包括仍為發電來源主力的台電，在急速廢核目標落實，於核能機組

3 能源局2012年曾公告：「2013~2030」年我國用電需求年平均成長率預估下降至1.88%。

歲修停機後，即不商轉而減少的核電（經濟部，2017: 3）；[4] 以及對台電和再生能源業者而言，在鼓勵太陽能裝置措施不具誘因下（自由時報，2017），[5] 其如何達成能源局現今設定的15%「適當備用容量率」，以及未來將由「電力可靠度審議委員會」定期檢討修訂的目標，實在大有疑問。

再生能源未來作為重要的發電來源，於2025年將達到20%的發電比時，其即發即用的特性，應重視如何配合當地輸送管網、儲存技術和影子電廠等技術能力。還有再生能源電廠設立的投資獎勵，乃至於電力系統的資安管理等，上述相關建置與措施的成本具有相當的政治性，端視當時執政黨的能源政策立場而定。

另一個供電來源的火力發電，未來將以燃氣為主，但政府屬意的觀塘第三天然氣接收站的建置仍有藻礁保護問題須解決，能否於讓2022年大潭電廠第八、九號機組運作，順利讓天然氣發電比由現今的32.4%達到2025年的50%，看來仍是未知數。

評估：是否能達成SDG的目標？

本段依據聯合國永續發展能源目標，來評論臺灣電業法相關配套法令的修訂是否真能達成符合國際發展的目標。就減碳永續目標而言，透過節能減碳部分，臺灣仍然處於查核輔導、宣傳獎勵自願性節電階段，缺少具強力誘因的技術與市場導向措施，更未採取有效強制規範，如：能源稅。我國這樣的作法，並未反映IEA「2016能源效率市場報告」（Energy Efficiency Market Report 2016）的國際節能趨勢（IEA/OECD, 2016）：其提出「能源效率政策進展指標」作為各國節能政策發展指標，

---

4 廢核時程由核電2015年占18%，2016年減為13.5%，預計2020年減為8%，2025年減至零。

5 根據2017/11/8行政院解決缺電危機最新提出的方案，未來占再生能源發電主力的太陽光電設備設置預計將達2025年3GW裝置容量，但「全民綠能屋頂」的補助政策大轉彎，將透過調高躉購費率，來鼓勵業者出錢蓋屋頂型太陽能。惟這樣的作法，被國內多屬中小型企業的太陽能板下游廠商，視為是「建置成本高，風險高」的措施，不構成誘因支持。

並指出「強制規範」是改善能效的主要驅力（能源知識庫，2016）。

另外，節能部分，也應該從整體能源結構的出發。2017年11月8日賴清德院長公告解決缺電問題的節能方案，雖列舉了包括工業、住、商、政府四方面的節能，但缺乏對交通系統、整體建築建材耗能的整體節能，僅是舊措施的盤整，甚為可惜。應依據國家中長期節能目標，再逐年設定不同產業別的節能路徑與個別目標，才是有效達成節能政策。且目前最長的節電計畫目標只規劃到2019年，而該規範還剩未來兩年，沒有後續時程的規劃，之後是否為未竟之業？加上未有具效力的公告或約制效果，1%是否為積極目標？更重要的是：這目標並未經過各電力消費者所形成的利害關係人代表會商，都成為政府節能決心不足的論據。

至於電力減碳部分，將符合「電力排放係數」基準值的義務放在售電業，固然是抓住了售電業更能感受電力市場要求的方向，但基準值如何設定，有無和溫減法2050年的法定目標配合，還待驗證。但過去台電的減碳成果不佳。最新發展：2017年11月8日我國的「第一期階段管制目標（草案）」在環保署會商其他部會下出爐，減碳的時程在2050年溫室氣體排放量降為基準年2005年排放量50%以下的長期目標下，採先緩後加速的減碳路徑，於2020年達到比2005年減碳2%、在依序達到2025年10%、2030年20%的減碳目標。減量責任將由我國能源、製造、運輸、住商、農業及環境部門共同承擔，並要務實訂定各部門目標分配以求共同減量。這是比較有方向和效率的做法，或許可以期待。

1. 公用電價費率的設定原則與支付得起的電力

2017年的「公用售電業電價費率計算公式」中，在核定電業利潤的經營績效內容項目上，相較於過去的電價成本對應電力政策之績效目的，是較為透明清楚的。尤其將「反映各類用戶電價成本」、「擴大時段電價差」、「節能減碳」、「抑低尖峰用量」、「照顧民生」、「大類用戶定價原則」列入費率定價原則，都有助於各界檢視未來公用電價的訂定是否真能落實該對應目標，這樣的目標加上每次上漲電價不能超過3%，應該能將電價尤其是民生電價仍維持低價水準。若此，當然是人民之付得起的電價。只不過當占最大比例的電價生產成本，還是未加入外部成本時，未來的電價是否能真能配合其他兩大永續能源目標的低碳永續、和供應安全的電力，不免是個疑問。

2. 供應可靠的電力－備用供電容量設置與相關

能源局在電業法中，將電力供應穩定的義務責任擴大至發輸配售電業，以及負責研發的電力試驗研究所，直接有關的配套措施是「備用供電容量」的設置義務，同樣交給了售電業和與其簽約的發電業。德國較全面性且細緻的供電安全措施安排，是值得我們觀摩的；相較於此，原先電業法配套法令對供電安全的維護其實並不夠，因為15%的「備用容量率」和10%的備載容量率或是更高標準的達成，若無其他輸配電業設施的配合，乃至於系統安全維護，也無法擔保不會發生停電缺電狀況。

令人欣喜的是：行政院賴院長2017年11月8日對缺電問題提出的「多元創能增加供給」方案，已經加入「加強機組平常維護」項目；另外在「靈活調度智慧儲能」方案中，亦加入了加強需求面向的管理，以及智慧型電表的設置。這新解決之道指出了從現有資源去盤點，並留意到降低電力需求必要性的方向，是正確的解決之道，有助於永續電力供應安全目標的實現。

參考文獻

尹俞歡（2017）。〈《電業法三讀》配套沒出爐　電價上半年不調整〉。風傳媒，http://www.storm.mg/article/211882。2017/10/13檢索。

工研院（2016）。〈2015製造業能源查核年報〉。https://www.energypark.org.tw/website/105_topfirm/Download/0102_2015製造業能源查核年報.pdf。2017/10/21檢索。

自由時報（2017）。〈太陽能業者轟政府　變屋頂仲介者〉。http://news.ltn.com.tw/news/business/paper/1153121。2017/11/19檢索。

台灣電力公司（2016）。〈台電資訊揭露：2015年電價及單位成本結構〉。

台灣電力公司（2017a）。〈歷年發購電量（能源別）及售電量（用途別）〉。http://data.taipower.com.tw/opendata/apply/file/d003005/001.zip。2018/2/28檢索。

台灣電力公司（2017b）。〈各國電價比較〉。http://www.taipower.com.tw/content/new_info/new_info-d16.aspx?LinkID=14。2017/11/10檢索。

行政院環保署（2017）。〈溫室氣體排放統計〉。https://www.epa.gov.tw/ct.asp?xItem=10052&ctNode=31352&mp=epa。2017/10/13檢索。

能源局（2012）。〈我國電力需求零成長評估報告〉。

能源局（2017a）。〈我國燃料燃燒二氧化碳排放統計與分析〉。

能源局（2017b）。〈平均每人實質國內生產毛額與能源消費量及能源生產力與密集度〉。

能源局（2017c）。〈經濟部能源局105年年報〉。

能源局（2017d）。〈105年度電力排放係數〉。https://www.moeaboe.gov.tw/ecw/populace/content/wHandMenuFile.ashx?file_id=3962。2018/2/28 檢索。

能源知識庫（2016）。〈IEA提出能源效率政策進展指標，並指出強制規範是改善能效的主要驅力，其效果大於能源價格下跌之影響〉。http://km.twenergy.org.tw/Data/db_more?id=1317。2017/10/21檢索。

曾家宏（2014）。〈能源政策公共參與機制之研究與實踐〉。原能會出版。

傅偉祥（2016）。〈我國低碳技術發展策略〉。綠基會通訊。

經濟部（2017）。〈能源轉型路徑規劃〉。https://www.ey.gov.tw/DL.ashx?u=%2FUpload%2FRelFile%2F3524%2F751735%2F2289cdde-c659-49f4-ab4f-f6abc69c2b8a.pdf。2018/2/28檢索。

趙家緯（2017）。〈能源外部成本的治理挑戰與出路〉，周桂田、張國暉（主編），《能源怎麼轉—啟動臺灣能源轉型鑰匙》，頁245-268。臺北：臺大風險社會與政策研究中心。

Alberici, S., Boeve, S, van Breevoort, P., Deng, Y., Förster, S., Gardiner, A., van Gastel, V., Grave, K., Groenenberg, H., de Jager, D., Klaassen, E., Pouwels, W., Smith, M., de Visser, E., Winkel, T. *and* Wouters, K. (2014). *Subsidies and costs of EU energy: Final report.* Brussels: Ecofys, European Commission.

BMWi (2016). "Monitoring-Bericht des Bundesministeriums für Wirtschaft und Energie nach § 51 EnWG." https://www.bmwi.de/Redaktion/DE/Publikationen/Energie/monitoringbericht-versorgungssicherheit.pdf?__blob=publicationFile&v=8. Retrieval Date: 2017/10/21.

BMWi (2017). "Versorgunssicherheit: Zuverlässige Stromversorgung für Wirtschaft und Verbraucher." https://www.bmwi.de/Redaktion/DE/Dossier/strommarkt-der-zukunft.html. Retrieval Date: 2017/11/12.

Bundesnetzagentur (2015). *Monitoring Report 2015.* Bonn: Bundesnetzagentur.

Gordoncheng's Blog (2017). https://gordoncheng.wordpress.com/2013/04/19/2012年德國與2011年歐盟各國電價簡介/。2017/11/10檢索。

IEA/OECD (2016). *Energy Technology Perspective.* Paris: IEA Publication.

IEA/OECD (2017). *Key World Energy Statistics.* Paris: IEA Publications.

Pettinger, Tejvan (2017). "External costs." https://www.economicshelp.org/blog/glossary/external-costs/. Retrieval Date: 2017/10/21.

電業管制機關及其能源轉型能耐建構

林木興

臺大風險社會與政策研究中心助理研究員

周桂田

臺灣大學國家發展研究所教授兼所長暨臺大風險社會與政策研究中心主任

電業法修正草案從1995年起、七進七出立法院，終於在2017年初歷經半年社會各界討論後三讀通過，展現再次政黨輪替後政府能源轉型改革的決心，將能源轉型入法並開啟新電業法時代，其中規範新設電業管制機關由經濟部於其組織權限下指定。而電業法作為能源轉型的法律工具，其修正面向得以充實能源轉型治理的內涵，這些面向包括環境保護、社會正義、能源民主、公平競爭、穩定供電（林木興、周桂田，2017）。而臺灣面對轉型挑戰的當下，須養成其「轉型能耐」（Transformative Capacity），成為氣候變遷與科技風險的治理者，而其治理也需要創新與轉型，以形成驅動轉型社會的行動網絡（周桂田，2017: 252-264）。[1]再者，新電業法規定電業管制機關立法目的、職權範圍，但是電業管制機關如何在眾多治理行動者之間，扮演機關間協調合作、社會各界風險溝通的角色？抑或該機關如何因應能源轉型治理在環境、經濟與社會上的永續發展挑戰？本文擬

[1] Weiss（1988 *and* 2000）提出轉型能耐的概念，其概念被重新詮釋，用以思考東亞國家如何面對全球跨界風險，而政府與公民社會的角色如何被重新擬定（周桂田，2017: 174）。

以組織法的觀點回應以上提問，研討電業管制機關如何透過國家戰略及其政策工具、組織設計及其社會網絡，建構能源轉型的能耐。首先整理能源轉型重大政策與法律，再依據新電業法整理電業法之立法目的、電業管制機關職權範圍，並建立其間的關連性與分析國家行動者所採取的政策工具，進一步識別治理過程可能參與的利害關係人，透過國家與非國家行動者之間的互動或協作、各種政策工具與治理機制的建立與應用，嘗試勾勒電業管制機關的角色扮演圖像，供有關當局與其他行動者參考，以便促進能源轉型法制的執行及其推展。

機關作為能源轉型時刻新行動者

臺灣於2016年進入能源轉型時刻，政府大幅度修正能源經濟法律、國家能源政策，電業管制機關亦經由法律授權成立，能源轉型白皮書與再生能源發展條例修正也在研擬中。Fouquet（2016）從歷史脈絡加以檢視特定部門或總體經濟之能源轉型速度、能源服務的價格、因轉型而引發的事件，證明能源轉型是不可避免的，轉型過程涉及不同的行動者與驅動力創造一個新的路徑，而各國的經驗不盡相同，有的國家透過制度而加速能源轉型至低污染能源的使用。例如臺灣，在2002年於環境基本法明訂政府應訂定計畫，逐步達成非核家園之政策目標，經濟部於2016年民進黨執政後宣布新能源政策，宣示啟動能源轉型與電業改革等七大策略，其中包括核四停建、核一、二、三不延役，於2025年達成非核家園目標與再生能源發電量占國家能源配比20%（經濟部，2016）。再者，能源局推動既有核電廠核一、二、三不延役，依電業法第95條規定，核能發電設備應於中華民國2025年以前，全部停止運轉，另依「核子反應器設施管制法」規定於預定永久停止運轉前三年提出除役計畫，同時核四廢止，於2025年達成非核家園目標（能源局，2017）。另外，2017年經濟部修訂之能源發展綱領，亦宣示達成非核家園，並且積極增加資源投入，全面加速推動系統整合之能源轉型，以逐步降低核能發電配比，其政策配套包含完善能源轉型法制，以提供各部門能源轉型所需市場結構與法制基礎。該綱領包括四個發展目標，分別是能源安全、綠色經濟、環境永續與社會公平，而電業管制機關與社會公平發展目標高度相關，該目標下位綱要方針除能源價格合理化之外，另一個綱要方針為能源市場革新，係分階段推動電業改革。

電業管制機關是電業法第一階段修正後、經由該法授權成立的行政機關，扮演能源轉型國家行動者的角色，而落實電業改革或能源轉型的風險治理。首先，Kern *and* Rogge（2016）認為能源轉型的重要性，在於以能源轉型因應氣候變遷，但是過往能源轉型並未被有意識地治理，因此主張較快的能源轉型已經發生，並且當今已有不同的行動者投身能源轉型治理，以建置低碳能源系統。另外，Andrews-Speed（2016）以「制度理論」（institutional theory）分析低碳能源轉型，以較為寬廣的視野檢驗組織或「社會與技術政體」（socio-technical regime）的脈絡，並且提出分析架構。[2] 而臺灣電業管制機關作為能源轉型的國家行動者，得以作為協調其他國家或非國家行動者，共同進行轉型知識上的競爭，並且扮演規則制訂者或爭議調解的角色，不僅具有制度擬定、行政調查的權力，也可能具有準司法權，而進行能源轉型風險分擔與利益分配的治理工作。

機關如何設計與是否獨立？

歐盟指令規範會員國應該設置一個獨立主體管制電力供需，並且規定每一個會員國，應如何在國家層級設置單一的管制機關，並

2 社會與技術政體的組成，包括市場、使用者族群與使用者實務、技術、生產網路、政策（Geels, 2002）、公司、工程師活動、政策制訂者、特定利益團體、公民社行動者等社會群體（Geels, 2012），用以穩定既有「社會技術系統」（Socio-technical System）的實務及其相關規則（Geels, 2011），而「多層次治理」（Multi-level governance）的整合性概念，用以分析社會技術政體（Hoffmann *et al.*, 2017）。

維持其獨立性（European Union, 2009）。而德國遵循該指令，依據「能源經濟法」（Energiewirtschaftsgesetz, EnWG）設置「聯邦網路局」（Bundesnetzagentur），管制電力、天然氣、電信、郵政、鐵路之網路系統。反觀臺灣，電業管制機關設置的法源為電業法第3條第4項，該法源載明中央主管機關應指定電業管制機關，而中央主管機關係指經濟部，得以指定三級或四級機關。依據立法院通過電業法修正的附帶決議，經濟部應「於電業法修正通過後一年內，電業管制機關成立前，針對其位階、內容、組織架構、運行規章召開公聽會。」（立法院，2017a）。亦即經濟部在2018年1月26日之前，應提出電業管制機關組織條例並舉行公聽會，並且該附帶決議中立法委員期待電業管制機關，像國家通訊傳播委員會或公平交易委員會般獨立。而前述獨立機關，乃是依據行政院組織法相當於中央二級機關，而且根據中央行政機關組織基準法，「（獨立機關）指依據法律獨立行使職權，自主運作，除法律另有規定外，不受其他機關指揮監督之合議制機關。」，經濟部若要設置三級或四級的獨立機關，須研擬法律案報請行政院轉送立法院審議，其中法律案內容須包括其合議之議決範圍、議事程序及決議方法，而其合議制成員由行政院長任命之。另外，在立法院審議電業法修正草案過程中，經濟委員會併案審查時，邀集經濟部長說明行政院版修正草案並且答覆立法委員質詢，審查決議通過3項附帶決議，其中一項包括立法委員張麗善、廖國棟、王惠美、徐永明所提案之附議，其內容與前述立法院通過電業法修正草案附帶決議內容大致相同（立法院，2017b）。此外，立法院法制局於2016年研析電業法修正草案電業管制機關組織型態，建議參考國外電業自由化國家設置獨立行使職權之電業管制機關，以兼具公平性與公正性原則，亦即著重公平競爭面向（立法院，2016）。

機關任重而道遠

電業管制機關的職權，大多著重於電業法修正面向的穩定供應、公平競爭面向，較少強調環境保護面向，甚至未提及社會正義面向的能源貧窮議題，而能源民主部分需要由設立內部單位加以考量。依據電業法第3條第4、5項，電業管制機關總共有9項任務，分別是：一、電業及電力市場之監督及管理。二、電業籌設、擴建及電業執照申請之許可及核准。三、電力供需之預測、規劃事項。四、公用售電業電力排碳係數之監督及管理。五、用戶用電權益之監督及管理。六、電力調度之監督及管理。七、電業間或電業與用戶間之爭議調處。八、售電業或再生能源發電設備設置爭議調處。九、國營電業之組設、合併、改組、撤銷、重要人員任免核定管理及監督事項。其中第三、五、六、八項與穩定供應較為相關，第一、七、九項任務與公平競爭面向較為相關，而第二、四項涉及環境保護面向，但是能源發展綱領社會公平發展目標中所提及的能源正義或能源貧窮議題，與第五項用戶用電權益有關，除了確保弱勢族群的基本能源服務之外，也應該避免或減緩能源貧窮的問題。另外，能源發展綱領社會公平發展目標中所提及的能源民主議題，涉及引導民間參與能源轉型與推動參與式能源治理，電業管制機關得依據同法同條第6項規定，「中央主管機關得邀集政府機關、學者專家及相關民間團體召開電力可靠度審議會、電業爭議調處審議會，辦理第四項第六款至第八款規定事項。」因此中央主管機關或其指定之電業管制機關，得邀集學者專家之外的相關民間團體，共同參與電力調度、爭議調處等之行政或是準司法決策過程。

機關的職能圖像與政策關連

電業管制機關的能源轉型能耐受限於法定職權範圍，需要其他國家行動者的政策支持，以促進能源發展綱領社會公平發展目標下的能源市場革新，尤其是推動電業改革。首先整理電業管制機關職權與相關政策（表1），電業法賦予電業管制機關的職權，重中之重是電業或電力市場的監督與管理，然而電業法第一階段改革主要開放綠能先行，再生能源發電業的商業模式建立在電能躉購制度之上，缺乏再生能源發展的市場補貼機制，再生能源憑證制度上路，但是有效的憑證交易市場機制仍有待建立，得搭配強制用電大戶設置再生能源發電設備，或是以購買憑證抵換（林木興，2017）。再者，電業法授權主要的電業政策或法規研擬機關，為經濟部與其下級機關能源主管機關能源局，而電業管制機關負責第一線電力市場監管或經濟管制業務之執行，例如市場進入與退出、爭端調處（陳毓如，2003: 130-131）。但是電業管制機關無電價、輔助服務費或轉供電能費等費率規範相關業務，價格管制另外由經濟部成立電價審議委員會處理，雖然電價費率審議會須組織法定，但是可能迴避獨立管制機關在獨立性上固定委員任期、獨立行使職權、預算經費來源等要求，經濟部宜訂定電價費率審議會相關組織與運作辦法，因為電業管制機關無電價、輔助服務、電力調度、轉供電能等費率審議的職權，而經濟部如何確保審議會發揮獨立審議費率的功能。另外，經濟部在電力供應端實施國家能源配比政策，電業管制機關在審查電業籌設或擴建須將國家能源配比納入許可與否之考量，另一方面電業管制機關在電力需求端要求公用售電業銷售電能須符合電力排碳係數基準，而電力排碳係數由電業管制機關國家能源及減碳政策訂定。此外，電業法要求電業管制機關將台灣電力公司廠網分離之後，須成立電力交易平臺揭露交易資訊，以調節電力供需而穩定電力供應，其中輸配電業也需要會

表1　電業管制機關職權及相關政策

機關職權	能源發展綱領發展目標（綱要方針或治理內涵）	相關政策工具（經濟部或其下級機關）
一、電業及電力市場之監督及管理。	社會公平 （能源市場革新）	再生能源憑證 （標準檢驗局） 電價費率審議會（經濟部） 電業政策研擬（經濟部）
二、電業籌設、擴建及電業執照申請之許可及核准。	環境保護	國家能源配比（經濟部）
三、電力供需之預測、規劃事項。	能源安全（穩定供應）	電力交易平臺資訊揭露
四、公用售電業電力排碳係數之監督及管理。	環境保護	電力排碳係數
五、用戶用電權益之監督及管理。	能源安全（穩定供應）	公用售電業供電義務 銷售電能電業備用供電容量
	社會公平（能源貧窮）	電價費率審議會（經濟部）
六、電力調度之監督及管理。	能源安全（穩定供應）	需量反應 輔助服務費（經濟部） 電力調度費（經濟部） 轉供電能費（經濟部） 電力可靠度審議會
七、電業間或電業與用戶間之爭議調處。	社會公平（公平競爭） 社會公平（能源民主）	爭議調處審議會
八、售電業或再生能源發電設備設置爭議調處。	能源安全（穩定供應）	
九、國營電業之組設、合併、改組、撤銷、重要人員任免核定管理及監督事項。	社會公平（公平競爭）	廠網分工 輸配電業會計分離 控股母公司

資料來源：作者自行繪製。

計分離、不得交叉補貼，然而，台灣電力公司在發電業與輸配電業專業分工後，成立之控股母公司仍直接或間接持有發電及輸配售電公司已發行有表決權之股份總數或資本總額超過半數，因此控股母公司對於子公司仍有相對多數的決策權，即使台灣電力公司轉型為控股母公司，仍須自律避免限制競爭或不公平競爭之行為，或以他律規範不當行為。此涉及電業法第二階段修正，宜注意電業管制機關與公平交易委員會間競合（蔡岳勳，2017: 135），例如主管法規或是機關職權上的競合。而電業管制機關與公平交易委員會更應開啟公民參與監督台灣電力公司轉型的控股母公司及其子公司。

機關的能源轉型能耐建構

臺灣大幅修正施行半世紀後的電業法，以法律宣告能源轉型的決心，開放電力市場供應鏈的兩端，亦即綠能先行的再生能源發電業、售電業，但是再生能源發電業仍依賴國家電能躉購的補貼，因此電業改革的重點在於市場機制的建立。而電業管制機關做為第一線的業務機關，雖然沒有行政機關研擬政策與法律案的最後決定權，但是得以將電業與電力消費者的施政建議，用電業管制機關的政策規劃回饋到能源主管機關的政策與法律案研擬，以活絡電力市場機制。另外，電業改革的另一個主要對象為輸配電業，而電業管制機關扮演電力市場監管的角色，其獨立性的要求在歐盟或是德國能源經濟法都有立法例得以參考。然而，臺灣電業法過度限縮電業管制機關獨立行使的職權空間，將費率審議的權責由經濟部另外成立審議會處理，未能落實要求獨立機關設置所依循獨立性原則，凸顯電業管制機關管制輸配電業的能耐有限，也將電力市場暴露於不當競爭的風險之中。因此本文主張電業管制機關的能源轉型的風險治理能耐，在於與能源主管機關競爭主管機關協調合作，分別在市場機制建立、電力市場監管的能源轉型政策與法律上，強化制度建構與措施配套等風險管制。其中就風險評估而言，電業管制機關在職權上僅能預測或規劃電力供需，並且輔以電力交易平臺揭露交易資訊，以開啟非國家行動者或利害關係人參與監督電業的管道。因此電業管制機關應重新檢視國家能源及減碳政策，例如能源發展綱領及其研擬中的能源

表2 電業法修正之社會影響及利害關係人立場

利害關係人	影響	立場	新電業法採納情形	能源發展綱領發展目標（綱要方針或治理內涵）
台灣電力公司	行政成本增加勞動權益損害	改革不涉及民營化、分階段轉型、轉型控股公司、不影響員工權益	台電切割為發電業、輸配售電業兩家子公司，原台電轉型為控股母公司	社會公平（能源市場革新）；社會公平（能源貧窮）
民間電業	環境外部成本內部化	純益規範違反電業自由化精神	純益規範促進設備改善與投資	環境保護
自用發電設置者	法規遵循成本增加、再生能源發展機會	不同能源或燃料使用者立場不一	資格認定放寬鼓勵提升能源效率與使用再生能源	環境保護；社會公平（能源民主）
經濟部	行政成本增加	電業改革以促進能源轉型	設置電業管制機關、電價審議委員會、電業調解委員會	社會公平（能源市場革新）
電力消費者	低電價不利社會轉型、用電權益增加	電價應包括環境外部成本	電價穩定機制、電價審議委員會、購電選擇權	環境保護；社會公平（能源民主）
能源技術服務業	產業發展機會	由發電業或售電業提供輔助服務	由輸配電業提供輔助服務	能源安全（穩定供應）
核能流言終結者	政治倡議成本	反對自由化：反核後電價會大幅成長、電力調度成本增加、供電不穩定	明訂非核家園期限、電價穩定機制	能源安全（穩定供應）
媽媽監督核電聯盟	政治倡議成本	拆解台灣電力公司	台電切割為發電業、輸配售電業兩家子公司，原台電轉型為控股母公司	社會公平（能源市場革新）
目的事業主管機關	電價補貼預算	台灣電力公司負擔	目的事業主管機關編列經費支應	社會公平（能源貧窮）

資料來源：參照Lin *and* Wang, 2017，作者自行繪製。

轉型白皮書、國家因應氣候變遷行動綱領，以預先評估能源轉型風險，或是從電業法第一階段修法的過程與經驗，吸納利害關係人提供的修法意見以盤點風險，以便範疇界定、調查、預測、分析與評定風險，而將轉型風險評估作為風險管制的科學證據。進一步而言，電業法作為能源經濟法，除電業受該法規範之外，其電力消費者也作為該法修正之利害關係人，因為電業法修正而可能導致的市場運作或電價調整的改變，影響到社會經濟的層面，而社會經濟作為社會影響評估的重要類別，能源主管機關或電業管制機關研擬電業法第二階段修正或相關政策規劃時，宜考量法律或政策對於利害關係人的社會影響並加以評估（表2），以科學作為基礎而進行決策。最後，電業管制機關藉由爭議調處審議會的設置，開啟利害關係人風險溝通的空間，但是本文建議能源主管機關或公平交易委員會，在電力市場機制設計與電力市場監管等政策或法律案研擬工作上，重視電業管制機關的第一手管制經驗，並且開啟更多利害關係人參與決策的機會。

參考文獻

立法院（2016）。〈電業管制機關組織型態之研析〉。立法院法制局，https://www.ly.gov.tw/Pages/Detail.aspx?nodeid=6590&pid=85278。2017/11/27檢索。

立法院（2017a）。〈立法院第9屆第2會期第1次臨時會第1次會議紀錄議事錄〉，《立法院公報》106（45）：4153。

立法院（2017b）。〈立法院經濟委員會函〉，《立法院議案關係文書》，院總第660號政府委員提案第15817、19527、19664、19702、19958、19977、18562、18849、19624、19973、19733號之1，頁討15-討16。

周桂田（2017）。《氣候變遷社會學》。臺北：臺大出版中心。

林木興（2017）。〈失落的電業法環節？憑證制度搭配能源配比〉。風傳媒，4月3日，觀點投書。

林木興、周桂田（2017）。〈自己發電自己用？電業法修訂與能源產消合一者〉，周桂田、張國暉（主編），《【能】怎麼轉：啟動臺灣能源轉型鑰匙》，頁153-168。臺北：巨流。

能源局（2017）。〈經濟部說明能源轉型路徑、綠能前瞻建設與今夏電力供應穩定〉。經濟部能源局新聞稿，5月16日。https://www.moea.gov.tw/MNS/populace/news/News.aspx?kind=1&menu_id=40&news_id=65977。2017/9/12檢索。

陳毓如（2003）。《我國電業管制機關之研究》。國立臺北大學公共行政暨政策學系，碩士論文。

經濟部（2016）。〈經濟部施政重點〉。https://www.moea.gov.tw/MNS/cord/news/News.aspx?kind=1&menu_id=8789&news_id=54141。2017/9/12檢索。

蔡岳勳（2017）。〈評析二〇一七年新電業法—從管制機關定性與市場競爭管制面之觀點〉，《月旦法學雜誌》263: 120-135。

Andrews-Speed, P. (2016). "Applying institutional theory to the low-carbon energy transition." *Energy Research & Social Science* 13: 216-225.

European Union (2009). "DIRECTIVE 2009/72/EC OF THE EUROPEAN PARLIAMENT AND OF THE COUNCIL of 13 July 2009 concerning common rules for the internal market in electricity and repealing Directive 2003/54/EC." *Office Journal of European Union* L211/55.

Fouquet, R. (2016). "Historical energy transitions: Speed, prices and system Transformation." *Energy Research & Social Science* 22: 7-12.

Geels, F.W. (2002). "Technological transitions as evolutionary reconfiguration processes: a multi-level perspective and a case study." *Research Policy* 31: 1257-1274.

Geels, F.W. (2011). "The multi-level perspective on sustainability transitions: Responses to seven criticisms." *Environmental Innovation and Societal Transitions* 1: 24-40.

Geels, F.W. (2012). "A socio-technical analysis of low-carbon transitions: introducing the multi-level perspective into transport studies." *Journal of Transport Geography* 24: 471-482.

Hoffmann, S., Weyera, J. *and* Longen, J. (2017). "Discontinuation of the automobility regime? An integrated approach to multi-level governance." *Transportation Research Part A: Policy and Practice* 103: 391-408.

Kern, F. *and* Rogge, K.S. (2016). "The pace of governed energy transitions: Agency, international dynamics and the global Paris agreement accelerating decarbonisation processes?" *Energy Research & Social Science* 22: 13-17.

Lin, M.X. *and* Wang, T.J. (2017). "Social Impact Assessment and the Amendment of the Electricity Act in Taiwan." Paper presented at the 6th International Symposium on Environmental Sociology in East Asia (ISESEA), Taipei: College of Social Sciences, National Taiwan University, October 20th.

Weiss, L. (1998). *The Myth of the powerless state: Governing the economy in the global era*. Cambridge: Polity Press.

Weiss, L. (2000). "Developmental States in Transition: Adapting, Dismantling, Innovation, not 'Normalizing'." *The Pacific Review* 3(1): 21-55.

政府資料開放政策下的電力資訊與解析

鍾明光

臺灣大學地理環境資源學系
博士候選人暨臺大風險社會
與政策研究中心助理研究員

王翊芬

臺灣大學地理環境資源學系
碩士生

前言：能源轉型所面對的資訊開放挑戰

隨著近年來開放資料的議題逐漸受到重視，各國政府相繼開放政府施政數據，透過政府資料開放可使民間企業、機關單位及民眾共享資料，將資料加值運用，提升資料價值、創新產業及服務。開放政府的概念最早由美國發起，1960年代頒布的《資訊自由法案》對政府資訊公開與透明提供相關的行為準則，並將其概念擴展到其他歐美地區。自2000年後，開放資料的議題更加受到重視，包括英國發表的《資訊力量審查報告》（The power of information: An independent review）中提到開放資料能為公部門資訊創造新的價值；美國總統歐巴馬（Barack Obama）上任後簽署的《透明和開放政府備忘錄》（Transparency and Open Government）明定未來政府將制定開放資料相關政策的準則，而各國如加拿大、紐西蘭、日本、韓國等國家也陸續推行開放政府、開放資料的相關政策，期望透過擴大資料使用社群，創造資料加值的機會。

目前，根據聯合國於2016年的調查結果顯示，在全球193個會員國中，已有106個國家設置開放政府資料的入口網站，相較於2014年僅有46個國家提供這項服務，成長速度相當迅速（黃心怡等，2016）。在這資料開放的浪潮下，臺灣政府亦開始關注開放資料的議題，並積極的推動資料開放平臺的建置與相關政府資訊公開的制度，2011年由臺北市率先推出「臺北市政府資料開放平臺」，隨後中央政府整合各部會資料，建置的「政府資料開放平臺」也於2013年正式上線，期望透過政府與民眾共享資訊，使政府資訊透明化，促進民眾對公共事務之瞭解、信賴與參與。

開放資料強調政府主動開放大量、即時、結構化、格式標準化的資料，然而，目前國際尚未制定開放資料的共通準則。世界銀行將開放資料定義分為兩個維度，分別是合法開放（legally open）及技術開放（technically open），合法開放是指資料應被公開，並且將使用限制降到最低；技術開放則是指資料能被機器讀取且不限使用者身分，皆能於公開網站中取得數據（Open Data Essentials）。

英國開放知識基金會更表示開放資料是知識的基石，應是有用（useful）、易使用（usable）及開放使用（used），並進一步指出開放資料應包含三個特質，第一，可用性與可取得性（availability and access），指資料應被公開於網路上，並以方便和可修改的形式提供；第二，再使用與再分配（reuse and redistribution），指資料能被機器讀取且可重複使用，並能與其他數據相互混合使用；第三，普遍參與（universal participation），是指每個人都須能使用、重複使用和再分配開放資料，且不應限制資料使用範圍及使用者資格（Open Knowledge International, 2012）。

在2009年歐巴馬簽署的《透明和開放政府備忘錄》明確指出開放政府須遵守透明化（transparency）公眾參與（participation）協同合作（collaboration）三項原則，在透明化方面指出政府機關應提高施政透明度並主動釋出資訊；在公眾參與方面應促進公眾參與整個決策過程，提高政府施政效率與決策品質；在協同合作方面則指出，應跨部會合作並加強與民眾、非營利組織、企業團體等的合作與交流，以達到創新目的（Obama, 2009）。由上述可知，世界銀行、英國、美國等，皆將資料的開放性及互通性視為核心的概念，當資料易於取得且能互通結合使用時，才能串聯各項資料，使開放資料發揮最大價值。

隨著開放資料的發展，各項公開資料逐漸應用於社會各面向，如交通運輸、醫療保健、能源、氣象預測、教育、公共財政等。其中，在能源資料的部分，美國能源資訊管理局（Energy Information Administration）所公布的能源資料涵蓋石油、煤炭、電力、核能、再生能源、各部門別的能源使用情形等資訊，透過每月、季、年公布之統計數據，有助於政府、社會分析及預測能源趨勢，並牽動後續能源政策之制定。

在全球暖化、氣候變遷的當今，能源的轉型已為國際重視的議題，而隨著近年開放資料的興起，已證實透過開放資料結合基礎建設、雲端管理、物聯網等技術，能將能源應用效率帶來更進一步的提升。美國白宮科技政策辦公室（OSTP）於2011年提出的「綠色按鈕倡議」（Green Button Initiative）政策即是將開放資料的概念結合智慧電網之技術，將電力資訊透明、即時公布於網路，提升能源使用效率。然而，能源數據公開也伴隨著資訊安全與隱私權風險的問題。目前美國聯邦政府偏向將「消費者能源使用資料」（CEUD）歸類於個人資料保護範疇，因此，當要將能源數據開放時，能源公司需遵循聯邦行政機關發布的政策及規範處理能資源資料（蔡博坤，2014）。

政府資料開放下的電力數據釋出

近年來，臺灣社會面臨許多能源轉型的路徑辯論，而相關能源耗用的統計以及區位分布，亦是各項討論的分析基礎。目前，臺灣地區能源使用的統計，多由經濟部能源局以年度能源統計手冊的方式進行發布，該資料涵蓋石油、煤炭、天然氣等面向的能源資料，同時提供各縣市的部門別電力統計以及再生能源等能源資訊。此外，行政院也在2012年核定智慧電網總體規劃方案，希冀透過資訊、通信與自動化科技，建置具智慧化之發電、輸電、配電及用戶的整合性電力網路，強化電力用戶端與供應端的配合，以提升電力系統運轉效率、供電品質及電網可靠度，並促進再生能源擴大應用與節能減碳之政策目標（經濟部能源局，2012）。然而，智慧電網的推動的核心精神，其實是訴求電力資訊的透明與公開，以美國的Green Button計畫為例，便是倡議智慧揭露政策（smart disclosure policy），希望能源業者能提供消費者易懂的能源使用資訊，進而使消費者思考如何減少在能源上的花費，在確保個人隱私及資訊安全前提下，利用數據經濟（data economy）與資料分析學（data analytics）之概念進行能源治理的規劃，而這同時也是一種消費者賦權（consumer empowerment）之理念（許志義等，2015）。

相對於能源局所出版的年度能源統計手冊，係以全國或是縣市的空間尺度進行電力生產及耗用的統計，而現階段的電力資料的開放以及供應，散佈於不同的政府網路平臺，且資料統計項目、空間尺度與發布格式未有一致，亦使得資料如何與實際的電力治理間，仍存有許多需要轉譯及嵌合之處。本文首先針對臺灣現有的開放電力資料進行說明：

1. 環保署清淨家園－鄉村與村里等級的表燈非營業用電

環保署於2009年建置清淨家園顧厝邊綠色生活網，推動村里志工於該網站發表巡檢清理日誌，並透過辦理攝影競賽活動，鼓勵民眾記錄社區週邊環境狀況，同時進行環境巡檢及清理，希望透過複式動員的概念，協助社區推動節能減碳的活動。該網站為呼應節能減碳之概念，透過與台灣電力公司合作整理家戶住宅的用電資料，其概念係依據用戶之用電地址，以現有行政區進行彙整與統計，並以縣市、鄉鎮市區為資料發布的空間單元，同時提供全年、半年、逐月的統計資料下載。

此外，為了更進一步解析村里的用電資訊，環保署進一步與內政部戶政司合作，將用戶的資料進行地址對位，以獲得該用戶所在之村里資訊，進而以村里為單元，將全國用電量的統計數值透明化，以供各界一覽民生用電的狀況。該數據之統計年份自2007年1月延續至今，為臺灣地區的民生用電（住戶、非住戶、住商合一、空戶）提供了一個完整的輪廓，較可惜的是該資料多數以表單的方式呈現，較難以直觀地掌握用電高低與空間分布之關係，且該網站之統計資料近期已不再更新，其縣市與鄉鎮的用電統計資料僅更新至2016年4月，而村里用電統計資料僅有2008年10月至2015年2月之資料。

2. 經濟統計區－以發布區概念進行表燈非營業電力耗用的資訊發布

國內之統計區劃設，始於2008年由內政部統計處主導建置的「統計區分類系統」，該劃設以「人口」資料為基礎，配合街廓、[1]河川、道路等明顯可辨識且不易變動之邊界，利用地理資訊系統（Geographic Information System, GIS）進行最小統計區之劃設，建立較村里層級小之統計發布單元，並於其上設置不同層級的發布區，透過不同尺度的空間單元組合，使其能對應原有的村里、鄉鎮、縣市等現有行政區劃。統計區試圖在保護個人隱私的前提下，在邊界穩定以及細緻的前提下，以利政府單位針對社經資料進行蒐集、統計與發布。

2011年，經濟部考量到相關的工商、工廠登記資料與「統計區分類系統」之人口分布具有明顯差異，遂開始進行全國「經濟發布區」之劃設，希望在統計區之社經基礎上，以經濟資料之分布特性，進行發布區的劃設，希望能在兼顧隱私保護的前提下盡量縮小空間單元，並維持資

[1] 街廓（block）是指以街道為界而形成之地區，在道路網中，街廓常成規則的矩形，但其大小及形狀會因道路規劃而呈現其他形狀，如街廓可能由三條街道圍成一個三角形。在都市中，街廓是很容易辨別和分割的地理單元，因此常作為保存記錄及收集統計資料的基本單位（內政部營建署，2017）。

料之空間分布特性與分布型態（經濟地理圖資中心，2017）。此外，為了與現有之社經資料進行整合，所以直接引用內政部「統計區分類系統」的二級發布區範圍，作為經濟三級發布區，以利經濟統計資料可與其他跨類別資料進行共享、分析與整合應用。

近年來，經濟部開始將相關的住宅用電（包含營業以及非營業）以及低壓電力之用戶資料，以經濟三級發布區的空間尺度進行發布，該資料以年度為更新週期，並提供逐月的：用電度數、用電戶數、電費總額、每日平均用電度數、每戶平均用電度數、每戶平均電費等資訊，除以網路GIS平臺展示資料於空間分布情形，同時，該平臺亦提供開放資料下載以及API資料串接服務，讓有使用者可以進行資料的二次開發及分析。

此外，該平臺在縣市及鄉鎮尺度的電力資料發布時，亦進一步進行用電產業別的統計，讓使用者可以進一步探索該區域用電增長與現有產業結構之間的關係，此部分亦是現階段能源轉型討論中，參考性極高的的重要資訊。

3. 台電開放資料庫－以鄉鎮為單位發布結構式的電力資訊

近年來，在能源轉型以及區域節電規劃的需求下，台灣電力公司亦開始在其網站中，逐步公開相關的電力統計數據，其主要係分為：發電、輸電、售電與其他等四個分類進行資訊發布。其中，售電的部分除了以全國為尺度的用電統計資料以及再生能源資訊之外，同時在縣市尺度提供了部門別的統計，讓我們可以一窺各縣市的產業發展如何涵構其用電差異。同時，為了能在空間上更細緻地描述用電的概況，台灣電力公司亦發布了以鄉鎮為單位的售電統計資料，針對個別鄉鎮統計其表燈用電、低壓綜合用電、低壓電力、高壓電力、特高壓電力與臨時電力等資訊，並以逐月的方式進行資料發布，協助我們可以在鄉鎮尺度上檢視詳明且結構性的用電數據。

此外，為了配合縣市節電競賽的進行，台電公司亦針對縣市的住商以及工業用電進行資料的釋出，讓使用者可以針對2015年至今的縣市售電部門別進行統計，使用者可以依照不同的時間段進行資料的彙總計算，更清楚掌握部門別售電與時間之關係。

過去在大電網的概念下，臺灣的相關電力統計資料，多是以年度彙總的方式進行發布，其雖包含：裝置容量、發電量、售電量等相關能源統計資訊，但多缺乏空間屬性，以致在面對能源轉型的政策願景時，難以就不同的區域特質進行社會對話與規劃。

經由上述的三種電力資訊的開放過程回顧，我們可以看到不同的政府部門，試圖在不同的空間尺度上釐清臺灣的電力使用狀況，並將相關電力統計數據與政策之發展需求進行連結與對話（表1）。環保署的清淨家園網站係以節能減碳作為出發，並以鄉鎮及村里的空間尺度，進行民生用電資料的整理及釋出，協助我們在將個人的家戶用電與小尺度的村里資料進行比對，從而發展後續的節能策略，該資料在時間尺度跨越了十年的期程，且具有村里級的空間解析度，可為臺灣民生用電的區域變遷，提供了一個極具參考價值的資料庫。而經濟統計區的發展，針對整體經濟相關的資料進行彙總及發布，並利用一個階層式的空間結構，以經濟規劃的需求出發，彙整了電力、工廠及消費（電子發票）的資料，同時藉由GIS的工具整合了經濟以及其他社經因子，試圖提供後續產業發展及投資的評估需求；透過經濟統計區與GIS的轉譯，我們可以看到臺灣用電的空間分布與熱區，同時瞭解其與區域產業結構之間的連結。而台電做為臺灣主要的電力供應與輸導者，則是在政府資訊公開的架構下，將其原有的電力統計數據進行發布，雖然各式的數據整理都是以其原先業務目標進行統計，未必能符合能源轉型所需要的資訊分類格式，但卻以結構化的方式詳實補充了現有資訊的不足。此外，其空間單元雖擴展至鄉鎮層級，惟相關資料多以表單形式呈現，使用者未能在空間上檢視其分布關係。

表1 現階段臺灣電力開放資料的來源與比較

資料名稱	清淨家園網站	經濟地理圖資供應中心	台灣電力公司網站
主要公部門	環保署 台灣電力公司 內政部戶政司	經濟部	台灣電力公司
釋出目標	群眾教育 社區節能減碳	政府資料開放 空間統計及分析	業務統計需求 政府資料開放 縣市節能競賽
資料彙整模式	行政區彙總 地理對位	地理對位	行政區彙總
資料空間尺度	縣市、鄉鎮及村里	縣市、鄉鎮及經濟三級發布區	多數為縣市及鄉鎮尺度，僅部分民生用電資料為村里尺度
資料內容	民生用電	表燈用電、高壓用電、包制用電	結構性的電力資料：發電、輸電、售電與其他
展示方式	表單	地圖	表單
是否有產業別	無，只有民生用電	包含有11大類，[2]同時亦區分營業及非營業用電	無，只有部門別以及相關售電業務類別
引用授權	無	政府資料開放授權條款	政府資料開放授權條款
資料年限	村里資料為2008年10月至2015年2月	2013-2015年	2015-2017年
資料更新週期	現在已經不更新	以年度方式進行更新，但約有2年的時間延遲	縣市的部門別統計以年度為更新單位，而鄉鎮等級的民生用電則是逐月公布

資料來源：本研究整理。

以空間彙整不同的電力耗用資訊　以2015-2016年為例

整體而言，以上之三種資料開放取徑，雖有其特定時空之背景與目標，彼此間亦存有部分的互補關係。緣此，本文嘗試以台電公司的開放

[2] 其產業別分為：農林漁牧、礦業及土石採取、製造、水電燃氣、營造及工程、批發－零售及餐飲、運輸倉儲及通信、金融－保險及不動產、專業－科學及技術服務、文化－運動休閒及其他服務業。

資料為基礎，將以上三種來源的電力資料進行空間化處理，並將其以適當的空間單元進行整合及分析，並利用GIS進行的視覺化呈現，以檢視讓各項電力數據的空間分布特性，從而比較不同能源資訊的空間差異。

1. 臺灣縣市用電的增長概況－總用電量、產業別

台電公司以住宅、服務業、機關、工業以及農林漁牧五大部門別，進行臺灣縣市用電資料的統計。透過該公司所公布的部門別用電資料，可以發現2015-2016年間，工業用電主要集中在桃園市、臺中市、臺南市以及高雄市。此外，因為工業用電的統計同時亦會依據用戶的契約容量，分為800KW以上與800KW以下兩個不同的類別，一般而言800KW以上的契約用戶，多為能源較密集之生產性質用戶（如：製造業），而

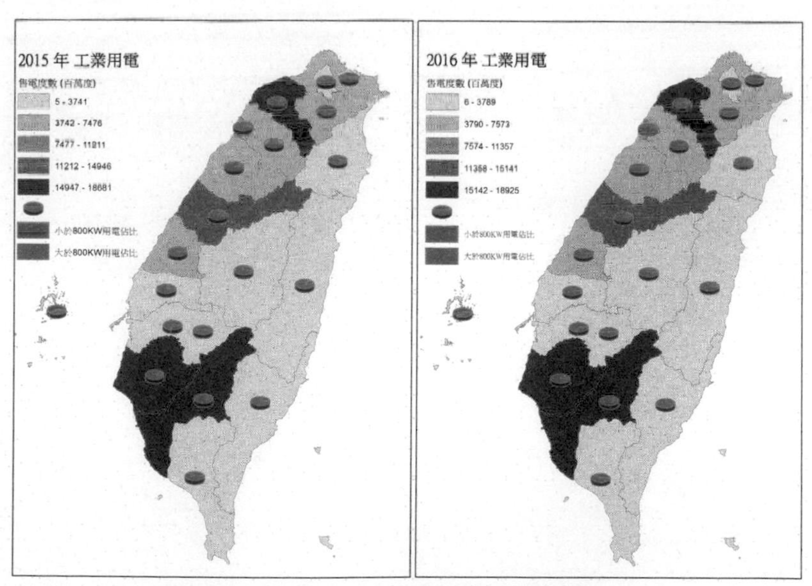

◎ 圖1　2015與2016年臺灣各縣市工業部門之用電度數

資料來源：參照台灣電力公司，2016a，作者自行繪製。

800KW以下的契約用戶，則較多中小企業以及部分商業用戶。

整體而言，多臺灣數縣市的工業用電，皆是以800KW以上為主，只有部分縣市如：嘉義市、嘉義縣、新北市、臺北市與基隆市的800KW以下用電較高，且占比都超過該縣市工業用電的40%。

若進一步從增長比率的角度檢視各縣市的工業用電（圖2），則可發現基隆市（-7.18%）的工業用電下降最多，其次則是花蓮縣（-4.78%）、嘉義市（-3.18%）、新竹市（-0.98%）、宜蘭縣（-0.75%）以及臺北市（-0.31%）。此外，幾個工業用電增長比較高的縣市中，多數縣市：新竹縣（6.61%）、臺中市（6.42%）、與高雄市（4.43%）的增長主要來自於800KW以上的用電戶，只有嘉義縣（5.56%）雖然呈現較高的增長趨勢，但是其主要增長是來自於800KW以下的用電戶，

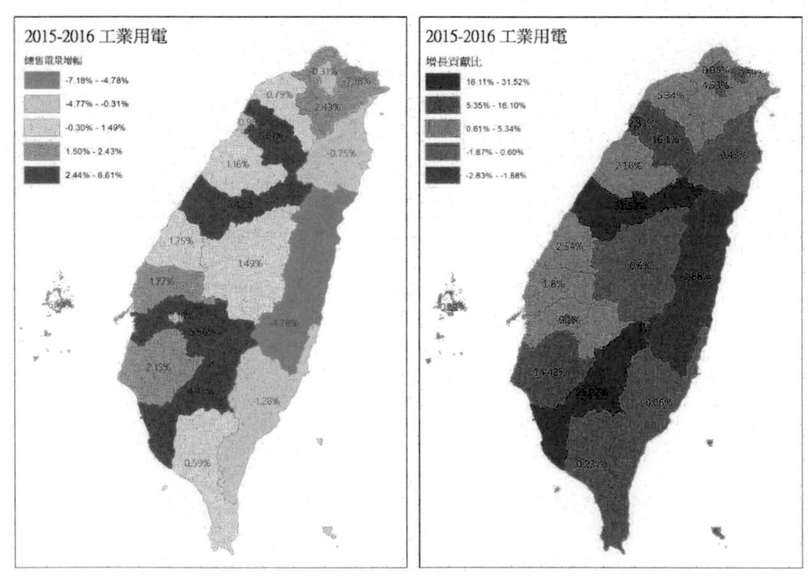

◎ 圖2　2016臺灣各縣市工業部門之用電與增長

資料來源：參照台灣電力公司，2016a，作者自行繪製。

且因為其在全國整體的工業用電量占比較小，所以並未對整體工業用電量的提升產生明確的影響。反倒從增長貢獻比的角度來看，臺中市（31.52%）、高雄市（25.02%）、新竹縣（16.1%）本來全國的用電占比就已經比較高了，所以雖然相較於前一個年度只是微幅成長，但是其成長量卻在全國的總成長量中，扮演著重要的驅動角色。

至於非工業部門的用電狀況（圖3），現階段多數的縣市都是成長的狀況，且是以六都為主要用電大戶，其中以臺北市（16.16%）與新北市（15.66%）最高，其次則是臺中市（12.55%）、高雄市（11.57%）、桃園市（9.07%）及臺南市（7.58%）。然而，若從增長比例的觀點檢視，則可以發現六都中維持用電高成長率的只有桃園市（4.8%），而其他比例較高的縣市則是：新竹縣（5.7%）、苗栗（4.5%）以及宜蘭（4%）等三個縣市

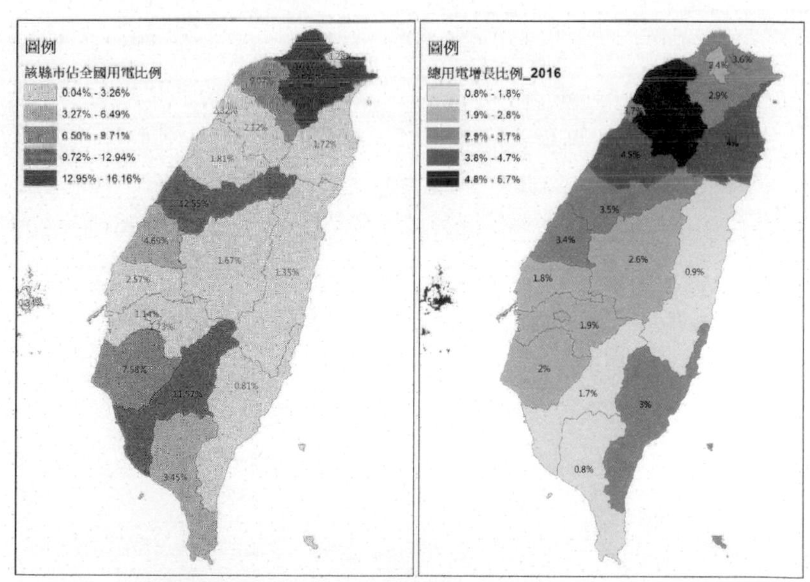

◎ 圖3　2016臺灣各縣市非工業部門之用電與增長

資料來源：參照台灣電力公司，2016b，作者自行繪製。

成長較多，而成長較少的縣市則以花蓮縣（0.9%）與屏東縣（0.8%）。

若進一步從不同的部門別檢視各縣市的用電，於2015至2016年間的增長情形（圖4），則會發現住宅部門用電的高成長區域，主要集中於：臺北市（0.74%）、新北市（0.88%）以及基隆市（0.89%），而南部區域的高雄市（0.73%）與臺南市（0.75%）有比較高的成長，此外桃竹苗區域中，多數縣市的成長率都高於0.6%，且以新竹市（0.8%）以及苗栗縣（0.72%）成為兩個比較明顯的上漲區塊。而中部地區，則是以臺中市（0.7%）成長較多，其他如：彰化縣（0.66%）、南投縣（0.55%）、雲林縣（0.54%）、嘉義縣（0.54%）以及嘉義市（0.59%），都是維持在0.5%-0.6%之間的成長率。

服務業部分的主要成長，則在花蓮縣（0.74%）、屏東縣（0.66%）、雲林縣（0.59%）以及臺東縣（0.56%），具有比較高的成長率。此外，臺南市在服務業用電的部分則是呈現衰退（-0.11%），相對於其他六都區域服務業平均都有0.2%以上的上漲，是一個比較值得關注的現象。

最後，在機關部門的用電的變化趨勢中，各縣市普遍出現微幅上漲的趨勢，甚至有幾個縣市已經出現下降的狀況，其中以新北市（-0.14%）與雲林縣（-0.13%）降幅較明顯，其次則是基隆市（-0.09%）與臺北市（-0.07%），而機關用電的上漲較多的縣市，主要為：臺南市（0.36%）、嘉義縣（0.14%）以及花蓮縣（0.12%）。相較於住宅以及服務業部門的用電狀況，機關用電過去都是政府節電行動中的主要行動者，所以這部分的用電下降，可以視為某種來自政府推動節電的效益。

若從貢獻度的角度來檢視以上：[3] 住宅、服務業業以及機關三個部門在各縣市用電增長的貢獻度，會發現住宅部門在各縣市的用電增長上，扮演了重要的驅動角色（圖5）。

延續以上非工業部門的用電分析，若進一步檢視2015至2016年間，

---

[3] 本處之貢獻度所指的是扣除工業以及其他部門後，住宅部門在該縣市總用電增長之比例。

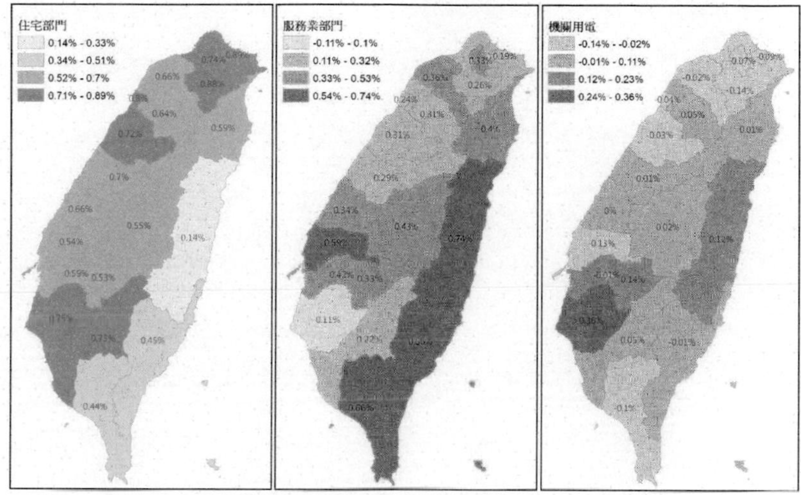

◎ 圖4　2015-2016年間縣市部門別用電的增減狀況

資料來源：參照台灣電力公司，2016b，作者自行繪製。

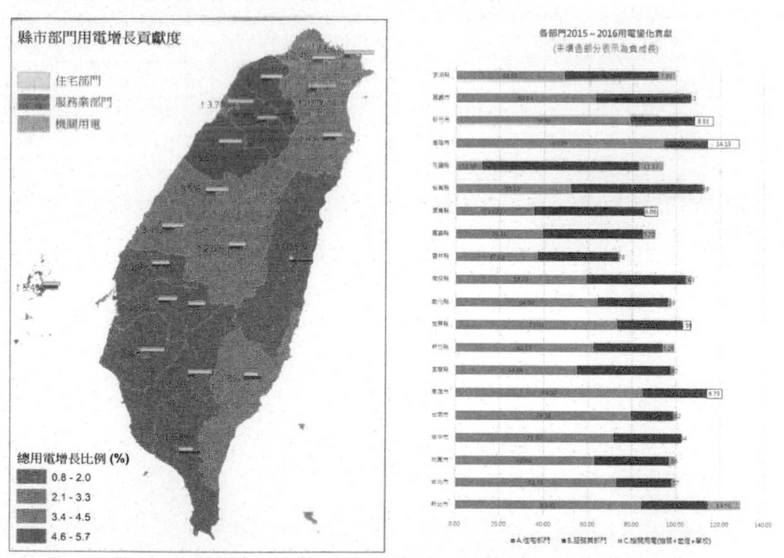

◎ 圖5　2015-2016年間縣市部門別用電增長貢獻度及各縣市貢獻度

資料來源：參照台灣電力公司，2016b，作者自行繪製。

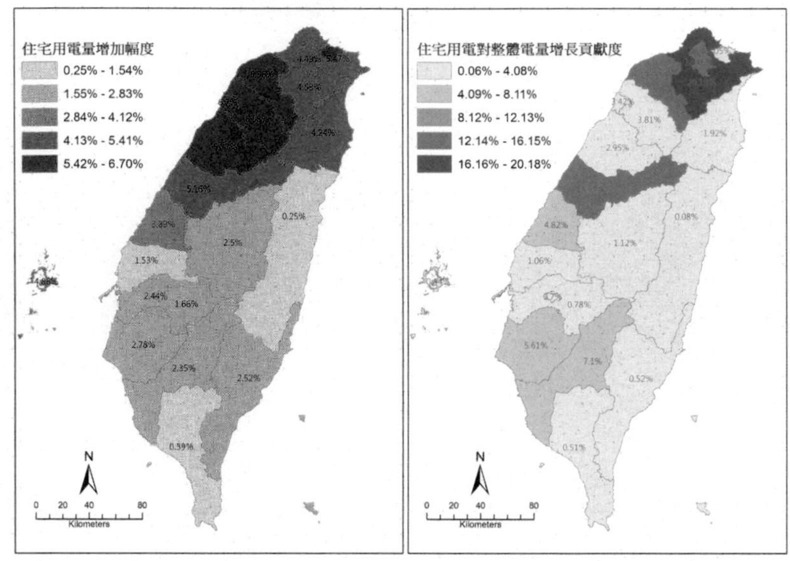

◎ 圖6　2015-2016年間住宅部門用電增長及對於各縣市整體用電的貢獻狀況

資料來源：參照台灣電力公司，2016b，作者自行繪製。

各縣市住宅用電量的增加幅度以及其對整體用電量的貢獻度（圖6），則可發現在用電量的增幅上，雖然新竹市（6.7%）、新竹縣（6.58%）以及苗栗縣（5.77%）具有較高的增幅，但是其對整體用電增長的貢獻度其實並不高，以新竹縣為例其住宅用電對整體用電的貢獻比為3.81%，而新竹市則為3.42%，苗栗縣則是2.95%。但是在六都等人口較高的區域，即可看到住宅用電對於整體用電量上漲的貢獻度，不管在臺北市（13.46%）、新北市（20.18%）、桃園市（13.72%）、臺中市（15.37%）、臺南市（5.61%）以及高雄市（7.1%），都可以看到住宅用電對於整體用電的影響，其原因應該初步歸因於這些直轄市區的人口總數高，所以住宅用電的比重本來就較高。但是，若進一步檢視桃園市以及臺中市這兩個區域，即可發現這兩個區域的增幅以及貢獻量都屬較高

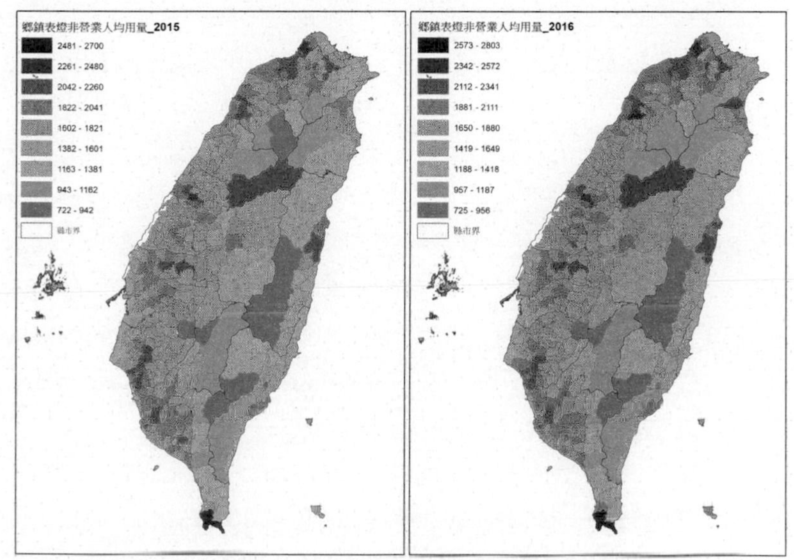

◎ 圖7　2015與2016兩年度全臺鄉鎮的表燈非營業人均用電

資料來源：參照台灣電力公司，2015，作者自行繪製。

的群體。

若進一步以台電公司所統計的「表燈非營業用電」替代住宅用電的資料，並利用國土資訊系統社會經濟資料服務平臺（內政部統計處，2006）所提供的人口數據，檢視鄉鎮等級的住宅人均用電狀況（圖7），我們可以看到整體而言2015與2016兩年的資料趨勢尚稱一致，相對於縣市尺度所呈現的分布與趨勢，在鄉鎮尺度理我們可以更細緻地檢視不同縣市人均用電量較高的鄉鎮，同時也可以看到跨越縣市界的分布趨勢（pattern）。以北部地區為例，自苗栗的造橋鄉、竹南鎮以北一直沿著海線延伸至新北市的八里區及淡水區，有一個平均用電比較高的區塊。而中部地區則是在臺中市、彰化縣以及雲林現等地的人口密集區，有平均用電較高的區塊出現。南部地區則是以從臺南市的新市區一路延伸至高雄市的苓雅區及前鎮區。至於宜蘭、花蓮、臺東等縣市，基本上未有連成一跨縣市的區塊，多是在各自縣市內的人口密集區，出現人均用電較高的狀況。

若進一步檢視2015與2016兩個年度的變化趨勢，並從增長率與貢獻度的角度，來分析表燈非營業用電在空間上的分布狀況，則可以發現除了少數負增長的區域之外，臺灣地區多數鄉鎮的增長量並不高。基本上，只有在臺北市、新北市、桃園市、臺中市、高雄市的人口密集區塊，出現了表燈非營業的售電量增長較多的狀況。此外，新北市的板橋區、新莊區、三重區、中和區，還有桃園市的桃園區、中壢區，以及新竹縣的竹北市，亦出現了售電大幅增長的狀況。

而在人均用電的增長率上，則可以看到基本上多數增長較高的鄉鎮都是集中在彰化縣以北的縣市，而臺灣南部區域如：臺南市、高雄市以及屏東市的人均用電增長率皆不高，甚至還有下滑的趨勢。至於在東部的宜蘭與花蓮兩縣市，亦有普遍比較高的狀況，而臺東縣高的區域除了人口密集的臺東市外，亦有部分鄉鎮如：成功、冬河、達仁、關山與大武等，具有比較高的人均用電增長。

若進一步以空間分析的熱區（Hotspot）方法，進一步檢定售電增長量以及人均用電增長率的熱區分布（圖9），則可發現臺灣地區鄉鎮售電量增長較高的區域多集中在北部區域，基本上是由基隆市、臺北市、新北市、桃園市以及部分新竹縣市所構成，而次熱的區塊則是臺中以及彰化的人口密集區所構成，而雲林以南的區塊基本上都是呈現冷區的狀況。而從人均用電增長率的角度來進行熱區分析，則可以看出一個較為不同的結果，整個人均用電的增長熱區出現在臺中市以北以及桃園市以南的區域，而雙北地區雖然有一些次級熱區出現，但整體來說並不顯著。而雲林縣以南一直延伸至屏東，則為冷區。

整體來說，不管是鄉鎮售電量抑或人均成長率，我們都可以看到其熱區都是位於臺中市以北的區域，特別是桃園市以及新竹縣市這些新興

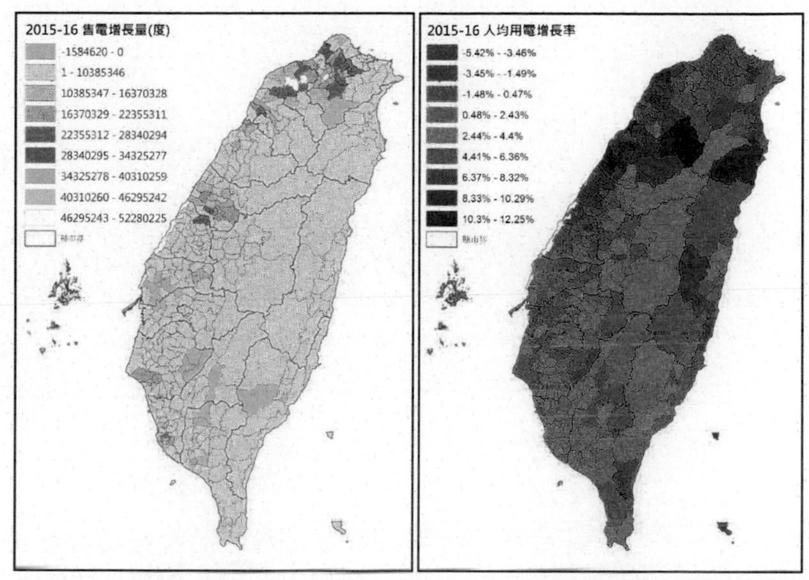

◎ 圖8 2015至2016年間全臺鄉鎮的表燈非營業用電增長量與人均用電增長率

資料來源：參照台灣電力公司，2015，作者自行繪製。

的區塊，而濁水溪以南的縣市，如：雲林、嘉義、臺南、高雄、屏東等縣市，都呈現冷區的狀況。若不計外島，住商機關總用電增長比例最高的縣市為新竹縣、桃園市、苗栗縣，用電量增長貢獻度最高的為新北市、臺中市、桃園市，貢獻度合計近五成。為了進一步探勘各縣市內的民生用電增長趨勢以及分布差異，本文嘗試以臺中市的鄉鎮為單位，進一步用開放電力資料描述縣市內的民生用電分布概況。此外，因為臺灣地區鄉鎮的面積差異過大，所以本文進一步以村里以及統計區之尺度，進行用電資料的空間分布解析，並透過空間熱區的分析，檢視村里用電數值的分布趨勢以及其與一級發布區的分布差異，從而進行民生用電在空間區位的探勘。

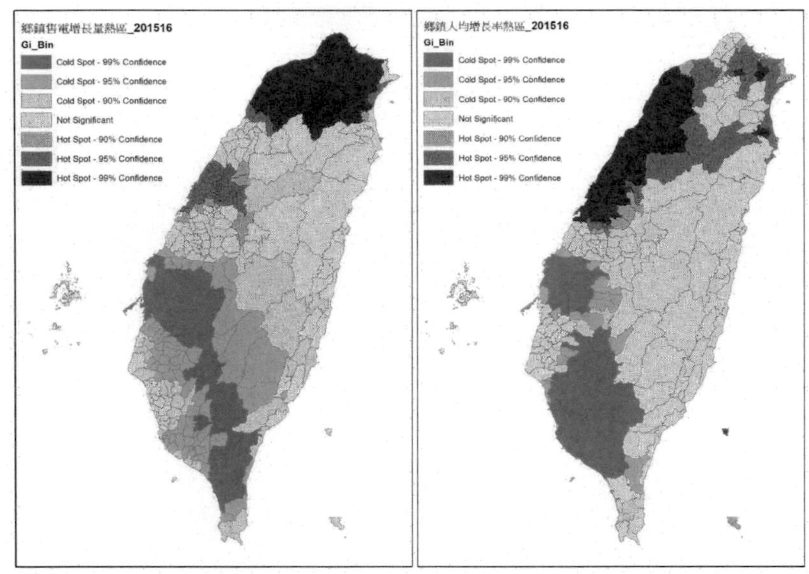

◎ 圖9　鄉鎮人均用電增長熱區

資料來源：參照台灣電力公司，2015，作者自行繪製。

2. 臺中市各行政區的民生用電分布

臺中市在2015至2016年間用電增長量較高的區域（圖10），多落在屯區（西屯、北屯、南屯），而原臺中市的北區、南區、西區，以及大里、沙鹿、太平等三區。而若以售電增長率的觀點來看，則會發現神岡（6.61%）、西區（6.86%）、外埔（6.98%）、南屯（7.01%）、烏日（7.09%）、大甲（7.31%）、大雅（7.38%）、龍井（7.67%）、清水（7.73%）、南區（7.78%）、北屯（7.95%）、西屯（8.00%）、梧棲（8.32%）、沙鹿（9.50%）等區域，為成長比率較高的區塊，可見臺中市於用電增長量及售電增長率較高區域相似。但若細究，可見其中神岡、外埔、烏日、大雅、龍井、清水、梧棲呈現用電增長量低而售電售

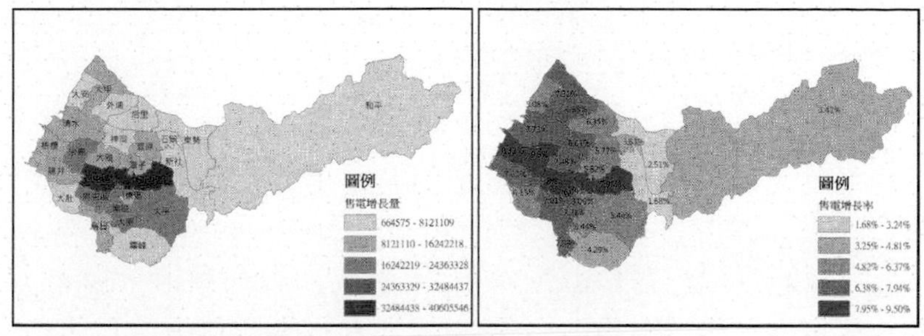

◎ 圖10　臺中市鄉鎮售電增長量及增長率之空間分布

資料來源：參照台灣電力公司，2015，作者自行繪製。

電增長率高的情形，而太平與大里兩區則呈現用電增長量高而售電售電增長率低的情形。

若從人均增長率的觀點分析（圖11），臺中市增長幅度較高之區域多及中在西半部，且多數的區域的增長多落於4%-8%之間，比較明顯增長的區域有：大雅（6.44%）、外埔（6.53%）、西屯（6.64%）、西區（6.81%）、龍井（6.88%）、梧棲（7.31%）、大甲（7.39%）、沙鹿（7.41%）、清水（7.48%）等區域，這些區域皆與上述售電增長率的地區相符，可見臺中市於售電增長率與人均增長率的分布趨勢十分相似。

以貢獻率的角度分析，其分布趨勢與售電增長量相似，北屯區（11.03%）、西屯區（11.95%）、沙鹿區（5.25%）、西區（5.25%）、南區（5.55%）、北區（5.78%）、南屯區（6.74%）、太平區（4.98%）、大里區（5.77%）等用電增長量較高的區域在整體的貢獻率較大，其中，又以人口密集的北屯區及西屯區為最。此外，若與上述售電增長率較高之區域比較，神岡區（2.03%）、外埔區（1.04%）、烏日區（2.58%）、大甲區（2.78%）、大雅區（3.37%）、龍井區（3.20%）、清水區（3.23%）、梧棲區（2.6%）等區雖售電增長率高，但在貢獻率的部分則發揮較小的比例。

3. 臺中市村里層級的民生用電分布

若進一步以村里層級分析臺中市人均增長的狀況（圖12），則可發現在村里單元的增長趨勢上與鄉鎮層級相似，內部增長情形大多呈現平均的狀態，而值得注意的是在霧峰、和平、東勢等地區雖整體於售電增長量、售電增長率及貢獻率所占的比例皆不高，但在區內部分村里的人均增加率相當高。

而在貢獻率方面，在一級發布區與村里層級所呈現之貢獻率相似，皆集中在，北屯、西屯、沙鹿、西區、南區、北區、南屯、太平、大里等區域。

4. 臺中市一級發布區的民生用電熱區解析

此外，若進一步並以熱區分析臺中市一級發布區的用電貢獻率分布（圖13），則可發現熱區所呈現之趨勢與上與前述分析的趨勢一致，冷區基本上多位於大甲溪兩岸的區塊，且多分布於和平、東勢、新社、石岡、后里等地，而熱區則集中在售電量高之西屯、北屯、南屯、北區、南區、西區、大里、沙鹿、大雅等區域。

問題與討論

自2007年開始，環保署清淨家園網站由節能減碳的概念出發，以專案合作的模式彙整了縣市、鄉鎮以及村里的民生用電資料，亦替臺灣的民生用電留下了重要的參考數據。近年來，在臺灣社會對於能源轉型以及開放政府的期盼下，臺灣的電力資料開始出現在政府開放資料的平臺中。相對於以往大電網思維下的統包式電力數據，不管是經濟統計區亦或是台電公司所發布的電力資料，亦嘗試不同的在空間尺度下，描述電力耗用的區域差異。透過GIS的協助，我們可以彙整出一個跨越十年尺

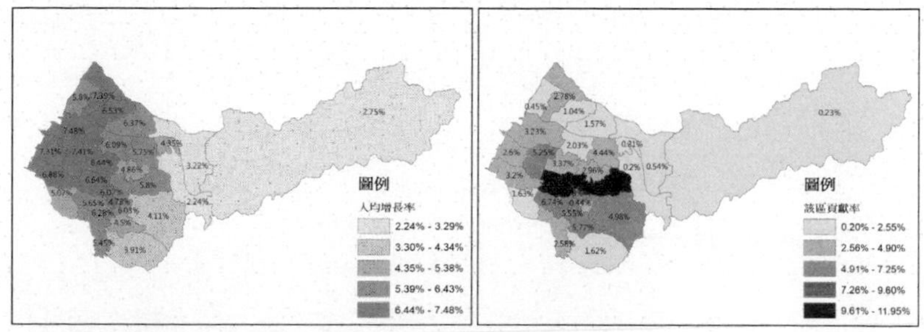

◎ 圖11　臺中市鄉鎮人均用電增長及用電貢獻率分布

資料來源：參照台灣電力公司，2015，作者自行繪製。

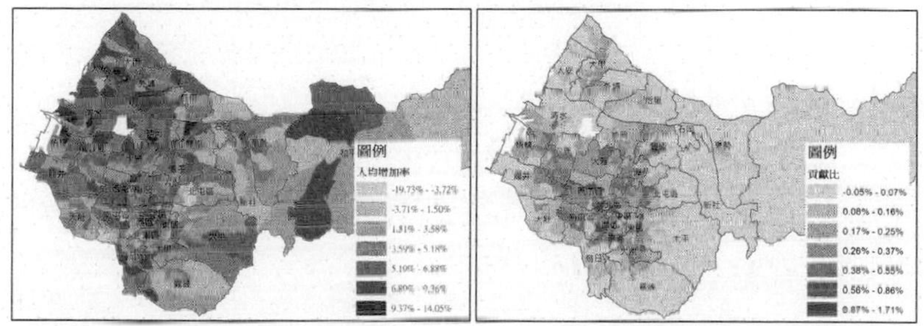

◎ 圖12　臺中市村里人均用電增長及用電貢獻率分布

資料來源：參照台灣電力公司，2016c，作者自行繪製。

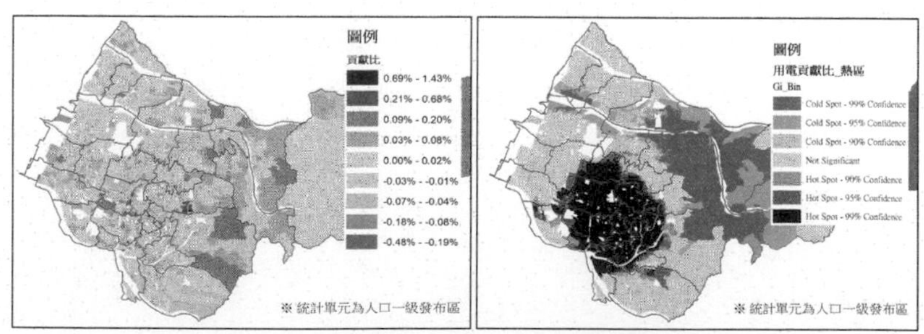

◎ 圖13　臺中市一級發布區的用電貢獻率及熱區分布

資料來源：參照台灣電力公司，2016c，作者自行繪製。

度的電力資料庫，並檢視不同空間尺度下的用電差異，甚至進一步與當地的社經變遷進行討論，從而思索區域性的能源治理策略。

然而，如何利用現階段已有的開放資料，還原區域用電的概況，仍有許多需要注意及需要調整之處，以下針對本文書寫過程中所遭遇的資料處理以及呈現的問題，進行說明：

1. 開放資料中難以區隔的用電分類（民生與工業／住、商等部門）

電力資料的日漸開放與透明，讓我們可以透過不同空間尺度的數據比較，一窺鄉鎮甚至村里或統計區的用電概況，以進一步思考能源轉型的配置可能。現階段，台電公司的資料開放係以民生用電為大宗，但工業以及商業等部門用電在整體的占比仍高，如何透過解析鄉鎮層級的產業用電進行能源轉型的思考，成為了電力資料開放過程中的重要標的。台電公司自2015年起，開始提供鄉鎮行政區的電力開放資料，其資料同時包含：高壓、低壓及表燈等售電資訊。然而，該數據雖具有鄉鎮層級的空間解析度，但基本上仍是以台電公司的業務分類進行彙總與發布，亦無法依據用電的部門別進行資料剖析，以致無法還原鄉鎮層級的部門別用電景況，殊為可惜。

此外，夏季的用電高峰一直都是能源轉型過程中的重要觀察標的，如何在現有的電力開放資料中，還原季節性的用電變化，亦是相關資料的解析重點。現階段，相關的電力開放資料雖然都是以月份為單位，然而，不管是環保署的村里電力資料抑或是台電的一級發布區售電資料，皆須以兩個月為單位進行資料的彙總，始能獲得一個比較完整的區域用電概況，而這一部份的使用原則在相關網站發布資料時，並未有詳述，以致造成研究者對於資料的誤判，亦是在後續資料開放時，所需補註之處。

2. 對於新興村里界的變化比較難以掌握

近年來，隨著各縣市政府在市地重劃與區域都更的推動，許多新興的住宅區開始大量出現，同時也造成短期內大量的人口移住，這樣的狀況除了促成許多新興村里的出現，同時也造成民生用電的大幅增長。這些新興村里大多是在人口成長到一定規模後，再由舊的村里所分割成立，然而，若要進一步追尋其用電增長的歷史軌跡，卻會發現因為臺灣的村里數量以及邊界一直處於變動的狀況，所以在本研究的資料分析過程中，可以發現不管是環保署或是台電公司所提供的村里用電統計中，在面對較小尺度（村里）的行政區域調整時，都較難在第一時間捕捉到差異，多數皆是以舊的行政區單元進行資料彙整，甚至到隔年或是後年，才會針對新的行政區進行能源資料的統計及彙總。

整體而言，村里等級的行政區常因為開發以及人口遷移等因素產生變動，除了會造成不同時期的用電資料難以進行比較，亦容易在數據上出現解讀的誤差。近年來，經濟部透過經濟發布區系統的設立，希望以穩定的邊界，進行不同時序的產經資料彙整與分析，然而現階段電力資料匯入經濟發布區的進度仍是以年為單位，且資料時序上約有兩年的延遲，以致於雖然有較好且較穩定的空間解析度，但是卻無法表達近期的趨勢變化；所以，未來如何增快統計區資料的更新頻率，甚至將舊有的歷史資料匯入統計區的系統中，應是相關公部門在發布能源公開資料時可以思考的方向。

3. 如何選擇適宜解析議題的空間尺度並與在地社經狀況進行對話

透過GIS的協助，我們可以檢視不同空間尺度下的用電狀況，甚至與相關的社經資料如：人口、財稅、土地利用等進行比對，從而得知區域用電以及社經之間的關係，但是隨時不同尺度的切換，如何找到一個適宜解析議題的空間尺度，成為了另一個資料分析時的重要議題。現階段的能源開放資料，雖然可以達致人口一級統計區，約為人口450人之規模，如此詳細的空間尺度雖可以協助我們檢視空間上的差異，但是卻未必能夠在區域能源的治理上，做出有意義的數據分析貢獻。

此外，我們習慣將相關的能源數據以現有的行政分區進行加總及分析，但是其結果卻會隨著最小空間單元（scale effect）以及加總方式（zonation effect）之不同，而得到不同的結果及趨勢，此一問題被稱為可調整地區單元問題（Modifiable areal unit problem, MAUP），意即：若我們使用的空間單元面積越大，平均值及變異數會趨近於穩定，相關係數也會越來越高。其原因係在較大的空間單元裡，特異的個別資料會被較多的樣本所「平均」掉，而喪失其特殊性（Armhein, 1995）。所以如何選擇適宜解析議題的空間尺度，並且避免MAUP的狀況，從而進行資料的解析，並獲得一符合區域現況的討論，亦是後續在討論區域型電力發展及轉型時，所需要面對的重要課題。

小結

資料的公開是能源轉型過程中重要的一步，如何利用GIS及統計區系統的協助，將電力資訊與其他的社經資料進行比對與分析，探索能源耗用的空間不平均，從而思考一個符合環境及社會正義的轉型路徑，亦是後續能源轉型討論的重要研究命題，近年來歐洲地區對於能源貧窮討論便是一例。整體而言，透過GIS進行電力資料的解析，能夠讓我們快速地以視覺化的方式檢視電力資料的區域差異，同時亦可以快速地將其與區域的社經資料進行比對，有助於使我們瞭解電力耗用與區域發展之間的關係。然而，涉及能源專業的轉譯以及後續能源政策轉型的社會契約，亦需要有更多資料與社會間的對話，如何尋找適當的空間尺度，並有效地轉譯／呈現現有的能源資料及趨勢，同時輔以其他的社經及產業統計，使資料的呈現能夠符合在地生活的現況，或許是我們在思考能源轉型的智慧揭露政策（smart disclosure policy）以及消費者賦權（consumer empowerment）時，所應同時思考的重要命題。

參考文獻

內政部營建署（2017）。〈雙語詞彙對照表〉。https://www.cpami.gov.tw/kids/index.php?option=com_content&view=article&id=101&Itemid=86。2017/11/03檢索。

內政部統計處（2006）。〈國土資訊系統社會經濟資料服務平臺〉。https://segis.moi.gov.tw/STAT/Web/Portal/STAT_PortalHome.aspx。2017/11/03檢索。

台灣電力公司（2015）。〈鄉鎮市別售電統計資料〉。https://data.gov.tw/dataset/14135。2017/11/03檢索。

台灣電力公司（2016a）。〈縣市工業售電資訊〉。https://www.taipower.com.tw/tc/page.aspx?mid=96。2017/11/03檢索。

台灣電力公司（2016b）。〈縣市住商用電資訊〉。https://www.taipower.com.tw/tc/page.aspx?mid=101。2017/11/03檢索。

台灣電力公司（2016c）。〈各縣市非營業用戶售電量〉。https://data.gov.tw/dataset/29935。2017/11/03檢索。

黃心怡、蘇彩足及蕭乃沂（2016）。〈再探開放政府資料的政策與發展〉，《國土及公共治理季刊》4(4): 18-28。

許志義、詹書瑋、于濂波及王巍興（2015）。〈我國推動綠色按鈕資訊平台之效益探討〉，《臺灣能源期刊》2(3) : 293-304。

蔡博坤（2014）。〈美國能源資料開放運用之資訊安全與隱私權議題研析〉，《Communication of CCISA》20(1) : 1-9。

經濟地理圖資中心（2017）。〈經濟發布區概念〉。http://egis.moea.gov.tw/MoeaEGPortal/About2。2017/11/03檢索。

經濟部能源局（2012）。《智慧電網總體規劃方案》。https://www.moeaboe.gov.tw/ecw/populace/content/SubMenu.aspx?menu_id=1946。2017/11/03檢索。

Armhein, C. (1995). "Searching for the elusive aggregation effect: Evidence from statistical simulations." *Environment & Planning* A27 (1): 105-120.

Obama, B. (2009). "Transparency and open government." https://obamawhitehouse. archives.gov/open/documents/ open-government-directive. Retrieved Date: 2017/09/29.

Open Government Working Group (2007). "8 Principles of Open Government Data." https://opengovdata.org. Retrieved Date: 2017/09/29.

OPEN KNOWLEDGE INTERNATIONAL (2012). " Open knowledge: What is open?" https://okfn.org/opendata/. Retrieved Date: 2017/09/29.

World Bank (n.d.). "Open Data Essentials." http://opendatatoolkit.worldbank.org/en/essentials.html. Retrieval Date: 2017/09/29.

#【公民參與，打造能源新局面】

「公」民參與還是「供」民參與的能源轉型治理？

許耿銘

臺北市立大學社會暨公共事務學系
副教授

前言

隨著再生能源的發電成本下降，近年來全球性能源轉型正在進行，臺灣未來能源需求亦將持續增加；同時，天氣炎熱造成全臺用電量刷新紀錄、815停電造成民眾生活的不便等問題，涉及穩定電力該如何供應和分配。對此，政府應秉持公共利益立場，避免過度管制，從制度面推動能源轉型，研擬新的能源治理機制，已然成為我國重要的社會議題。

在2017年召開能源轉型白皮書預備會議之相關資訊中，揭櫫我國未來將推動能源轉型，擴大公民參與的對話空間、突破地域限制、資訊公開透明，對外徵詢撰寫意見。由於公民參與是現代公共治理不可或缺的一環，惟有意義的公民參與過程，不僅是舉辦公民會議，或主動蒐集各民間團體、產業界以及網路媒體的相關訴求，更應是重新省思政府推動轉型後，「公民」參與是否真能改善治理結構，亦或只是提「供民」眾參與的機會？

故而，本文希冀討論的研究重點在於：公民參與在能源轉型治理的範疇中，實際參與的狀況為何？應如何界定公民的參與？公民是否已具備足夠的專業知識和動機參與治理？

文獻檢閱

1. 轉型治理

根據經濟部能源局於「能源轉型白皮書」網頁上所揭櫫的內容，是將其明列為落實「能源發展綱領」之重點行動方案，強調能源轉型需要社會的投入，並將擴大公民參與，同時營造政府跨部會、跨地方和民間共同協力氛圍，以使撰擬程序更為周延（經濟部能源局，2017a）。就此觀之，本次白皮書撰擬的內容希望轉變能源結構、管理技術以及節能措施等治理方案，亦規劃撰擬的過程能涵括公民參與的治理結構。

其中有關於「治理方案」的轉型，網頁中明示「新政府上任後已宣布2025年達成非核國家願景，因此將推動能源轉型」、「智慧地盤點能源，降低用電需求」。相對地，主辦方希冀藉由公民參與轉變治理結構、傳達轉型正義理念，並能考量各方的因素、廣邀利害關係人參與。「治理方案」有賴對於能源結構、技術等熟稔的專業之士，提供更為妥適的建議方案。但「治理結構」是可立即落實？是可期待？抑或只是願景？

2. 公民參與

在「能源轉型白皮書」進行過程中，經濟部能源局參考德、日、韓等國產出能源施政計畫程序，推動我國參與式能源治理，強化地方能源治理能力的建構；其過程強調公開、透明、友善，以建構資訊公開、友善的參與方式及平臺。政府為讓關注能源議題的團體和民眾於決策過程中提前參與，經盤點後選出19項重點推動方案，分別在北、中、南、東召開四場預備會議，邀請民眾共同討論需新增的方案項目，以作為下一階段討論基礎（經濟部能源局，2017a）。

傳統的能源管理忽略社會之多元複雜性，導致本應受到重視的專業知識，卻反遭民眾質疑，使得現階段臺灣民眾對於政策產生不信任感（許耿銘，2014: 211）。當今政府之「能源轉型白皮書」鼓勵民眾參與，期望改變過度偏重專家、弱化公民角色的現況。

惟在前述內容中，必須深思究竟何謂公民？是普羅大眾？還是公民團體？具有專業性的公民團體，該視為一般民眾？還是專家？甚且，許多論者都主張公民參與的重要性，但公民是否會參與？為何要參與？實值本文進一步探析。

（1）誰是公民？

在現行的民主國家中，藉由法規的制定，保障個人能享有平等參與公共事務的權利。Held（1993）將當代的民主理論按其出現順序，分為競爭性菁英民主、多元主義民主、法律民主以及參與式民主等四種類型。此種民主理論的演變，也顯示國家和公民社會的互動關係之調整。

以參與式民主而言，是期待讓所有公民能在得到充分資訊的情況下，都有機會和其他參與者理性討論公共事務。在目前的社會系絡中，參與主體的多元化，雖然可以提升參與的質量；但也因為多元參與，參與者的身份、代表性、資源分配等問題亦隨之產生。

a. 公民的參與資格？

籌辦公民參與之政府或主辦單位，多數並未對於公民的參與資格設限，而是期待能廣納各方民眾。不過，根據學者（陳東升，2006）觀察臺灣狀況發現，活動若採自願報名的方式，會來報名參加的人，其屬性可能和一般公民有所差異。例如常見大專以上學歷、且能在公眾場合中闡述觀點的人；而此族群的參與者，在參與過程中，也有較高的發言比例。

即使特別希望邀請教育程度較低的參與者，但其在參與的過程中，也常是無聲、且被領導的一群；倘若主持會議者想避免高學歷者主導討論、增加低學歷者發言機會，則可能被視為企圖主導公民參與。因此參與者的結構，確實存在偏差。換言之，公民會議的「理性」、「公開」及「公正」，其實可能是習於論辯、有時間吸收各種知識的專業人士所熟悉的內涵（蔡宏政，2009: 29），而非原本規劃達成多方、充分的參與和溝通。

b. 現在參與者是公民？還是公民社會的代表？

與能源議題相關的參與者，如：政府部門、非政府組織、能源供應者、能源使用者、專家、學者等，論者主張應該迴避長期以來被詬病的實證主義、專家主導的決策模式。否則我們希望跳脫一個由技術官僚專家政治主導之科技社會，醞釀公民參與知識的生產能量，卻還是得面對威權專家政治體制（周桂田，2017）。

據此，針對能源轉型的討論，需要鼓勵在地社會產生參與性知識，用以對抗複雜科學知識和專家政治的操弄與無知（Delvenne et al., 2011），進而監督政府決策。公民團體除了能夠透過體制內有限的專業監督予以介入和對抗，也能透過各種資料的彙整，強化自身的知識論述基礎、策略性的支援以及動員反對專家的批判（周桂田，2014: 40）。由於專業主義是民主治理的重要元素，協助民主得以在專業的循證基礎中討論，並形成挑戰官方科學論述的公民知識；然而，專業也可能同時是民主瑕疵的缺口。

甚且，公民團體亦常會推派代表參與，這些公民組織或社會團體的代表，可能是對於該議題相當熟稔之專業人士，其究竟應被視為專家？還是公民？是否會出現一批看似公民的專家，雖然倡議能取代原本的威權專家體制，卻也容易造就或鞏固具有知識優勢的群體，進而建構出另外一種型態的公民專家體制？

實言之，民主政治的參與代表性，不同論者容有不同立場，且其代表性亦有不同，如：政治性的民代、專業性的專家或是具普遍性的公民。誠如Young（2002）的主張，公民參與關注的是「社會觀點」的代表性，盡量涵蓋各種社會觀點的呈現，讓不同社會位置的人，透過溝通增加瞭解現實的經驗，產生新的想法，促進參與內容的豐富性。但其實臺灣鑽研公民參與的學者已經發現「排除社會弱勢者」、「不具代表性」、「資訊受到操縱」、「壓抑差異意見」等問題，並缺乏公眾參與的包容性和意見的多元性（陳東升，2006；黃東益，2008；林國明，2009）。因此當今公民參與是否真能達到涵蓋各種社會觀點，不無疑義。

（2）如何參與？

公民參與，通常是指具有一個國家的國籍，根據相關法律規定具備該社會權利和義務的人，對於公共事務感到興趣，並願意對其表示意見，進而積極地或消極地、直接或間接地採取行動去影響公共政策。但是否只要公民出席就算參與？或有加入討論才算參與？有無資格條件限制？是否僅有公民參與之名，而無公民參與之實？故而，實需進一步考慮公民參與兩個問題：參與動機和參與能力。

a. 參與動機：公民有足夠動機參與治理嗎？

一般而言，舉辦公民參與活動的主辦單位，通常會透過多元管道招募參與的公民；但能夠接觸報名訊息、且有意願參加的，可能集中在較能使用資訊媒體或關心公共事務的公民。根據學者分析公民會議的報名資料，發現多數是具有大專教育以上程度和年輕族群等特質（林國明，2013: 161）。

正由於不同參與者所具有的條件不同，有資訊處理、具論述表達能力者，容易成為公民參與中的主導力量；致使秉持民主精神的公民參與，其討論的內容卻常反映來自菁英的意見（蔡宏政，2009: 19）。如

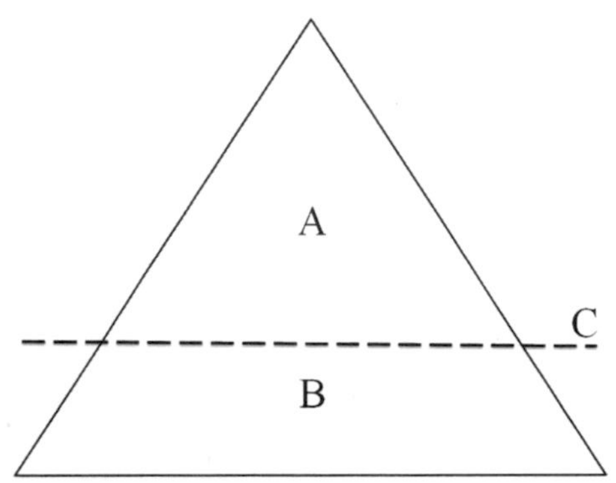

◎ 圖1 公民社會的結構示意圖

資料來源：本研究自行繪製。

果擴大公民參與的範疇，可能使得菁英感受到權力或利益遭受相對剝奪的危機，進而予以杯葛或反抗。

對於社會結構中的部分民眾而言（如圖1中位處B的群體），由於其社經條件相對不足，接觸公共事務議題的機會和時間有限，可能無暇實質從事公民參與的活動。致使社經條件相對較佳者綽有餘裕（如圖1中位處A的群體），得以有較多機會和能力參與。圖1中的虛線C顯示，雖然一般不會對於參與者有明文限制的條件，但正如玻璃天花板一樣，這個障礙卻確實存在；而現行公民參與的活動機制，亦有部分是在無形中以虛線為基礎所建構。

現今「能源轉型白皮書」所揭櫫的公民參與，是否仍有此現象呢？特別是我們常將公民參與當作是在政府治理過程中，補強代表性、普世性等價值目標的方式，但究竟是哪些公民進入能源轉型審議的殿堂？這些參與者是否即能視為公民的代表？是否具有正當性？

b. 參與能力：公民有足夠知識參與治理嗎？

公民議題的難易程度，會影響公民參與的意願。如果討論的議題和庶民生活較為接近，例如社區內基礎建設，因為知識門檻相對較低，背景知識容易掌握，公民就越能夠發揮其自身影響力。但在知識密度越高的議題上，一般公民（如圖1中位處B的群體）越難在短時間內獲得資訊以進行實質有效的討論，僅能參考已經被型塑的少數觀點，致使公民團體或其他專家容易擴展主導權力（蔡宏政，2009: 19）。

其次，公民參與所需的資訊，和公部門或主辦單位開放的程度有關。倘若討論的資訊可及時讓公眾獲得，較為充分的資訊會影響公民參與的意願。事實上，公民資格以及參與內涵，可視為一種從消極到積極之間的連續體；甚且，大眾對於政策過程，經常是相對無知的（江明修、曾冠球，2003: 124）。

誠如陳東升（2006: 88）的研究發現，影響參與者掌握資訊內容的重要因素之一是教育程度，教育程度越高的民眾，擁有越高的理解資料和自行搜尋資料的能力。對於能源轉型的相關議題，由於涉及較多專業知識，一般民眾是否具有足夠知識參與治理？是否有足夠管道獲得資訊？是否有能力吸收主辦單位提供的會議資訊？究竟是形式或實質參與？皆值得本文進一步觀察。

研究方法與分析

臺灣於2017年召開「能源轉型預備會議」，其目的是接續「能源發展綱領」修正案，由政府和民間合作，依領域成立工作小組，確認並協作產出重點方案項目及內容。

由於此次預備會議為目前臺灣針對能源轉型較為大型的公民參與活動，且雖然現代社會皆認同公民參與的重要性，但這是應然還是實然？究竟有多少人實質參與？故而，筆者擬由預備會議中研提意見的單位、次數和主題，初步予以歸納分析，希冀瞭解提案的概況，俾利提供臺灣未來能源轉型之建議。

在四個場次的預備會議中，總計共有127人、182人次、605則意見，其中非屬於政府、企業、非營利組織、學校等之個人意見數共計61則（請參見表1以底線字標示者），僅佔全數意見的10.1%。顯見在預備會議中一般公民的參與、且有發言的比例極低。

表1　「能源轉型白皮書」預備會議民衆意見

（依研提單位之筆畫順序排列）

研提單位	意見數	研提單位	意見數
大臺北區瓦斯股份有限公司	1	屏東大學社會發展系學生	7
中國文化大學行政管理學系	1	時代力量苗栗辦公室	9
中華紙漿公司	7	核能流言終結者	21
中華野鳥學會	5	桃園在地聯盟	4
中華替代能源協會	4	海洋大學	3
中鋼公司	2	能源與節能工作坊	5
日山能源科技有限公司	28	荒野臺東分會	11
主婦聯盟環境保護基金會	45	財團法人綠色和平基金會	4
<u>臺中市民</u>	<u>2</u>	<u>貢寮居民</u>	<u>10</u>
臺中市原鄉文化協會	4	高雄鳥會	5
臺中市新環境促進協會	8	高歡有限公司	5
臺東廢核・反核廢聯盟	9	國立宜蘭大學機械系	4
臺南市環境保護聯盟	4	國立雲林科技大學	1
臺南社區大學	10	國立雲林科技大學環境與安全衛生工程系	4
臺南新芽協會	4	國立臺灣大學社會科學院風險社會與政策研究中心	44
台電工會	11	國家實驗研究院科技政策研究與資訊中心	2
臺鐵	3	國際銅業協會	6
臺灣三曄照明股份有限公司	1	涼山能源再生實業有限公司	2
臺灣大學	9	祥正電機股份有限公司	1
臺灣生質能源產業協會	2	逢甲大學	7
臺灣再生能源推動聯盟	7	野薑花公民協會	3
臺灣城市單車聯盟	1	凱煬太陽能股份有限公司	7
臺灣要健康婆婆媽媽團協會	3	善騰太陽能源股份有限公司	4
臺灣健康空氣行動聯盟	6	程揚精密工業股份有限公司	1

研提單位	意見數	研提單位	意見數
臺灣造紙公會	3	華城電機股份有限公司	4
臺灣菸酒公司花蓮酒廠	2	雲林「氣！反空污聯盟」	4
台灣經濟研究院	3	雲林科技大學	1
台灣電力公司　燃料計畫組	2	雲林縣縣民	6
臺灣綜合研究院	4	媽媽監督核電廠聯盟	5
臺灣樂金化學股份有限公司	3	瑞智精密股份有限公司	1
臺灣熱泵協會	2	達德能源股份有限公司	4
臺灣環境公義協會	3	彰化區漁會	4
民眾	7	彰化縣環境保護聯盟	13
瓦錫蘭股份有限公司	10	彰化縣醫療界聯盟	12
立委陳歐珀辦公室顧問	6	福爾摩沙綠能自主促進會	8
地球公民基金會	13	綠色公民行動聯盟	40
成大先進技術有限公司	2	綠色和平基金會	16
成功大學學生	6	綠色陣線協會	4
行政院原子能委員會核能研究所	3	綠黨	4
亞金金屬表面處理股份有限公司	3	赫力電機股份有限公司	2
亞洲水泥股份有限公司	1	DOMI Earth綠然能源股份有限公司	4
其他	36	EPA-Intern	3
林仔邊文史保護協會	2	Renewable Energy Engineering & Management, Uni. Of Freiburg	2
社團法人中華木質顆粒協會	1	Wärtsilä Finland Oy	4
社團法人臺灣媽祖魚保育聯盟	5	總計	605

資料來源：經濟部能源局，2017b。

此外，根據各方於預備會議中之研提意見，筆者初步彙整其中相對略為艱深和較為艱深兩類。略為艱深研提意見的關鍵字，如：建築部門節能計畫、公民電廠、汽電共生、熱島效應、熱泵熱水、環保降載、能源密集度、甲烷、躉售電價、能源稅政策風險評估、契約用電容量、第三方認證、減碳路徑、碳定價、白色證書、能源查核、基載等；較為艱深研提意見的關鍵字，如：CSP、FIT、GW、ORC、PV、pyrolysis、複循環燃氣機組、綠色國民所得帳、熱值、厭氧產氫、過淨煤前處理（非氣化處理能syngas合成氣）、超超臨界裝置等。前述之各項關鍵字，皆是從「能源轉型白皮書預備會議民眾意見」直接摘錄，暫不經任何解釋或轉譯的過程。惟這些關鍵字，對於一般公民而言，若非與原本學習或工作專業相關，實難瞭解。如果還要這些公民參與或進行協作，恐怕徒具形式意義，而無法深入討論。

根據筆者的觀察，若將整個社會的公民視為圖1的金字塔結構，其實現行實際參與的公民，多數位於圖1中A區的階層，亦即具有一定的社會、經濟、教育條件。公民參與的機制，未必在機制上排除某些公民，但可能因為主題、專業知識或時間等因素，致使某些公民不會、也不能參與其中。

能源轉型之後能不能治理？

能源轉型，對於臺灣現階段面臨能源依存度、氣候變遷及隨之而來的災害等，是亟需面對與處理的課題。惟因其中涉及能源轉型的治理方案和結構，若要於一個白皮書撰寫過程，同時畢其功於一役，確實值得鼓勵、但也有其難度。

1. 治理目標

由於臺灣曾歷經威權體制的階段，致使在當前的部分政府體制上，尚存有箝制民眾參與的思維。當前公民參與是實現公民權利的方式之一，能促使政府施政更為公開透明，減少專業知識的獨佔和濫用，改變政府、公民二分的窠臼，進而建構更臻完整的公民社會。

不過因為公民參與的部分內外在條件未必能同步成熟，致使部分民眾缺乏動機和能力，反而是由專家學者遞嬗出現。如陳東升（2006）、黃東益（2008）、林國明（2009）在臺灣公民參與個案中，歸納出不符公民參與原意的現況；即使在2017年能源轉型預備會議研提意見的分析中，一般公民的提案數偏低，顯示公民參與動機和能力等問題，在臺灣仍持續出現。

2. 現況

由於公民參與的「知識原則」必須遵從「民主原則」，其實踐僅能作為代議政治的一環，而不是另一種更「優質」的民主（蔡宏政，2009: 37），但現行公民參與的部分活動，卻似乎有此企圖。甚且，在本次能源轉型會議中鼓勵公民參與，並蘊含轉型正義的主張，但若公民代表性的問題無法妥適解決，恐怕陳義甚高。

但我們也無須對於公民參與過度悲觀，如Arnstein（1969）主張之公民參與階梯理論（A ladder of citizen participation），將公民參與歸納為八個層次、三大階段：第一階段為非實質性參與階段，包括政府操縱、教育性治療兩個層次；第二階段為象徵性參與階段，包括給予或向公眾提供政務資訊、政策諮詢、安撫三個層次；第三階段為完全型公民參與階段，包括合作夥伴關係、賦予權力、公民自主控制三個層次。依據現況，筆者認為臺灣的公民參與，應是兼具第二和第三階段的發展態樣；亦即在部分公民參與的活動中，政府或主辦單位規劃能盡量達到完全開放，但部分機制卻又存在侷限性。

3. 改善建議

為了能朝向公民參與第三階段發展，分別從本文關注的參與動機和能力等兩個面向予以建議。

（1）公民參與動機

公民參與公共事務的活動，除希望自己的意見能夠表達、更盼望能被重視和落實。如果公民能夠在不受干擾、未被動員的情形下參與，政府也如實提供正確的背景資料、認真聆聽公民的意見，並將妥適的內容參採為政策方案，俾利逐步建構官民正向的互動關係。

其中，首應確認政府的心態。政府不僅應追求符合公民參與條件或程序等形式要件，應更加瞭解社會實質的問題和需求，重視參與者的代表性，方能讓公民參與不只是參與、而是能真正協助公部門解決問題。否則公民參與只會讓公務人員增加工作業務負荷、卻未能同步提高公民對於政府的信任。甚且，臺灣具開放性的公民參與多屬實驗性質；少數如臺北市推動的參與式預算，試圖朝向常態化或制度化。但如何避免形式參與、開放式洗白（李梅君、曾柏瑜，2017: 48），[1] 或未關注參與成果的後續追蹤，也會影響民眾是否參與的意願。

相對地，公民參與討論時也不宜一意孤行，僅從自身利益考量。不同公民對於公共事務的態度不一而足，政府必須同時面對不同的利害關係人，而非僅有少數的多方意見，才能做出更為妥適的政策方案。倘若現代社會能將公民參與視為補強行政體系和程序的舉措，並整體考量政府決策的複雜性、必要性以及侷限性，才能避免「共有地悲劇」的發生。

（2）公民參與能力

公民參與公共事務需要資訊，以提高其實質參與的能力。除了公民需要自己願意花費時間蒐集相關資訊之外，政府和公民團體也應負起教育的工作。以政府而言，須了解公民參與的重要性、廣開公民參與的管道、充分告知參與的訊息、提供公民知識的教育機會。

對於公民團體而言，由於其以公民之姿、卻又具備比一般民眾更為豐富的專業知識，應扮演政府和一般公民的橋樑。近來亦常見公民團體

[1] 意指政府以口號與表面工夫裝點出「開放」的態度與形式，但實質上，並沒有納入公民社會的不同意見，讓開放與參與僅成為幫政府背書的宣傳語，而無發揮具體的影響力。開放式洗白表面上擁抱開放，但實際作為卻與開放的精神背道而馳，使得公民社會對開放、參與產生狹隘的想像（李梅君、曾柏瑜，2017: 3）。

從事培力以及轉譯等工作，並捲動更多民眾參與公共事務。

除了前述參與管道的開放之外，參與知識亦應針對不同公民的屬性，以其熟悉、方便、可及的方式傳播，在減少資訊落差、增進資訊平等的基礎上，廣納公民參與討論。

結論與展望

近年來，臺灣民主逐漸深化，公民參與成為一項趨勢。此項趨勢如何能不像「蛋塔熱」，而是可以充分提供公共事務的資訊，讓民眾有參與機會，型塑公民素養，擺脫過去政府和專家治理的主導優勢，創造公共充分討論的空間，才是真正得以彰顯民主價值，成為臺灣民主治理不可或缺的過程。然而，在過去學者的研究中，公民參與的經驗實已出現一些非民主的現象；即使時至今日，在能源轉型會議的研提意見階段，亦出現類似之狀況。

顯然，面對公民參與的課題，得思考倡議公民參與的核心內涵，是要鼓勵普羅公眾的參與？鼓勵具有專業知識的公民參與？亦或是短期希望先由具有專業知識的公民參與，打破政府或專家等主導的困境，再逐步推動更多一般民眾的實際參與？這些問題皆應朝向非零和的思考為宜。

對於公民參與而言，確實是一個應戮力為之的目標；若要能真正實現，不僅取決於公民權利在法律上的地位，現階段社會條件和公民素質是否成熟（McAfee, 2000），亦皆是其能否達成的關鍵因素。其中的社會條件，包括政府願意開放公民參與的深度和廣度為何？政府和已參與者，如何看待其他未參與者？公民參與的內部和外部顧客如何看待政府的開放機制？關於公民素質，則應考量參與者是否有足夠的動機、知識或能力等參與要素。

以此次「能源轉型會議」預備會議觀之，多數都是「公民團體」參與和提供研提意見、而非一般「公民」參與。這些公民團體因具專業性，可由其提供民間的觀點；但長期而言，公民團體除需避免出現成為另外一種型態的專家治理，更應擔負對於民間社會能源教育的普及和深化的工作。

本文並非引介能源轉型的創意方案或是新的理論基礎，而是反思能源轉型的治理結構。尤其應該注意，公民參與不該只是天邊的雲彩，或僅是提「供民」眾參與形式的浪漫口號。期許臺灣未來在進行能源轉型之際，能真正廣納公民參與，且參與的一般公民是具備充分的能力、知識和動機。

參考文獻

江明修、曾冠球（2003）。〈公共行政制度設計之辯證：公民治理型模的檢視〉，《中國行政評論》12（3）：119-138。

李梅君、曾柏瑜（2017）。《開放政府觀察報告2014-2016》。臺北：開放文化基金會。

周桂田（2014）。〈鉅變社會之公民認識論：永續治理的挑戰〉，《臺大校友雙月刊》89：38-41。

周桂田（2017）。《氣候變遷社會學——高碳社會及其轉型挑戰》。臺北：國立臺灣大學出版中心。

林國明（2009）。〈國家、公民社會與審議民主：公民會議在臺灣的發展經驗〉，《臺灣社會學》17：161-217。

林國明（2013）。〈多元的公民審議如何可能？：程序主義與公民社會觀點〉，《臺灣民主季刊》10（4）：137-183。

許耿銘（2014）。〈城市氣候風險治理評估指標建構之初探〉，《思與言》52（4）：203-258。

陳東升（2006）。〈審議民主的限制——臺灣公民會議的經驗〉，《臺灣民主季刊》3（1）：77-104。

黃東益（2008）。〈審議過後—從行政部門觀點探討公民會議的政策連結〉，《東吳政治學報》26（4）：59-96。

經濟部能源局（2017a）。〈為何要做白皮書？〉。http://energywhitepaper.tw/why/。2017/9/12檢索。

經濟部能源局（2017b）。〈能源轉型白皮書預備會議民眾意見〉。http://energy

whitepaper.tw/preconference/。2017/9/28檢索。

蔡宏政（2009）。〈公共政策中的專家政治與民主參與：以高雄「跨港纜車」公民共識會議為例〉，《臺灣社會學刊》43：1-42。

Arnstein, Sherry R. (1969). "A ladder of citizen participation." *Journal of the American Institute of Planners* 35(4): 216-224.

Delvenne, P., Fallon, C. *and* Brunet, S. (2011). "Parliamentary technology assessment institutions as indications of reflexive modernization." *Technology in Society* 33(1-2): 36-43.

Held, David (1993). *Models of Democracy*. Cambridge: Polity Press.

McAfee, N. (2000). *Habermas, Kristeva, and Citizenship*. Ithaca, New York: Cornell University Press.

Young, Iris M. (2002). *Inclusion and Democracy*. Oxford: Oxford University Press.

社區能源的正義課題

陳潁峰

中國文化大學行政管理學系副教授暨
臺大風險社會與政策研究中心研究員

隨著全球再生能源蓬勃興起，許多國家的偏遠社區開始透過社區能源發電擺脫能源依賴的弱勢現況；然而是否「只要引入資本發展當地再生能源」，就可以賦予低發展社區繁榮機會？目前的實務發現顯示：這樣的如意算盤可能沒有那樣樂觀，除了偏遠社區本身的社會資本（包括了強韌度與公共信心網絡）或許較為缺乏之外，地方政府治理資源的分配仍左右著社區是否能享有公平的發展機會，這也是未來社區能源正義的核心議題。

學者Schlosberg曾將環境正義分為三種層次意涵，分別是「**外部風險的分配正義**」、「**多元社群的肯認正義**」，以及「**公共決策的程序正義**」（Schlosberg, 2004）。一般而言，目前偏遠社區在發展社區能源時，也正普遍面對此三大正義課題：

能源設施的風險與外部成本正義問題

在近來環境正義的研究中，大多顯示許多種族、地理、經濟上的弱勢社區由於無法集結資源進行反抗，或是社區知識生產量的稀少，因此在決策程序中，經常成為必須承受大量外部成本的嫌惡設施集中地，最終形成對弱勢社區的加倍剝奪（Bullard, 2000; Ottinger, 2013）。

這些由中央政府所規劃的再生能源計畫，由於無力考量各地現狀，幾乎無可避免地都以成本效益作為規劃出發點，偏重於壓低建置成本或增加投資收益，以至於結果都以大規模的發電計畫作為規劃標的，也都以大企業作為主要參與者，其外部成本與抗爭代價通常相當巨大，也忽略各地方因地制宜發展的可能性（Hammer, 2008: 166）。

社區能源發展難免有其外部成本，在全球也面臨許多社區民眾的反對（尤其是風電所造成的噪音、景觀破壞與生態危害），而未出現反對聲浪的地方，當地居民很容易被劃歸為支持開發的「沉默多數」；然而根據Stephenson等人的研究顯示，在地民眾的沉默常起因於資訊不足或是行動力不足所導致的低度效能感。也因此，在社區能源議題中，出現沉默的多數並不表示是過程沒有爭議，反而更代表著這些弱勢社區更需要加入行動並參與討論（Stephenson *and* Lawson, 2013: 31）。

從Coase著名的交易成本理論來說，透過交易成本的完整計算，地方各利害相關者應可透過討論產生共識，並決定最適合該地的發展模式，即使是所謂的鄰避設施（Not in My Backyard, NIMBY），居民亦可以針對地方的利益做出取捨與利益分配（湯京平，1999）。這樣的理論其實已預先假設，在過程中資訊已充分流通給具備行動力的行為者；但實際上在社區層級的發電中，地方社區卻很難具有與大型集團抗衡的能力。在英國威爾斯地區風力發電的案例過程中顯示：當大型再生能源電力集團介入社區時，只有平日已有堅實人際網絡與論述能力的社區能夠針對社區利益取得共識，一般社區面對大財團，幾無還手與提出相抗計畫之力，最後只能被迫接受補償金（Cowell *et al.*, 2011）。

但是，「補償結果讓社區居民能夠接受」，不代表這些發展方式就是社區利益之所在，所謂「社區共識」也不見得就已妥善處理社區中風險與利益的分配，很多情形下風險仍只由少數弱勢社群承受；因此，由社區來決定發展方向的同時，必須在政策中加入環境正義的政策誘因，使社區能做出更細緻的討論。

很多時候，民眾對於能源開發或地方發展的想法具有多重的價值向度，甚至與對開發單位的信任度有關，且不一定與「鄰近度」有關（Graham *et al.*, 2009: 3356）。開發單位為了設施的順利建置，常常不願提供關於再生能源的充分風險資訊；但事實上，沒有一種設施是完全不會被反對的，民眾的反對可以給政府與公眾更多思考的機會，唯有讓民眾知情跟參與討論，才能理解各種決定之間的利弊得失（trade-offs），也才能提昇再生能源的社會接受度（Stephenson *and* Ioannou, 2013: 28-9）。

許多國家的環評過程顯示，由社區自行規劃的地區型設施，由於規模不大，科技風險也不高，因此90%以上的此類設施對外在環境幾乎沒有影響，也沒有進入環評的必要（Lawrence, 2013: 318）；同時，由社區主導的小型能源計畫，其在社區中的接受度也能大幅提高（Rogers *et al.*, 2008）。

大型發電計畫的財務規劃遠超過一般公民所能負荷，但如果純粹由財團推動，利益分配難以顧及公益性，社會接受度亦受到詬病，尤其在風險承擔上更偏重讓弱勢族群承受，直接導致環境不正義；但是，如透過居民入股等與地方民眾合營方式，民眾感覺有自主性與承諾感，便可以有效降低民眾對於外部風險的疑慮，連帶降低環境危害（如噪音）的風險感知（Musall *and* Kuik, 2011；蔡岳勳、王齊庭，2014）。

多元社區的肯認正義：英國與西澳的例子

英國在2010年由首相卡麥倫推動「大社會計畫」（Big Society），設立基金提供社區主動申請，以補助社區能源計畫，同時協助能源貧窮者進行能源健診，企圖引入再生能源以改善貧困社區經濟。然而實際情況卻顯示，原本就被邊緣化或是高度仰賴傳統能源的老舊社區並無能力獲取這些補助，反而因資源排擠而加速這些社區的邊緣化。原本政策執行初期，地方政府或可扮演若干折衝角色，然而保守黨執政的中央政府給予地方政府的補助又遭刪減，導致這些社區不但無法參與能源轉型，反而相對更加貧困（Catney *et al.*, 2014）。

英國一方面刪減公共服務與地方財政，一方面卻想以新自由主義的方式引入財團力量來直接「振興地方經濟」，最後證明是不可行的，因為這些方案並沒有真正協助民眾建立足以自立的自主性，反而只是希望透過引入更多商業投資而使地方社區一步登天（Westwood, 2011: 695）。由社區自主來推動社區能源轉型，過程中需要信任、風險知識、人際網絡等社會資本（Ricci *et al.*, 2010）；但社會資本的養成卻難僅靠商業資本加持，而是需要公部門積極在財務與社區安全、就業上予以協助，這些公共服務由於涉及社會正義，仍是私部門所無法取代的（Westwood, 2011: 699-700）。

由於英國許多地方政府的財政相對困窘，政府部門之間協調上也有困難，缺乏來自公部門的資源使得社區推動能源轉型的能量受限，難以主動提出倡議（Lemon *et al.*, 2015）；而由於這些社區能源計畫並沒有真正去面對社區於再生能源發展初期所必須投入的專業訓練與大量志工，縱然躉售制度（FIT）可以在長期結構上逐漸發揮作用，但社區需要的是在先期有更多的財務或技術後盾去支援社區所發展的創意（local niche）；而在地的地方認同、公民互助與信任網絡也都要在其社區的獨特性下予以運行培養（Rogers *et al.*, 2012）。

同樣的情形也發生在澳洲偏遠地區，即便政府提供FIT等財稅誘因推動社區能源，但因偏遠地區的人際資訊網絡與地方治理資源相對較為弱勢，也缺乏由下而上的自發創新與整合機制，居民與業者普遍難以建立互信，推動成效普遍不彰（Byrnes *et al.*, 2016），[1] 導致最需要再生能源發展的地區，其推動速度反而牛步化。[2]

有時候，就算由政府主動協助弱勢社區進行再生能源建設，但這些由中央政府或業界帶動的大型計畫，由於其科技模型超出地方熟悉的使用型態，社區內亦缺乏相關科技基礎網絡，因此不但居民不知如何利用，最終這些設施也因缺乏維護人才與資源而損壞或被迫停擺（Schumacher, 2010）；相反地，由居民根據自身科技條件所產生的創意，雖然或許並非使用最新科技，但反而能以較低成本符合社區長期的需求，因此如何創造社區內的討論網絡，使居民能因地制宜，針對小規模科技進行討論與創造，可以說是弱勢社區非常需要的政治資源。

由英國的案例可知，由地方社區由下往上進行能源轉型固然是好的方向，但中央政府在能源產業結構改革上必須能肯認不同社區的獨特性，並加入更多平等性與區域性的計畫，以提升每個社區的自主性為視野，甚至整合學界投入知識資源（Bodorkósa *and* Patakia, 2009），弱勢社區成員才能在此架構下發揮創意並進行參與。

學者Allen等人則從英國推動地方社區能源的實際經驗出發，總結社區能源要成功發展的原則如下：（Allen *et al.*, 2012: 277）

- 在推動前需針對現有社區能源計畫與進程進行稽核，瞭解每個社

---

1 在這些弱勢地區中，常見的障礙包括了：資訊不足、缺乏互信、地方機構政策與協調能力較差、資金短缺、法規疊床架屋、土地所有權多採取集體所有，導致有意願的民眾難以獲得進一步的協助。

2 我國亦有類似情形，根據能源局官員在立法院公聽會的報告顯示，目前能源局對於地方政府推動社區能源的補助規劃，以該縣市申請案數有關；換言之，中央挹注地方政府的標準，仍是以補助已有一定發展能量的地方社區為主，但真正邊緣化的社區，卻難受補助，未來恐有「強者愈強」的效果。

區成功與失敗的原因，並對此做出資源調整。

- 需針對供需關係、發展機會、與在地需求做出考量。
- 地方政府以公立機構作為推動的起點，先示範出好的效果，產生滾動式的雪球效應後會自然運作，接下來則專注於大型與邊緣化社區。
- 需以社區現有的社區伙伴關係為基礎，避免資源重複或錯置。

社區型再生能源由於規模較小，饋線等軟硬體建制成本較高，如果以純粹私人資本或國家計畫予以推動，容易發生能源不正義的現象。也許，在社區能源的推動事務上，政府必須審視推動社區型再生能源的最後目標究竟為何；如果就發電量與效能來看，那麼將預算拿來補助較為健全強勢的社區（信任架構強、人際網路緊密、人才充沛）或許是合理的作法；然而，社區性能源的終極目標或許不是達到巨大的發電量以傳輸到外地城市，而更應該先著重於防止脆弱社區的自主性進一步惡化，因此若過分忽視能源正義的機會分配平等，而僅將社區能源的宗旨聚焦於哪些社區能達到較大的發電量及收入，則將對脆弱社區產生加速邊緣化的危害（Park, 2012）。

能源決策的程序正義問題

在社區能源電力市場中，電價與電網的決策常涉及大量的不正義。先以電價而言：目前世界各國推動再生能源發展，很多國家都使用FIT（Feed in Tariff）躉售制度的定價保證買回制度（德國、日本與我國都採取此一作法），但由於再生能源在社區發展有其地理區域特色，如果單純以發電量與躉售收益作為考量，其設置將偏重於在有競爭力地區而使部份地區過度膨脹；同時因生產規模緣故，越有能力的大型系統商，反而越不願意去參與小型的案件，導致系統裝置大型化且集中化，反而背離社區能源設置分散化與社區化的初衷（林子倫、李宜卿，2017: 61-2）。

由於FIT是一種高額政策補貼，因此若受補貼者僅限於少數機構，也不受市場機制節制，等於是對全民的不公義，德國以綠能電力稅來使全民分攤FIT與網路費用，造成電價上漲，也引起民眾對於再生能源集中區的能源效益與補貼合理性產生質疑（黃俊凱，2012），因此在2014年德國大選後，德國修改再生能源法案，除了降低再生能源設置目標，以避免民眾與傳統能源業者持續反彈，也要求綠電生產者必須先自行從市場尋找買家，政府只補助市價和躉購價間的價差，未來也將逐步走向競標制度（尹俞歡，2017a）。

然而，德國改採競標制後，雖然引入了市場理性，以社區為主的中小型能源合作社卻可能因競爭力不如大型財團而受到侷限。由於強調競爭的競標制比起躉售制度可能更不利於公民參與，因此為不損及社區與公民小型發電者的權益，目前德國某些地方政府正進行管線市有化，或是研擬為公益團體或公民合作社提供保證得標容量（尹俞歡，2017b）。換言之，無論躉售或競標，都必須有額外措施保障社區小型發電者的投入，以確保再生能源能在地區與家戶紮根。

另外，電價往往又與電網問題密切相關，但後者卻較容易受到忽略。由於電網為壟斷性的公共事業，因此如果不在民主化的原則下接受公共監督，即可能因電網硬體問題影響電力的採購、訂價與運送，使小型社區被排除於電網資源之外；而電網事業在組織慣性與長期的利益結構下，也將嚴重影響能源轉型的效率。

以德國柏林地區電網為例，1990年代的能源管線私有化制度下，由瑞典國營事業Vattenfall獲得電網經營權，但此電業集團多年來卻都偏重採購自家核能與火力電廠之發電，導致柏林全市的再生能源使用量不到全德平均的10%；但即便Vattenfall在柏林地區的能源轉型表現不佳，仍可獲得電網費用中6%到9%的「保證利潤」（電網費用佔電費30%），此即顯示當電網不受民主機制控制，壟斷可能形成的資源分配不正義（尹俞歡，2017c）。

但所幸德國的電力自由化過程中，亦造就許多以市民與社區為主的中小型能源合作社，透過地區熱心民眾參與經營能源合作社，除了擴大民眾對再生能源的意識與想像之外，能源合作社「一人一票自己作主」所凝聚出的草根性與公共性，除了有利彙整共識，也便於長期推動再生能源（尹俞歡，2017b）。例如：德國的綠色和平風電合作社，就長期提撥固定金額的基金以資助傳統燃煤區興建太陽能電廠，以彌補能源轉型對燃煤生產社區所造成的失業問題（尹俞歡，2017d）。

另外，德國漢堡市亦於2013年由市民與再生能源業者發動公投，通過決議將能源管線收歸市有，並把能源盈餘根留地方轉而支持新能源與強化供電基礎建設，使漢堡市的供電品質更加優質；此外，此次公投後，市政由人民共同參與，能源管線在接受市府與人民監督下，透過法律明訂其供電義務與環境保護責任，使能源決策能更加公義、環保與透明（劉書彬、鄭乃瑄，2016）。

社區能源的未來：能源合作社與地方自營電廠（北海道綠色基金的例子）

簡言之，如果純粹以價格或數量等市場機制來發展社區能源，難免失之偏頗，日本北海道地區的社區能源發展經驗，或可為我們提供重新思考的機會。

日本於2012立法通過躉售制度以增加投資再生能源誘因，同年隨即有許多大型太陽能計畫投入北海道地區，總量佔全日本的27%；但這些大規模發電計畫的出資者與包商都不住在北海道，所產生電力亦多輸往本島其他城市地區，對於當地貢獻極小，甚至很多非住宅型發電計畫根本就不是真的為了發電，而是為了取得土地二十年的特許期，投機色彩濃厚（Yoshida *and* Yoshida, 2015: 31），因此引起地方有識之士的反彈。

為了避免再生能源發電傾向財團化與集中化，中央與地方政府各有補救作法：在中央政府方面，2013年透過立法要求再生能源設施必須連結電網，並保障小型發電者連接電網的權利，同時搭配加設電網基礎設施、檢查系統與電池穩定系統，讓電網得以跨區域智慧運作，希望透過智慧電網的強制普及化，讓偏遠地區的小型發電者快速加入智慧電網體系。

而地方政府方面，則是一方面要求日本再生能源官方投資機構NEDO（新能源及產業技術總合開發機構）補助農漁民組織；另一方面也積極向NEDO尋求資金以追求社區永續自主。在當地政府與NEDO的努力下，北海道的能源發電型態豐富與多元，除風能在市民大量參與下有所斬獲，太陽能在濱中地區亦與牧場合作並連結成集體電網，發電一半自用，一半售回，另外也嘗試發展生質能與地熱發電。根據日本政府2017年的統計，如果不計算水力發電，日本全國的再生能源設施在2016年的總發電量是284億4千萬千瓦，共可供950萬戶所需，而北海道一地的再生能源發電量就佔全國的10%，是日本全國貢獻再生能源發電量最大的地區（The Japan Times, 2017）。

但北海道經驗特別之處，並非其發電量，而是地方政府與社區在過程中所扮演的重要角色。以北海道的壽都町為例，地方政府在1990年代就開始自力投資與建造再生能源設施並進行電力銷售，其目標並非僅限於傳統上對廠家課徵營利稅與土地稅，而是期待賣電的收益能長期挹注地方脆弱的財政體系；在此案例中，由於町政府有高度動機尋求永續的財務穩定，因此町政府持續在技術、地點與營運方式上做出修正，甚至尋求德國公司進行技術合作以解決機組維修問題。在2013年躉售制度實施後，光是壽都地區的風力發電廠就有2億日圓的盈餘，其中地方政府每年可得到8百萬日圓，如此積極的行動終讓地方財政有所收穫（Yoshida *and* Yoshida, 2015: 41-2）。

除了地方政府的投入，公民組織也促成再生能源的分散化與公益化，當地的草根消費者組織「生活俱樂部」（簡稱生協）於1996年起關心反核運動與再生能源發展，主因是日本政府欲在該地建設第三號核能發電廠。從1999年開始，生協發起省電10%的綠色發電基金運動（即所謂「北海道綠色基金」，Hokkaido Green Fund，下稱HKG），由北海道電力公司代收，並以此基金加上公眾募款成立綠電合作社，來補助住宅發電與建構市民風機（Yoshida *and* Yoshida, 2015: 32）。第一部風機在2001年正式運轉後，前十年初期階段的年賣電收入為3200萬日元，每年分配給股東（出資50萬日元者）的「綠電利」為36,981日元（王俊秀，2016）。

因應2012年起的躉售制度，該俱樂部也自該年12月成立「北海道再生能源振興機構」，開放公眾與北海道各地市政府加盟成為會員，除了回應市民綠電相關諮詢、進行場址發電潛力研究之外，也培育區域內的綠電相關人才（北海道再生能源振興機構，2016）。

2016年10月為因應日本政府推動電力自由化，生協更成立能源公司，以電力公司型態展開「電力共同購買運動」，採購及銷售再生能源給社員，再從社員每月交的電費取出5%持續支持HGF，以作為全國設立公民發電廠之用。HGF自1999年起至2016年，共募得基金總額9560萬日圓，從北海道擴散至全國共建立21架風車，總裝置容量36475Kw（其中14架風車目前仍持續運作當中，裝置容量21770 Kw），平均每座風車造價大約日幣2億日圓，截至2017年，HGF共有37個再生能源發電廠（包含太陽能電廠），基金同時也支持長照事業、培育風力發電技術專才，或扶持年輕人回鄉務農等等（林美惠，2017；王俊秀，2016）。

從北海道的案例可看出，如果缺乏對社區福祉與小型用戶的特別保障，再生能源設施很容易淪為大型化與集中化，結果將是由大企業壟斷土地與能源利潤，而地方卻難以獲益。北海道社區得以突破集中化的關卡，正由於有地方政府與草根組織的積極參與，方能使公眾擴大參與，並讓社區從能源轉型中獲利且促進在地就業。這種社區型合作事業，由於具備民主機制與社員自主，得以讓民眾參與地方能源的永續經營，同時也能快速提昇民眾對於能源轉型的認識和實踐（黃淑德，2016）。

地方政府在社區能源正義中的關鍵角色

從上述的案例中，可知道地方政府在社區能源正義議題上相當關鍵：

1. 地方政府作為公共資源提供者：弱勢社區的最後防線

從英國社區能源的案例中可看出，因為初期建置成本與長期維護成本過高，社區引入私人資本並無法取代地方政府的角色，甚至有些弱勢社區，更需要地方政府依其獨特的社會脈絡給予賦能，維持地方治理資源的品質；特別是初期需要動員大量志願者作為領頭羊，因此高度仰賴地方政府利用村民會議討論、啟動參訪，或使用公共機構作為示範等途徑建構資訊網絡與願景平臺，才能兼顧弱勢社區的發展正義（Wüste *and* Schmuck, 2012）。

其實，與中央政府相比，地方政府的治理資源並不特別豐厚，但在小型社區能源的發展上，地方政府有強烈的財務誘因推動再生能源在地方永續生根；事實上，從日本近年再生能源發展狀況中亦可看出，由於環評規則趨嚴、核電勢力龐大，加上再生能源須長期投資維修，大型電力公司多半沒有意願持續投入，因此雖然偏遠社區的設備利用率較低，各地方政府、各自治體與市民團體反而成為發展再生能源的主力（劉黎兒，2017）。

2. 地方政府作為協調者：可提昇社會接受度與降低外部風險

大型的再生能源設施或將產生噪音、景觀破壞等大量外部風險，然而要社區直接與廠商建立對話管道卻相對困難，畢竟彼此不具信任關係，也缺乏協商的正式管道；地方政府官員可與民眾建立廣泛的互動管道，發揮領導角色，利用本身在政商網絡中的中介地位促進互信，甚至引入救濟與補償機制，發揮關鍵影響力，提高社區能源的社會接受度

（Hoppe *et al.*, 2015）。

而地方政府主動尋求廠商合作，或可與地方基礎建設或產業合作，作為與廠商合作開發的發展標的，以強化弱勢社區知識與軟硬體實力，擺脫以往只以發放補償金為主的地方酬庸分贓體系；同時亦可透過其地方政治能量，在政策溝通協調上補足中央各部門事權分割與私人企業單純逐利的失當。

3. 地方政府作為小型能源的發展者：彈性且在地的網絡

一般來說，最明顯讓弱勢社區難以參與能源實踐的原因常出在「融資體系」，北海道之所以可以成功推動市民發電，是由於當地有強而有力的草根組織，同時也有地方政府的支持，得以透過與傳統電廠合作徵收永續運作的基金，透過穩健的財務與管理系統集資進行風機建造。但即便是如此成功的案例，其第一座風機仍需要由市民出資6000萬日圓，融資機構才願意放款（NGO發展交流網，2009），因此前幾座風機仍必須是由市民擔任主要的出資者（西村優美，2017）。

另外地方政府亦可擔任融資者的角色，例如我國幾處發展社區能源較為積極的地方縣市（汪文忠、曾稚尹，2016；林子倫、李宜卿，2017），可透過成立地方電力事業扶植有地方特色的能源創新。若是單一地方政府的財力有限，也可如宜蘭縣政府計畫針對境內地熱潛力擬定自治條例，以全民入股方式籌組能源公司發展地熱電力事業（林縉明，2015）。

當地方政府成立能源公司後，對於再生能源的推廣至少能起到三種效果：(1)地方政府可直接根據地方現況在能源組合中增加再生能源的比例；(2)可使用補貼獎勵再生能源設施；(3)依當地現況彈性訂立電價以抑制能源浪費（Hammer, 2008: 144），給予社區與家戶參與的誘因，並保障地方發展權利。

結論與討論：社區型再生能源需以社區福祉為最終依歸

當前全球社區能源的發展其實正面對著三種正義課題：分別是「外部風險的分配正義」、「多元社群的肯認正義」，以及「能源決策的程序正義」問題；如果未能考量這些正義構面，單純想以商業資本或是市場誘因投入地方社區，不但很難在能源進程上取得進展，弱勢社區也難以獲益。

本文從國際案例中擷取經驗，認為地方政府的治理資源對於弱勢社區具有關鍵份量，這些公共資源的投入，對於社區凝聚共識、促進社區發想，以及降低社區能源的外部風險成本，都具有重要的意義。而不管是透過地方經營、公私合營或是由市民自主經營，其較為彈性開放的決策過程都有助於維護社區的獨特脈絡，且能強化公眾民主程序。

未來在社區能源的評量標準中，也必須納入更多以社區福祉為導向的指標，避免單純以能源價量作為社區能源的唯一考量，才能真正保障弱勢社區的發展權利，這或許才是社區能源賦予人類社群更深層的進步意義，也才能確保正義能在過程中得到實踐。

參考文獻

尹俞歡（2017a）。〈廢核倒數 連能源轉型模範生德國也頭痛的難題 台灣準備好了嗎？〉。http://www.storm.mg/article/273085。2017/5/31檢索。

尹俞歡（2017b）。〈綠色能源合作社專訪：每年只要多付100歐元」讓消費者當主角推動能源轉型〉。http://www.storm.mg/article/293772。2017/7/5檢索。

尹俞歡（2017c）。〈電網也能團購！要用多少再生能源 由你決定〉。http://www.storm.mg/article/288063。2017/6/26檢索。

尹俞歡（2017d）。〈航道變寬、風場被砍？能源局：不影響業者規模經濟〉。http://www.storm.mg/article/320796。2017/8/24檢索。

王俊秀（2016）。〈全體再注意，日本綠電合作社到處出沒！〉https://www.peopo.

org/news/32178。2016/10/23檢索。

北海道再生可能能源振興機構（2016）。〈豐富再生能源資源活性化北海道地域經濟〉。日本：北海道再生可能能源振興機構。2016年宣傳手冊。

西村優美（2017）。（地區主導推動風力發電的措施－北海道綠色基金的經驗），「2017能源政策之橋接與溝通論壇」。台灣台北，2017年8月25日。

汪文忠、曾稚尹（2016）。〈地方產業永續轉型的社會資本與政府效能：屏東縣養水種電個案分析〉，《政治科學論叢》67: 91-132。

林子倫、李宜卿（2017）。〈再生能源政策在地實踐之探討：以高雄市推動屋頂型太陽光電為例〉，《公共行政學報》52: 39-80。

林怡滿（2017）。〈彰化發展離岸風電－因航道劃設恐少四成發電量〉。http://www.storm.mg/localarticle/320705。2017/8/24檢索。

林美惠（2017）。〈借鏡丹麥德國北海道風力發電經驗 以民間力量創新社區再生〉。https://www.csronereporting.com/topics/show/4341。2017/8/31檢索。

林縉明（2015）。〈發展地熱電－全民認股〉，〈聯合報〉，12月14日。

湯京平（1999）。〈鄰避性環境衝突管理的制度與策略〉，《政治科學論叢》10: 355-382。

黃俊凱（2012）。〈另類的電價上漲－德國推動「能源轉型」（Energiewende）的代價〉，《司法改革雜誌》92: 40-43。

黃淑德（2016）。〈為了2025的永續台灣－發起公民綠能合作社〉。http://www.huf.org.tw/essay/content/3412。2017/9/10檢索。

劉書彬、鄭乃瑄（2016）。（德國漢堡市的「能源管線市有化」公投研究）。《台灣民主季刊》13(4): 43-92.

劉黎兒（2017）。〈風力發電煩惱多－日本如此解決〉。https://newtalk.tw/news/view/2017-09-21/98445。2017/10/24檢索。

蔡岳勳、王齊庭 （2014）。〈以彈性公民多元參與模式促進綠色能源發展之法規政策初探Flexible Citizen Participation Legal Mechanisms in Promoting Renewable Energy.〉，《法治與公共治理學報》(2): 63-91。

NGO發展交流網（2009）。〈北海道綠色基金－創造市民自主選擇能源的時代〉。http://www.globallinksinitiative.com/inspire/?p=217。2017/3/21檢索。

Allen, J., Sheate , W. R. and Diaz-Chavez, R. (2012). "Community-based Renewable Energy in the Lake District National Park - Local Drivers, Enablers, Barriers and Solutions." *Local Environment* 17(3): 261-280.

Bodorkósa, B. and Patakia, G. (2009). "Linking Academic and Local Knowledge: Community-based Research and Service Learning for Sustainable Rural Development in Hungary." *Journal of Cleaner Production* 17(12):1123-1131.

Bullard, R. D. (2000). *Dumping In Dixie: Race, Class, And Environmental Quality* (Third Edition ed.): Westview Press.

Byrnes, L., Brown, C., Wagner, L. and Foster, J. (2016). "Reviewing the Viability of Renewable

Energy in Community Electrification: The Case of Remote Western Australian Communities." *Renewable and Sustainable Energy Reviews* 59: 470-481.

Catney, P., MacGregor, S., Dobson, A., Hall, S. M., Royston, S., Robinson, Z., . . . Ross, S. (2014). "Big Society, Little Justice? Community Renewable Energy and the Politics of Localism." *Local Environment* 19(7): 715-730.

Cowell, R., Bristow, G. and Munday, M. (2011). "Acceptance, Acceptability and Environmental Justice: the Role of Community Benefits in Wind Energy Development." *Journal of Environmental Planning and Management* 54(4), 539-557.

Graham, J. B., Stephenson, J. R. and Smith, I. J. (2009). "Public Perceptions of Wind Energy Developments: Case studies from New Zealand." *Energy Policy* 37(9): 3348-3357.

Hammer, S. (2008). "Renewable Energy Policy-Making in New York and London: Lessons for Other 'World Cities?" *Urban Energy Transition: From Fossil Fuels to Renewable Energy*, pp. 143-171.

Hoppe, T., Graf, A., Warbroek, B., Lammers, I. and Lepping, I. (2015). "Local Governments Supporting Local Energy Initiatives: Lessons from the Best Practices of Saerbeck (Germany) and Lochem (The Netherlands)." *Sustainability* 7(2): 1900-1931.

Lawrence, D. P. (2013). *IMPACT ASSESSMENT: Practical Solutions to Recurrent Problems and Contemporary Challenges*. New Jersey: John Wiley.

Lemon, M., Pollitt, M. G. and Stee, S. (2015). "Local Energy Policy and Managing Low Carbon Transition: The Case of Leicester." *Energy Strategy Reviews* 6: 57-63.

Musall, F. D. and Kuik, O. (2011). "Local Acceptance of Renewable Energy—A Case Study from Southeast Germany." *Energy Policy* 39(6): 3252-3260.

Ottinger, G. (2013). "Changing Knowledge, Local Knowledge, and Knowledge Gaps." *Science Technology Human Values* 38(2): 250-270.

Park, J. J. (2012). "Fostering Community Energy and Equal Opportunities between Communities. *Local Environment* 17(4): 387-408.

Ricci, M., Bellaby, P., *and* Flynn, R. (2010). "Engaging The Public on Paths to Sustainable Energy: Who Has to Trust Whom?" *Energy Policy* 38(6): 2633-2640.

Rogers, J. C., Simmons, E. A., Convery, I. and Weatherall, A. (2008). "Public Perceptions of Opportunities for Community-based Renewable Energy Projects." *Energy Policy* 36(11): 4217-4226.

Rogers, J. C., Simmons, E. A., Convery, I. and Weatherall, A. (2012). "What Factors Enable Community Leadership of Renewable Energy Projects? Lessons from A Woodfuel Heating Initiative." *Local Economy* 27(2):209-222.

Schlosberg, D. (2004). "Reconceiving Environmental Justice: Global Movements And Political Theories." *Environmental Politics* 13(3): 517-540.

Schumacher, E. F. (2010). *Small Is Beautiful: Economics as if People Mattered* (Reprint Edition ed.). New York: Harpercollins.

Seyfang, G. and Longhurst, N. (2013). "Desperately seeking niches: Grassroots innovations and niche development in the community currency field." *Global Environmental Change* 23(5): 881-891.

Stephenson, J. and Ioannou, M. (2013). "Seven Assumptions about Public Opposition to Renewable Energies." *Planning Quarterly* (191): 24-30.

Stephenson, J. and Lawson, R. (2013). "Giving Voice to the 'Silent Majority': Exploring the Opinions and Motivations of People Who Do Not Make Submissions." *Policy Quarterly* 9(1): 26-33.

The Japan Times (2017). "Hokkaido Leads Nation in Alternative Power Generation." https://www.japantimes.co.jp/news/2017/08/28/business/hokkaido-leads-nation-alternative-power-generation/#.WbJkB6iCzIU. Retrieval Date:2017/9/25.

Westwood, A. (2011). "Localism, Social Capital and the 'Big Society'." *Local Economy* 26(8): 690-701.

Wüste, A. and Schmuck, P. (2012). "Bioenergy Villages and Regions in Germany: An Interview Study with Initiators of Communal Bioenergy Projects on the Success Factors for Restructuring the Energy Supply of the Community." *Sustainability* 4(2): 244-256.

Yoshida, F. and Yoshida, H. (2015). "Renewable Energy and Regional Economies. " F. Yoshida and A. Mori (Eds.) *Green Growth and Low Carbon Development in East Asia*, pp. 26-49. New York: Routledge.

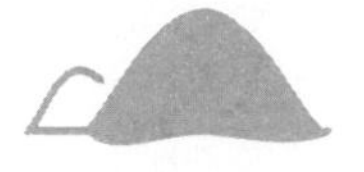

社區用能的三種能源轉型演進與操作

陳楊文

零碳行動有限公司

執行長

工業革命形塑人類社區生活型態

當今人類會面對氣候變遷、極端氣候的風險，從人類工業的發展中可以看出徵兆。

從18世紀，施密斯・瓦特先生改良蒸汽機之後，開啟第一次的工業革命。即掀開潘朵拉的盒子，不單單是簡單將地底下的植物化石（煤炭）作為工業用的能源之外，也開啟將封存古代太陽能有機化石，如煤、石油、天然氣等等，取出到地面將之燃燒，解放所有的碳原子，與現有大氣中的氧氣結合，造成更多的二氧化碳。

而這二氧化碳逸散到大氣之中，在地表上形成一種溫室作用，將熱反射入地表而無法逸散到太空中，以致地球大氣的平均溫度升高，牽連整個氣候型態，造成不是暴雨颶風，就是乾旱無雨，冰川融解，海平面上升。

◎ 圖1　以生質能為主的社區示意圖

資料來源：作者繪製。

今日大氣濃度已經來到405ppm（陳楊文，2018），比起工業革命打開潘朵拉的盒子的濃度284ppm（李高朝，2013），增加了77%，意味著地球的散熱更益困難，整個地球進入發燒的狀態。

儘管當今人類的社會，在能源的使用，還可能在遠古用火的形態，拾取周遭環境的生質能，樹葉、木材甚至牛糞等一切可以燃燒的有機材料，為取得能源進行家事，謀生烹飪或是照明所需。

以當今人類社群而言，在工業化之前的社區，屬於無電能或是無電網可及可用者，大多屬於以生質能為主用能組成（energy mix）。就碳的循環來說，這種傳統使用生質能的社區，其能源大多來自現生的植物或衍生物，而植物與其衍生物已經進行光合作用，吸收太陽能從大氣中固定二氧化碳，雖然經過燃燒，將碳釋放到大氣中，基本上是屬於固碳與排碳之間的碳平衡。

工業革命之前，人類的生活活動並未對大氣的碳平衡改變，大氣中的二氧化碳濃度大致在280ppm（陳楊文，2018）。而從第一次的蒸汽機工業革命以降，人類為能掌控只用相對安全的能源，將電力廣泛運用在生活，成為第二次的工業革命，工業2.0。最著名的里程碑是發明電梯，連帶地帶動超高層的摩天大樓，以及工廠使用電力裝配線，使產能大增。這些革命性的改變，也不過發生在一百多年前，自此之後，電力逐漸改變人類的生活型態。現代人幾乎是活在電的世界裡，想想在臺灣沒有電的話，生活會怎麼樣？但是我們在使用電的時候，是否曾經想到其產生驚人的副作用？

化石燃料能源使用型態的環境風險

以生質能為主的社區，主要能源來自地表上的植物，取得能源對於生態的衝擊，主要是在改變植被相與生態相。隨著人口的增長，環境的負荷增加，常常森林的林木被砍伐，林相退化成草地，草地被開墾成農田，過度取水退化成荒漠。歷史上許多農業文明，因為荒漠化而消失，基本上，還是屬於區域的環境風險，不至於成為大規模的氣候型態改變。

工業革命時先是鍋爐燒煤產生蒸汽動力，大量的燃煤造成空氣污染，當時的工業大都市無不烏煙瘴氣，居民苦不堪言。經過100年的演進，人類變聰明了，將燒煤的鍋爐污染源放在遠遠的地方（通常是海邊，好運送煤炭燃料），透過火力發電廠將能源轉換成不會冒煙的能源—電力，輸送到工廠、都市住家，於是人們工作或生活的地方，可以享受到電力的清潔與方便，忘卻源頭燃燒的污染。

無論工業1.0的蒸汽鍋爐到工業2.0發電機，人類所使用的能源都是來自燃燒地底下的化石燃料，這些化石燃料是來自古代的有機（含碳）生物體，只要一經過燃燒，化石燃料成分中的碳就與空氣中的氧氣結合，變成二氧化碳。燃燒排出的二氧化碳不侷限在地上污染，還可能進入大氣擴散到他處，影響全球氣候型態。而眾人所知的全球暖化現象，即是來自大氣中二氧化碳的濃度不斷攀升。不但如此，更可怕是造成極端氣候型態，不是高溫就是高冷，不是乾旱就是暴雨，更遑論對生態與海洋的改變，對整個人類的生存慢慢造成威脅。

◎ 圖2　現階段社區用能組合（energy Mix）型態，是以毀壞生態與大氣平衡高風險為代價的用能型態。
資料來源：作者繪製。

生質能轉為化石能源後的議題

當社區從生質能到電能的能源轉型過程，社群結構從鄉村轉到都市，即使用電力雖需付費，供電往往是政府當作國民福利的一環，文明生活的要素。不單在臺灣如此，在發展中國家如印度，現任首相莫迪（Narendra Modi）也將普及到全國的供電網作為國家發展目標，甚至有些政客主張免費供電，以爭取選票。這是國家從農業轉到工業型態，以毀壞生態與大氣平衡高風險為代價的能源轉型過程。

近幾年，世界人口最大國從農業轉為工業、從農村轉到都會，能源組合從生質能轉為依賴化石燃料與電能，隨之而來的因為燃燒所造成排碳問題，使得中國超越美國成為當今最大的二氧化碳排碳國。

大多數工業化國家意識到使用化石燃料所造成的全球暖化與極端氣候問題，從20年前的1997年，簽署聯合國氣候變化綱要公約（UNFCCC）京都議定書，明定各國減碳目標。以及後續的2015年簽訂的巴黎協定，希望將全球平均溫度控制在工業革命前全球均溫的攝氏1.5~2度之間。

各國與各都市間各自進行減碳措施，以丹麥首都哥本哈根為例，主要透過風力再生能源供應都市用電，使得從2015年的排碳總量比2014年減少11%，人年均排碳量降到2.45公噸，並雄心勃勃希望在2025年達到零排碳的目的。其排碳的措施主要是經過能源轉型，將化石燃料來源轉自再生能源、提高建築的效率降低用能、以及大力提倡低碳交通運輸（步行、自行車、電動車）（Carbon Disclosure Project, 2017）。

臺灣缺乏一次能源化石燃料資源，98%的能源來自國外，自行製造成二次能源電能。對於電能的政策，臺灣以國家資本寡占專賣，並以電能攸關民生經濟為由，長期給予能源補貼政策，電價與其他國家相較偏低。歷屆總統候選人，在安穩民生物價與選票的考量下，亦很難以自由經濟市場的方式反應合理的電價。除了以犧牲環境成本來降低電價成本外，並可能造成電能社會價值觀的偏差。造成國人年均排碳量約10.8公噸，高於世界平均值的人均排碳量4.4公噸、中國的人均6.6公噸與日本的人均9.7公噸（洪敏隆，2016）。

如果問起那個地方居民用電用最多，很多人都會以為是首善之區的臺北市。根據台電公司的調查資料顯示，全臺灣用電最多的是新竹市，每人平均每天用電5.95度。第二名還不是臺北市，而是新北市人，人均日用電5.46度電，第三名才是臺北市民的人均日用電5.32度電。換言之，新竹市居民可說是全臺灣對暖化「貢獻」最大的一群人（陳楊文，2017）。

人均用電前三名都是北部的都會區，有可能是都會地區受到熱島效應影響，都市硬鋪面多、蓄熱高不容易散熱，造成冷氣機用電高。也有可能是都市人收入較好，不在乎花錢的社會價值觀問題。我個人相信兩者都有可能（陳楊文，2017）。

宜蘭縣在能源轉型由前縣長林聰賢提出三把箭，三個措施分別是1. 再生能源3年內倍增到41.5MW，2. 能源管理地方治理配套，3. 鼓勵公民參與（林敬倫，2016a）。於落實公民參與部分，最早達到箭中標的。2016年培力20位住宅節能管理師志工，並實際到家戶中服務，就所學的住宅建築、電氣設備、使用行為三方面，共服務2,030戶住宅，協助居民診斷家中用電與節能改善。且透過面對面問卷方式，記錄診斷宜蘭居家生活中普遍可節能的潛力與策略，最後建構14萬筆的用能行為診斷資料庫。2017年透過此種居家節能診斷與宣導的方式培力138位管理師服務812戶住宅，繼續實施診斷與宣導，建構宜蘭住宅用能的變遷資料庫，目標在於建構公民自主管理能源的能力。透過這些點點滴滴的努力，希望能夠擾動社會，營造社會節能的氛圍，其核心作為也希望能夠改變對於能源的社會價值觀，並以環保為榮。

◎ 圖3　2017年宜蘭住宅節能管理師志工培力與住宅服務宣傳海報

資料來源：零碳行動有限公司。

現有化石能源電網面對極端氣候的困境

1. 極端氣候對發電設備與廣大輸電網造成的風險

2017年7月31日，因尼莎颱風關係，位於宜蘭東澳的輸電電塔倒塌，花蓮和平火力電廠發電量的130萬瓩電量，無法輸送到北部（林敬倫，2016b）。另外，在宜蘭也產生停電災情，尼莎颱風強風造成頭城許多電線桿斷倒，導致11萬5千戶無電可用（陳雲上，2017）。隔日，面對此供電短缺，行政院通函全國行政機構，要求政府機構下午1點到3點之間停止開冷氣，及至8月10日後解禁（陳雅芃，2017）。無獨有偶，幾天後8月15日臺灣中油對台電大潭發電廠的天然氣供應管線意外停止運作，造成全臺灣大停電，稱之為815全臺大停電。

集中式的大型電廠，所發出的電量往往遠超過周圍地區所需，需要靠輸電塔傳送到遠方廣大需求的地區，輸電的電塔與電線設備往往面臨各種環境風險，即使再增加更多的發電量，只要是其中一個環節斷落都會造成發出的電量無法輸出。有的人會認為停電是電的不夠，是缺電的問題，提出要恢復核能電廠或是擴充電廠設備，即使擴充再多的集中式發電廠與電網，也是暴露在未來極端氣候的風險下，發再多的電輸送不出來，也是徒勞無用的。解決供電不足之道，必須考慮修正現有集中式電網的結構與管理，與其暴露在極端氣候下的脆弱性。

2. 極端氣候高溫造成用電量劇增

每年台電公佈用電的最尖峰，全都是最熱的時刻，表示整個用電高低受溫度的影響最大。2017年用電的高峰是8月7日，當天臺北的氣溫高達38.5度，用電高達3616.54萬瓩；2016年臺灣的用電高峰是7月6日，最高需求達3,556萬瓩。以2017年6月26日用電的樣式（pattern）來看，最高點在中午2點左右，也是最熱的時刻。從凌晨到清晨6點，用電量一路下滑，等到太陽上升時，用電量又一路跟著爬升，到中午最高點後又一路下滑，一直到隔日的凌晨6點，這是典型的全臺夏季用電型態。但在冬季的用電型態，樣式類似夏季，但需求量整體下滑，用電的高峰也移轉到傍晚6點10分左右。以2月15日為例，尖峰需電量大約是2,500萬瓩。與夏季尖峰用電的需求減少了1,100萬瓩，相差將近30%的需求，很明顯的看出溫度對於用電量的影響。

我們現在所使用的電網是交流電電網（alternating current），交流電的設計很適合集中式發電或是大型電廠，因為發出的電可以透過輸電網傳輸到遠處。但是交流電電網有一個大隱憂，也就是整個電網，隨時隨刻都要保持著供電大於用電的狀態，否則只要瞬間用電的需求大於供電，整個電網系統就會停擺，發電機組受損，造成大停電（black-out）。所以不管平時省掉多少電，當用電需求的尖峰不省下時，還是必須有足夠的發電量供應，否則就是逼著電力公司為了保護發電機組，關閉部份的供電主動斷電（brown-out）。加上先前所觀察到電力公司因為遇到颱風因此瞬間需求的用電量才是供電的關鍵。

如果看臺灣一整年的最高用電需求，以2015年整年的用電容量樣式

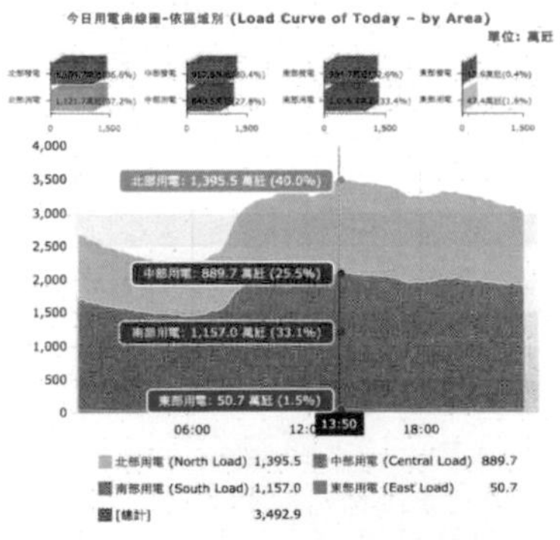

◎ 圖4　臺灣的夏日用電型態，以2016年6月26日為例

資料來源：台灣電力公司，2016。

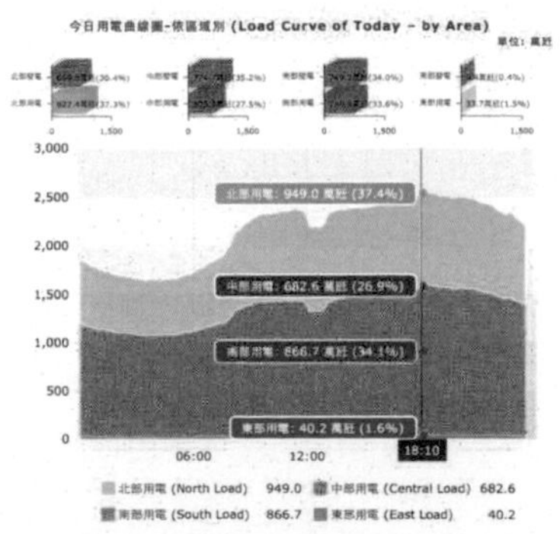

◎ 圖5　臺灣的冬季日用電型態，以2016年2月15日為例

資料來源：台灣電力公司，2016。

來看，夏天用電接近3,600萬瓩，而冬天最高用電接近2,700萬瓩，兩者相差約900萬瓩。夏季用電多，冬季用電少，就是臺灣用電的型態。是氣候與人的使用行為所共同造成的結果。

如果電力公司不知道瞬間用電量確實是多少，造成電力供電的困境，給電太少會造成大停電，太多也會發生供過於求，多給的電量也會浪費掉。供電與需電是否平衡可以從備轉容量率（%）來推估，夏季的備轉容量率遠低於冬季的備轉容量率，其原因是冬季用電需求量遠少於夏季需求量約25~30%，以電力公司的固定裝置容量來說，尖峰發的電量應付需求應該綽綽有餘。為了夏天用電的高峰，需要的發電裝備，就必須要有超過3,560萬瓩以上的發電廠設備，才不會造成大停電。但是到了冬天，就只需要有2,700萬瓩的發電量就夠了。長達將近半年冬季，多出來的發電硬體就無需發電，只好放著閒置或是整修，也會成為設備上的浪費。如何在不同季節間，供需電之間達到平衡，又能讓所有發電設備都能夠被充分使用，提升發電設備的效率，是電力公司所面對的困境。

真正的發電需求量應該是要根據即時用電需求所決定的，也就是尖峰用電來決定。需要多少電才發多少電。換言之，以臺灣夏季是用電尖峰，發的電如果無法滿足此瞬間需求，在別的時間發再多的電，不但無法滿足電網需求，也是浪費無用的。以目前台灣電力公司所公布的發電容量，全部發電裝置容量已經達4,327萬瓩（聯合新聞網，2017）。比用電歷史新高需量3,616萬瓩，還高出711萬瓩，約是總容量的16%。當然這些發電容量，有些難以掌控，是屬於看天候才能發電的再生能源。但是否有辦法可以透過管理與電網結構（infrastructure）來改善？這也是全球人類在未來供能、供電所需面對的議題。

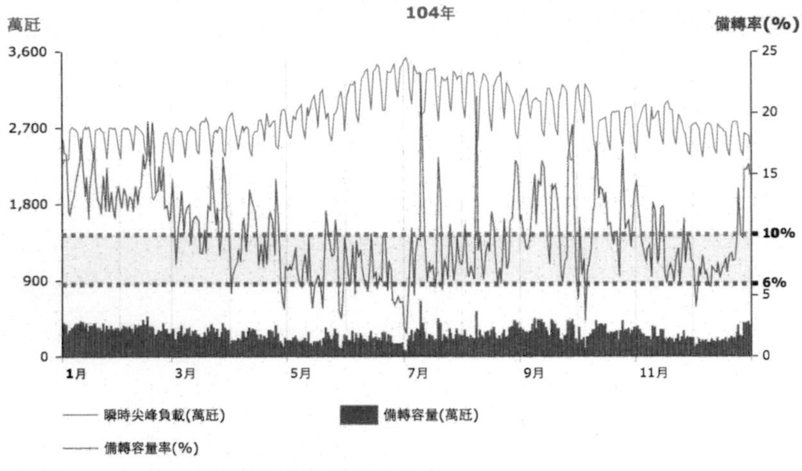

◎ 圖6 2015年度每日尖峰備轉容量曲線

資料來源：台灣電力公司，2015。

再生能源的規劃與實踐

臺灣現有社區的電能主要是來自集中式發電廠與廣大的電網供電，將來極端氣候下，面臨強風強雨的風險，與高溫甚至高冷氣候的用電需求下，以及現有火力燃燒發電所排出的高濃度二氧化碳，必須有些調適改變。從一些國家與都市在規劃未來社區用能的結構上，可以讓我們作為學習與參考。另一方面也應該發揮臺灣自身再生能源的科技，協助世界上許多的無電社區。

1. 德國運用工業4.0促成能源轉型

德國人在2011年提出第4代工業革命的概念，相較於前一代的工業革命3.0可程式化工業生產（Program Logic Control, PLC），主要的進展是加入感知器與網路，變成虛實系統（Cyber-Physical System, CPS）或稱為「智慧型整合感控系統」，透過感知器將現實世界的數據，傳送到雲端網路儲存與運算，根據客戶的需求來生產產品的過程（林士蕙，2015）。會成為革命性的顛覆，主要是先前的大量生產方式，往往是根據成本與市場需求，無法根據客戶個別需求差異，耗費能資源大量生產同樣的產品，而這些產品不一定會被使用者所購買，造成生產過剩，浪費能源與資源。

德國主要運用工業4.0的設計概念在再生能源電網上，其主要的再生電網不單只有考慮運用再生能源作為發電廠，更要搭配智慧電網、儲能設備、與提升現有建築的耗能效率，多方搭配，才有可能成功推動，德國在2014年全國的能源組成（energy mix）中，再生能源所佔的比例已經達到27%，且再生能源發電設備已經超過150萬（GTAI, 2015）。

德國以工業4.0的概念所設計的再生能源網，是為了能夠作最大的效能發揮。裝上電力感應器與具備傳輸功能的智慧電網，可用來瞭解即時用電的需求與適當的輸電供應，在此供需電的管理下，以最低的備載容量供電，大幅減少供過於求的浪費問題，達到電網最大的效能。而傳統的電網是以估算用電需求來供電，因為無法預知下一刻用電是否能滿足需求，加上現有的交流電網，供電量絕對不能低於用電，所以會比實際的需電量，供給較高的電量，其需與供之間多出來的比例即為備載容量。如果有所有用電者的即時用電資訊，就能最佳的供電管理。

只要燃料供應無缺，傳統化石燃料發電廠可以穩定發電供電，然而再生能源的問題完全要看天候發電，隨時都可能停止發電，造成無法穩定供電。因此很重要的就是需要有儲能裝備，以穩定再生能源不穩定發電的屬性。

德國的再生能源發電設備在2014年已經超過150萬座，此數量遠多於傳統集中式幾千座大電廠，屬於分散式電廠。其好處是可以分攤風險，其中的幾座如受到損害或停止發電時，在適當的管理下，仍然可以用其中眾多的電廠來彌補，增加電網面對極端氣候的韌性。如果將來再併入電動車與車上的儲能裝置，整個電網會有革命型的突破，也更能減少化石能源所產生排碳與二氧化碳問題。

◎ 圖7 未來社區的清潔再生能源電網示意圖

資料來源：作者繪製。

2. 以虛擬電廠Virtual Power Plant整合再生能源的操作

虛擬電廠指的是運用資訊通訊技術（ICTs）來整合管理分散各處的發電來源與電力需求，由於虛擬電廠是運用ICTs整合眾多小型發電廠，並非是具體單一的發電廠，但仍具有發電廠的供電功能，甚至超過傳統電廠功能，可以同時具有發電、輸電與控制需電的功能，故稱為「虛擬」。

鄰近日本的關西電力公司，結合日立與三菱等公司，在日本兵庫縣淡路島建構虛擬電廠系統，藉以整合島上再生能源與用電需求。關西電力整合島上現有的太陽能及風力發電系統，日立供給高效率可控制冷暖氣機等電氣設備，與開發調整電力供需的電力平衡系統，三菱則提供蓄電池，眾多公司一起建構實證實驗系統（劉禹伸，2016）。

具體說，是為了將變動性的再生能源發電納入電網穩定供應範圍內，有效率地供應電力予關西地區各地工廠及辦公室，當再生能源若產生剩餘電力，先儲存至蓄電設備，而預知再生能源電力不足時，可將儲存在蓄電池的電力釋出，彌補電力不足之處，並同時遙控提高辦公室冷

◎ 圖8　日本淡路島鹽田新島太陽能發電廠

資料來源：作者拍攝。

氣設定的溫度，以抑制電力的需求。如此不但可以穩定電網的安全，用戶亦可節少不必要的用電享受較為低廉的電費（劉禹伸，2016）。

3. 偏遠無電社區的再生能源演進策略

當我們離不開現代電氣化的世界時，很難想像這個世界上可能還有廣大地區與可能有數千萬人口無電可用。當筆者2015年以亞洲生產組織（APO）能源顧問造訪印度與印尼時，印度總理莫迪（Narendra Modi）正發表國情咨文，希望能夠幫印度偏遠尤其是的農村與社區提供電力。而印尼是將近2萬個島嶼所組成的國家，許多偏遠的離島居民亦沒有電網供電。對於這些廣大地區或離島居民，建構大型集中式發電廠與分布電網，不但造價遠高於平地，且輸電電塔與電線的建造難度也高，將來燃料的運送亦是一大挑戰，更不用說建造過程對於環境的衝擊。

筆者建議印度當局，想想通訊技術的演進。以前有線電話，必須靠電信線與傳輸電桿傳遞，而現代的手機，人手一機省卻有線電話網路，也沒有人會大費周章拉電話線。同樣的道理運用於此，如果偏遠無電的地區，跳過集中式大型發電廠，使用該地區在地可用的再生能源，譬如只要有陽光，就能有太陽能發的電力可用。確實在印度有赤足學院（Barefoot College），專門教導婦女學習利用太陽能建構家用的太陽能系統。並到世界各地1,300個鄉村，為超過55萬人口帶來照明（Barefoot College, 1972）。

對於無電可用的社區而言，或是無電網供電的地區而言，即使是夜間的照明也是一項難以取得的安全挑戰，與其給與現代化集中式源源不斷的電力，除了需曠日費時的建設，也不一定消費得起高昂電費。還不如幫助這些社區，給予簡易的太陽電能設備，除了太陽能LED燈外，在廣大的鄉村地區，運用太陽能抽水幫浦（solar pump）幫助抽運水灌溉，或甚至用來吸取日常生活不可缺的飲用水，低投資與低維護成本，無需取得燃料，這是無所不在的再生能源將來運用在偏遠社區的優勢。

參考文獻

台灣電力公司（2016）。〈今日電力資訊〉。https://www.taipower.com.tw/content/new_info/new_info_in.aspx?LinkID=30。2016/02/15檢索。

台灣電力公司（2016）。〈今日電力資訊〉。https://www.taipower.com.tw/content/new_info/new_info_in.aspx?LinkID=30。2016/06/26檢索。

台灣電力公司（2017）。〈台電系統各機組發電量〉。http://www.taipower.com.tw/content/new_info/new_info_in.aspx?LinkID=27。2017/09/30檢索。

李高朝（2013）。〈能源、二氧化碳與臺灣經濟〉。https://www.go-moea.tw/download/message3/2013%E5%B9%B42%E6%9C%88-%E8%83%BD%E6%BA%90%E3%80%81%E4%BA%8C%E6%B0%A7%E5%8C%96%E7%A2%B3%E8%88%87%E5%8

F%B0%E7%81%A3%E7%B6%93%E6%BF%9F.pdf。2017/09/30檢索。

林士蕙（2015）。〈工業4.0　有升級才有轉機〉。https://www.gvm.com.tw/article.html?id=21153。2017/02/10檢索。

林敬倫（2016a）。〈民間齊參與　宜縣射出能源轉型3支箭〉。http://news.ltn.com.tw/news/politics/breakingnews/1765705。2017/09/30檢索。

林敬倫（2016b）。〈和平電廠輸電鐵塔倒塌，新建臨時電塔15天可完工〉。https://udn.com/news/story/7314/2615047。2017/10/20檢索。

洪敏隆（2016）。〈臺灣是排碳大國　人均排碳量還高於中國、日本〉。http://www.appledaily.com.tw/realtimenews/article/new/20161019/971060/。2017/10/20檢索。

陳雲上（2017）。〈宜蘭頭城災情慘，電線桿一排全倒〉。https://udn.com/news/story/7314/2612784。2017/10/20檢索。

陳雅芃（2017）。〈行政院宣布：明起解除關冷氣措施〉。http://www.appledaily.com.tw/realtimenews/article/new/20170809/1178944/。2017/10/20檢索。

陳楊文（2017）。〈你是對電價有感、對用電無感的現代人嗎？——實踐「我是人、我省電」可以這麼做〉。https://goo.gl/N1Cnbj。2017/10/20檢索。

陳楊文（2018）。〈最壞的時代已到　光明的希望仍不滅〉。https://goo.gl/o3Zx5w。2018/02/14檢索。

聯合新聞網（2017）。〈整理包／全臺無預警跳電　整起事件看這裡〉。https://udn.com/news/story/11419/2644282。2017/10/20檢索。

劉禹伸（2016）。〈日本建構虛擬電廠對我國區域電力供需均衡之啟示〉。http://km.twenergy.org.tw/Data/db_more?id=1300。2017/10/20檢索。

Barefoot college (1972). https://www.barefootcollege.org/. Retrieval Date: 2017/10/20.

Carbon Disclosure Project (2017). https://www.cdp.net/en. Retrieval Date: 2017/10/20.

Germany Trade and Invest (GTAI) (2015). "Germany's Renewable Energy Revolution." http://www.gtai.com/energy. Retrieval Date: 2017/10/20.

想像澎湖的發展願景：從賭場到綠能低碳島

蔡依倫
屏東大學社會發展學系
副教授

何明修
臺灣大學社會學系教授暨
臺大風險社會與政策研究中心
研究員

澎湖人的北風與陽光

澎湖群島共有90座島嶼，約莫三分之二以上屬於無人島，從晴朗的天際往下俯視，這些島嶼就如同珍珠般地散佈在臺灣海峽。現今澎湖八萬多的常住人口主要居住在澎湖本島，其次則是七美嶼及望安島，若干小型離島（例如南方四島等島嶼）亦有十餘人至數十人居住。澎湖群島的緯度大約在北回歸線上，島嶼四面環海，氣候理當舒適宜人，但因島嶼地勢平坦空曠，夏季艷陽高照，稍嫌炙熱，冬季則有東北季風陣陣吹襲，體感溫度比實際溫度低了許多，使人格外感受得到寒意。澎湖甚至曾經研議冬季的東北季風假，達十級風以上即比照颱風假辦理，儘管東北季風假從未實施，但足以可見東北季風的威力。

澎湖多屬玄武岩熔岩地質，土壤貧瘠且雨量稀少，不適合大量農作開墾，早年住民多半從事與海拚搏的漁業活動。1950年代澎湖縣推動

「漁船放領」計畫，由政府出資建造動力漁船，配放給漁民，再由漁民分期償還，最終取得漁船所有權，目的即在於使漁者有其船。此舉不僅使得漁獲量持續攀升，同時也直接帶動了澎湖漁業與社會經濟的繁榮，人口數在1970年達到高峰。但隨著臺灣成為全球產業鏈的一環，澎湖人口大量地流向臺灣蓬勃發展的工商業；另一方面過度漁撈導致的海洋資源耗竭，農林漁牧從業人員顯著下降，取而代之的是觀光服務業。近年來政府與民間致力推動島嶼觀光有成，獲得國際間認可為最美麗海灣之一，人口也有緩慢回流的趨勢。

然而，不論是觀光服務或漁業活動，對澎湖而言，凜冽的東北季風一直是在地經濟活動的阻礙。東北季風不僅使得漁民必須面對險峻的海象，同時也阻卻了遊客冬季到訪的意願。如何克服地理與氣候造成的劣勢，成為地方政治菁英與住民們永遠的經濟課題。究竟應該創造新興經濟活動，振興冬季旅遊；或者，充分利用先天劣勢，順著風勢而前進，考驗著島嶼住民對未來的想像。

兩度被拒絕的觀光賭場：澎湖公民社會的興起

1990年代末期是澎湖人口外流最為明顯的時期，地方人士莫不想方設法，重回過去的榮景，觀光賭場即是曾被寄予厚望的解方。澎湖籍立委積極地推動觀光博弈草案，2000年代更是自辦過兩次地方諮詢性公投，這兩次公投結果也顯示出居民對觀光賭場的偏好態度。直到2008年離島建設條例修法通過，離島縣市一旦通過公投，將可設置觀光賭場。博奕公投免除了公投法原先所規定投票率過半之高門檻規定，因此只要贊成方多反對方一票，公投案就成為有效。這項規定被認為是為了支持觀光賭場陣營所量身設定的條款。

2009年9月澎湖舉辦臺灣首次的觀光博弈公投，儘管觀光賭場只是少數政治頭人積極推動的經濟建設，但卻在純樸寧靜的島嶼激起了家園保衛的陣陣漣漪。地方認同成為反對觀光賭場者最重要的動員力量，反對賭場者集結縣內環境與宗教團體、反對青年、以及觀光民宿業者走入鄉間，喚起島嶼住民對地方認同的情感，力勸民眾投下反對票。相反地，贊成方則是倚賴縣政府主辦的說明會宣揚觀光賭場的經濟效益（蔡依倫，2017）。公投結果同意票少於不同意票（同意者佔43.6%、不同意者佔56.4%），顯然觀光賭場並非澎湖居民想像的未來。

博弈公投不僅阻擋觀光賭場設置，對澎湖的地方發展也產生了明顯的影響。首先，公投的舉辦也間接改變在地政治經濟，公投期間支持博弈的王乾發縣長在年底尋求連任時險些失敗，他在續任後明確地表示不再支持觀光賭場。此外，當年一手促成離島賭博除罪化的林炳坤立委也在兩年後的立委選舉敗陣。賭場經濟所勾勒的榮景，不再是澎湖所寄望的未來，因此即便2016年再次舉辦二次博弈公投，不同意票票數更是多達八成，以懸殊的比例多於同意票。其次，公投期間的贊成與反對方的針鋒相對，不僅促成澎湖公民社會的興起（Tsai *and* Ho, 2017），也促使許多人開始思考，如果不要賭場，那麼澎湖的地方發展將走向哪裡？

邁向綠能低碳島？

過去以來，東北季風雖然一直被澎湖視為經濟發展的阻力，但強勁的風場卻意外成為風力發電開發的試驗場所。早在2000至2005年間，台灣電力公司就已經成功地在白沙鄉中屯村陸續商轉八部風機（每部容量裝置600KW）。隨後，台電也在湖西鄉的北寮村、南寮村與菓葉村各自設置了六部風機（每部容量裝置900KW），並在2011年商轉。根據統計，風力發電量可佔全年澎湖用電量的9%，相較於臺灣，澎湖風電發電量占比高出許多，台電也藉此可以在此累積風電與傳統電力併網控制的經驗。

風力作為能源受到重視，不僅因風機技術持續進展，同時也因為世人對於傳統發電方式所伴隨的環境風險，越來越不信任。早在90年代核能發電風險與核廢料不易處理，已經引發反核運動，晚近更因福島核災讓世人目睹核電廠造成的災難，不論是全球或臺灣均再度掀起反核風潮（Ho, 2014）。此外，燃煤電廠大量排放的二氧化碳也引發一波波的反空污運動。相較之下，再生能源被認定為對環境的衝擊較低，是近來廣受推崇的發電型態。然而，台電設置的十四部風機在澎湖商轉多年，卻仍然累積不少民怨。

2000年代中期商轉的中屯風機在運轉初期廣受地方好評，白色高聳矗立的風機意外地成為中屯的觀光景點，風機一度成為鄉里積極爭取的建設。湖西鄉的六部風機，即是地方人士力邀台電前往設置。湖西鄉位於澎湖本島東側，境內雖已有著名的菓葉觀日、奎壁山的摩西分海奇景，但仍希望壯麗的風機留住更多的遊客腳步（蔡依倫，2017）。然而，儘管風機確實為在地創造不少觀光效果，但2011年商轉後菓葉風機卻因低頻噪音影響居民的生活。

> 這個風機設了以後，民眾一直有反應說那個風機還蠻吵的啦。但是就我的了解，民眾也有提到，吵，它也不是說整年365天，每天24小時吵，也不是這樣子，那就是我剛才講的就是看那個風向，就是西北風，他們就是西北風來最吵了啦……有時候是我今天跟你反應西北風來吵了以後，他（台電）可能三天後來，已經沒有了。那他們就測，就每次測就說那個（噪音）是符合標準的，每次台電的回應就是那個標準是符合的（蔡依倫，2017）。

菓葉風機的噪音造成的困擾並非常年存在，唯有在西北風起時的特定時日才構成明顯的影響；但即使時如此，一旦出現噪音，仍然使居民日常生活受擾，甚至也影響著鄰近的菓葉國小。組織結構龐大的台電，風機施工暨維修部門遠在臺灣，往往未能及時且積極地處理地方反映的噪音問題，村民的抱怨因此持續累積。地方人士轉而寄望縣政府介入解決，但由於縣府的權責範圍有限，不僅噪音困擾始終未能完善處理，夾在村民與台電之間的縣府往往吃力不討好，成為村民與地方民意代表指責的對象。除此之外，中屯風機運轉多年後，2009年傳出飼養在風機周遭的羊群出現異狀，業者指稱噪音導致羊隻睡不著且日益瘦弱，四百多頭羊莫名死亡，業者同樣求助無門，類似的事件也發生在湖西的北寮風機，這些紛爭也都仰賴縣政府扮演居中協調的角色（鄭隆政，2009）。雖然台電均已依辦法賠償業者，但未釐清羊隻病變的原因，而且也鮮少向村民詳細說明這些事件的原委，反而使得村民們對低頻噪音構成的健康威脅有更深的疑慮。

儘管如此，2009年再生能源條例通過，綠能發電獲得制度性的誘因。此一電業制度的變革，對於苦於東北季風困擾的澎湖而言，就像是在陰陰鬱鬱的冬季，難得一見的曙光，為澎湖的地方發展帶來了希望。再生能源條例的電能躉購制度採取價格管理的方式建立再生能源固定收購電價模式（Feed-in Tariff, FiT），依不同的再生能源發電技術擬定固定收購電價，並要求經營電網的電業應併聯、躉購再生能源產生的電能，藉此鼓勵民間共同響應再生能源發電。有鑑於此，2010年以些微差距取得續任的縣府團隊，決定整裝重新出發，由建設處籌劃，開闢出屬於澎湖縣民的再生能源發電疆土。

澎湖如同其他離島縣市，屬於獨立電網供電；澎湖本島主要仰賴台電的尖山電廠供電，其餘人口數較多的七美和望安島也各自設有小型發電廠，若是更小型的島嶼，則採海底纜線或簡易發電機供電。這些電廠皆屬燃油發電，供電成本高，連同澎湖本島與離島的平均供電成本可高達一度電10元，每年光是澎湖區處的虧損就多達20億，台電一直希望能夠解決這個問題。行政院在2010年擬定兩項重大能源政策，其一是由台電興建臺灣－澎湖海底纜線，使澎湖與臺灣併網供電，目的即在於解決澎湖供電成本過高導致的虧損的問題。

另一項政策是低碳島計畫，旨在建構澎湖成為綠能低碳島，其中占比最高的再生能源開發即是充分發揮澎湖特色的容量的風力發電的開發。此風力發電案高達97MW，[1] 分別由台電與澎湖縣政府負責33MW與64MW風電容量，兩方採取相當不同的模式進行開發，台電採取風場開發／回饋地方的模式，澎湖縣政府則規劃成立全民入股的能源公司。事實上，低碳島計畫的風電開發原預定全面交付台電，但澎湖縣政府積極爭取到部分容量自行開發。這也是澎湖縣政府用以促進地方發展，同時擺脫總是要為台電處理善後的一石二鳥之計。

> 中屯的風機跟北寮的風機抗爭都是我處理的……養羊場的問題，那我去協調然後去溝通、去解決，然後噪音的問題，菓葉那個菓葉國小旁邊那個抗爭的問題，那議員反應很激烈，那我就想說如果這樣為什麼要給台電，這樣做會造成很多抗爭嘛（蔡依倫，2015）！

這兩項政策有著互補的功用，一方面兩迴線的臺－澎海纜不僅可使臺灣電力輸送至澎湖，使尖山電廠作為備用電廠，大量減少碳排放與供電成本；另一方面，澎湖豐沛的風力所產生的電力也可經由海纜輸送至臺灣，成為輸出綠能的島嶼。再生能源條例似乎為澎湖創造了發展的契機，不僅中央政府、台電、乃至於地方政府都有投入的意願，然而，澎湖邁向低碳綠能島計畫之路，卻仍在崎嶇路途緩慢地前進。以下分別就台電與縣府負責之新風電開發，討論其進展與所遭遇的困難。

台電公司在澎湖的風電開發

誠如前述，台電早在澎湖有營運風機的經驗，理當開發新風場應不

[1] 低碳島計畫的風力發電開發容量幾乎可以完全取代尖山電廠，尖山電廠裝置容量為129.8MW，但澎湖即便在夏季最高用電量也未超過80MW。

是問題，但實際的進展卻未如預期般順利。台電在低碳島計畫預計開發的33MW風電，原訂將在白沙鄉及湖西鄉合計開發11部風機，歷經兩年取得風電籌設許可後，但卻在2015年施工前陸續遭遇民眾的抗爭。歸納來看，有兩點因素導致地方反對台電新設風機，第一，台電過去未能妥善處理既有風機紛爭，導致民眾不願接受再設新風機；第二，台電為主體的新風場開發的程序，難以與民眾有效溝通。

白沙鄉是澎湖最早設置風機的地方，基於風力、電網與饋線的配置考量，台電選擇在白沙鄉大赤崁與講美村設置新風機。然而，中屯風機曾經衍生的羊群暴斃事件，而後該業者也罹癌過世，這些事件都在村民們心中埋下陰影，況且台電預計在白沙鄉新設風場，每部風機達3MW，容量遠高於既有風機，但卻未能在說明會解答民眾對於風機造成的健康疑慮，新風場施工前即遭到村民的強烈反對：「他（台電）最後一次來赤崁開說明會的時候，人家那個簡報做得多詳細，反對方的簡報哦。反而你台電的簡報是零零落落（臺語）（蔡依倫，2017）」。大赤崁村民甚至在施工說明會上直接表決，決議不讓台電施工；講美村也因健康疑慮以及破壞地理風水為由，拒絕新風場設置。

其次，風力發電開發案除了民眾溝通的內容有待強化外，何時進行溝通以及是否達到有效溝通也影響著風場開發能否順利進行。台電作為臺灣主要的供電業者，早已發展出一套電廠開發的流程，但電廠開發的程序卻是依其作業流程而訂，在地村民顯然只是被告知結果，並無法實際參與風機決策過程。

台電對於新風場開發可區分為三個主要階段，分別是開發規劃、施工，以及營運。開發規劃階段主要由再生能源處負責，在此階段要進行可行性研究、調查、勘選、取得開發文件（包括承租或取得土地、施工許可、環境影響評估、地方政府核准……）。開發籌設獲准後，則進行工程招標發包等作業，評選出施工廠商。第二階段的施工則是改由施工處負責。施工完成驗收後，才進入商轉營運階段。台電對地方的說明會，分別會在開發階段與施工階段各自召開一次（蔡依倫，2017），但是由於環評階段仍有許多變數，因此環評前的說明會往往沒有實質效用，但舉辦施工說明會時，風機位置卻又已成定局。

> 第一次是他（台電）要做環評之前的說明會，那一次地方就已經跟他講了要反對了，他們就是繼續做。做完之後，他們（台電）來做一個說明會，地方也是反對。但是他們就照著他們環評就做完了……他們的程序嘛，地方反對他也不管，就是繼續做，做完了之後環保署過了，報告完了通過了，他再開說明會，地方還是反對，但是他們就這樣子他們認為做完了，再來就是直接下來大概在104年就直接要施工（蔡依倫，2017）。

風機開發規劃階段往往長達一年以上，而且由於涉及環境影響評估與土地主管機關、地方政府等往返的意見，直到最後才會確定風機設置的地點。台電於澎湖的新風場開發計畫自2012年開始進行籌設規劃，直到2014年7月通過環境影響評估，隔年再進行施工招標作業，2015年下旬即開始進行施工說明會。然而，施工說明會即意味著工程已經發包，即將施工，村民只是被告知結果，村民明顯感到不受尊重（蔡依倫，2017）。

再者，直到施工說明會才告知村民確切的風機位置，即便村民有意見，台電也不易依村民意見做大幅修改。原因即在於，礙於發包施工期程的安排，一旦大幅更改風機位置，則必須重新歷經所有籌設過程，而且也不見得可以通過環評，這些都可能影響契約的工期。若發生這樣類情況，台電就可能傾向放棄開發。

> 一開始就是大赤崁那邊是激烈反對啊，他們可能（覺得）距離他們村子近……那其實我們的那個位置其實也是被改掉的，我們本來是最想就是說在那個赤崁那個地下水庫那邊，可是自來水公司

又不同意。之後那個位置又因為要走環評，環評有些委員是認為有候鳥在那邊，它的飛翔的路徑嘛，所以說叫我們改位置。那修改後的位置環評可以通過，可是現在赤崁的那個地方居民說要我們改回去的時候，我就說那我環評怎麼辦，環評又過不了，所以我們才沒辦法改，或者是說我改了，我只能微調，（村民）其實還是反對啊（蔡依倫，2017）。

台電原預定開發的11部風機，卻在2015年下旬施工說明會陸續遭到村民反對，不僅白沙鄉預定增設的五部風機受村民反對，湖西鄉的部分新風機也因鄰近聚落、妨礙地方民俗宗教活動……等因素，面臨遷移或停建的考量。如今（2017年12月）台電評估勉強能夠做四部風機，後續只能轉而寄望於離岸風機的開發（蔡依倫，2017）。

值得一提的是，台電長期以來採取的是「選定場址、開發電廠，依發電量回饋地方」的回饋金模式，亦即，對於風機座落的村里，台電會依「促進電力開發協助金執行要點」，依發電量核發金額回饋地方。不過，這些回饋金並非直接發放給村民，而是區分為兩筆款項，分別進入縣府與鄉公所公庫，待村里舉辦各式社區活動時，再分別向縣府與鄉公所請領經費，有時地方政府或鄉公所也會視情況用於地方公共建設。儘管回饋金模式已經實行多年，但是回饋金的計算與給付方式卻也逐漸受到地方的質疑和挑戰。有些村民會認為回饋金是由鄉公所或縣政府支配使用，村民們無法直接獲益；再者，部分的村里對於台電訂定的電廠回饋金標準，也有所不滿。

這一支風車旁邊這250公尺或者是300公尺的土地誰要負責？本來我全部這邊都能用，現在你要拆毀，誰要負責？……點線面一下去的話，大概要占60公頃的土地，然後我再跟他談，風機只有台電做嗎？我說××公司也有來問我們啊，……你們這邊540萬，我看××公司要不要2000萬，再來跟你談，我有兩間嘛，所以為什麼一定要給你台電（蔡依倫，2017）？

全民入股的澎湖能源公司

低碳島計畫規劃之初，時任的澎湖縣政府特地向行政院爭取負責64MW風電量，其目的就是在於發展出有別於台電長期以來採取的回饋金模式，澎湖縣政府提出的是臺灣首見的全民入股電廠的構想。事實上，基於再生能源的原料來源可性高，較無資本障礙，各國推動能源轉型也逐步發展出高度民眾參與的再生能源電廠，例如採取合作社、社區基金、群眾募資、乃至於社會企業型態營運電廠（Toke, 2002; Maruyama *et al.*, 2007; Aitken, 2010; 林子倫，2015；陳惠萍，2017）。

縣政府籌組的澎湖再生能源公司（以下簡稱澎能公司）即是廣邀風場的利害關係人共同成為風電廠股東，股資包括縣府、技術廠商與縣民，而且預計縣府與縣民合計的股份比例超過五成，堪稱是國內再生能源發電型態的創舉。不僅如此，縣府還規劃各個風場獨立為子公司，凡鄰近風場的村里居民均可採優惠方式入股，而且具有當然優先的資格成為風場股東。各風場的成本利潤採獨立計算，目的就在於使風場發電利潤可以讓成為股東的社區居民直接享有。

我們是成立一個母公司，然後投資到子公司去，那子公司再委託母公司來經營，這個概念就像我們公寓大廈管理條例的方式一樣，我是所有權人，是所有權而已，但是實際上我沒有經營，我是委託管理委員會，管理委員會是個經營者，他再去請保全、請什麼。就是說我是所有權，我是子公司委託母公司來經營，母公司是……也是子公司的股東，最大股東。那你要讓子公司的百姓能夠獲利，是怎麼來的？所以我們就設計了一個很好的方式，

> 就是我母公司是投資給子公司85%，取得70%的股權，那當地居民是投資15%，取得30%。用這種方式，因為你要讓利給當地居民，當地居民才會覺得我受一點損失沒有關係。母公司就要有一點讓利的觀念（蔡依倫，2015）。

縣府籌設澎能公司，一方面可以將風力發電成為澎湖的「綠金」產業，另一方面，鄰近風場的居民也可因共享發電利潤而減少抗爭。相較於回饋金只能用於補助地方建設與活動，全民入股的模式似乎更能直接回饋村民。

澎能公司歷經四年多的籌設，儘管過程遭遇不少關於資金籌措與風機併網的阻礙，但在2014年終於取得電業許可，並在7月獲經濟部核准立案。縣府為了盡早向縣民展現發電成效與收益，隨即立刻籌組子公司，並向台電申請併聯審查，預計在白沙鄉中屯村增設兩部風機，裝置容量共3.2MW，兩部風機的風場開發預計造價達2億7千萬。由於中屯子公司的社區居民入股尚未辦理，故澎能公司向母公司股東發出增資通知，依各股東股份增資（縣府股份25%、縣民股份30%、技術股東臺灣汽電公司25%，以及技術股東中興電工20%）。澎能公司風光地在12月揭牌成立，然而隨即不久，臺灣汽電公司即通知縣府因評估獲利有限，決定撤資，不再參與投資澎能公司。2014年底全國縣市長選舉，澎湖縣政首長政黨輪替，民進黨籍的陳光復當選縣長。他在上任不久後，立即接手處理澎能公司的撤資危機，汰換三名代表前任縣府的董事，派任新任董事處理相關事務，2015年4月即宣告解散澎能公司。

小結

氣候變遷日益嚴重的今日，地方是回應全球暖化課題的重要實踐者。然而，即便是引進號稱乾淨、對環境無害的再生能源電廠，地方能源轉型仍有可能遭遇重重阻礙。從澎湖邁向低碳綠能島的初期進展可知，民眾溝通以及再生能源電廠的運作型態，影響著在地居民對於風力發電廠支持與否。澎湖低碳島計畫規劃的風力發電，分別由台電與澎湖縣政府採取相當不同的模式進行開發，然而台電過於僵化的風場開發程序，以及利害關係人與股東對全民入股風電廠的不信任，致使兩方的風電開發過程並不順遂。隨著中央政府採取更堅定的政策推動能源轉型，臺／澎海纜完工已經指日可待，澎湖也率先建構智慧電網，當技術性的問題可以一一排除，民眾的溝通與積極回應將是下個階段努力的目標。

2016年就任的民進黨政府積極推動能源轉型，提高再生能源發電占比，預計在2025年再生能源發電達總發電量20%。有鑑於澎湖風力發電的潛力，行政院已宣告將持續投注資源，推動澎湖再生能源發電，預計在2025年建造澎湖的離島與本島成為百分之百的全綠能島。然而，澎湖各界雖欣喜於中央政府的眷顧，但是居民對於澎湖被定位為能源輸出島，醫療與交通等民生需求卻始終未被重視，仍不免感到失望。中央與地方均有再辦全民入股能源公司之討論，或許這將是澎湖自籌財源解決民生問題的途徑。屬於全民的能源公司將如何籌設營運？能否克服曾有的阻力？都考驗著中央暨地方政府、台電與澎湖居民的決心。

參考文獻

林子倫（2015）。〈公民參與再生能源發展：社區風電的運作模式初探〉，范玫芳、林宗德、李河清、陳永平、陳榮泰（編），《公民能不能？能源科技、政策與民主》，頁106-121。新竹：交通大學。

陳惠萍（2017）。〈共創臺灣綠能未來－以群募平臺搭建全民參與的橋樑〉，周桂田、張國暉（主編），《能怎麼轉：啟動臺灣能源轉型鑰匙》，頁119-133。臺北：臺大風險社會與政策研究中心。

澎湖縣議會（2010）。〈澎湖縣議會第十七屆第二次定期會暨第4、5、6次臨時會議事錄〉。http://www.phcouncil.gov.tw/councildata2.php?id=17。2015/3/15檢索。

澎湖縣議會（2012）。〈澎湖縣議會第十七屆第六次定期會暨第16、17、18次臨時會議事錄〉。http://www.phcouncil.gov.tw/councildata2.php?id=17。2015/3/15檢索。

蔡依倫（2017）。〈小蝦米對大鯨魚:2009年澎湖博弈公投反對方與贊成方動員形式的比較研究〉，《思與言》54(3): 155-201。

蔡依倫，2017/7/24。當面訪談，現任澎湖縣政府主管機關人員，澎湖縣政府（澎湖）。

蔡依倫，2017/11/24。當面訪談，地方鄉鎮首長A，白沙鄉公所（澎湖）。

蔡依倫，2015/8/19。當面訪談，前任澎湖縣政府主管機關人員，澎湖科技大學（澎湖）。

蔡依倫，2017/12/01。當面訪談，台電人員，台電大樓（臺北）。

蔡依倫，2017/8/7。當面訪談，地方鄉鎮首長B，湖西鄉公所（澎湖）。

蔡依倫，2017/11/24。當面訪談，澎湖縣民，白沙鄉民宅（澎湖）。

鄭隆政（2009）。〈中屯養羊問題多，陳定國不滿農漁局作法發飆〉。《澎湖日報》，12月19日。

Aitken, M. (2010). "Wind power and community benefits: Challenges and opportunities." *Energy policy* 38(10): 6066-6075.

Ho, Ming-sho. (2014). "The Fukushima Effect: Explaining the Recent Resurgence of the Anti-nuclear Movement in Taiwan." *Environmental Politics* 23(6): 965-983.

Maruyama, Y., Nishikido, M., *and* Iida, T. (2007). "The rise of community wind power in Japan: Enhanced acceptance through social innovation." *Energy Policy* 35(5): 2761-2769.

Toke, D. (2002). "Wind power in UK and Denmark: can rational choice help explain different outcomes?." *Environmental Politics*, 11(4): 83-100.

Tsai, I-lun and Ho, Ming-sho. (2017). "A Tale of Two Offshore Islands: Anti-Casino Movements in Penghu and Mazu." In Dafydd Fell (ed.), *Taiwan's Social Movements under Ma Ying-jeou: From the Wild Strawberries to the Sunflowers,* pp.54-70. Loundon: Routeldge.

「戰鬥」與「保護」：高雄文府國小翻轉空污！

杜文苓

政治大學公共行政學系教授
暨臺大風險社會與政策研究
中心研究員

周晴萱

政治大學公共行政學系
碩士生

前言

如果你／妳所處的環境四周，常有不好的氣味飄送，使身體不太舒適，嚴重時會引發打噴嚏、咳嗽、氣喘等症狀。打電話給環保局請他們查明原因、加強取締，但官員來時異味已經船過水無痕，鄰近好幾座工廠煙囪都有冒煙，卻檢測不到違反《空氣污染防制法》的超標物質。此時的你／妳要怎麼辦？要無奈地接受與惡鄰為鄰的事實，在抱怨中度日？有能力趕快搬離這個有空污夢魘的地方，尋找可以大口呼吸的新環境？還是揪出空污元兇，施加壓力要求其限期改善？沒有一個選擇對於承受污染之苦且無太多經濟資源可以揮霍的居民是容易的，但第三個選擇卻可能比較是釜底抽薪的解決方法。

位在高雄市的文府國小師生，面對空污問題不想坐以待斃，而是抽絲剝繭地找出空污源頭，為爭呼吸一口新鮮好氣而努力。1970年代臺灣的出口導向工業政策，以及高雄港的地利之便，使各種重工業區與加工出口區在高雄迅速擴張（徐世榮、黃信勳，2015）。重工業區林立的結果，加諸地形與氣候條件的交互影響，使高雄市長期以來飽受空氣污染之苦，是全國唯一懸浮微粒與臭氧均不符合空氣品質標準的區域。根據環保署空氣品質監測網數據顯示，2016年空氣品質指數（Air Quality Index/ AQI）數值達到100以上（橘色、不良）的天數，「雲嘉南」及「高屏」地區皆超過百天以上，其中左營區達156天最不良，居全國空氣最差之冠（陳宜加、廖德修，2017）。惡名昭彰的空污品質，使高雄市成為全國優先擇定實施「空氣污染物總量管制」的地區。

座落在大環境空氣品質不佳的高雄市左營區，文府國小鄰近半屏山，周圍環繞東南水泥高雄廠、中油煉油廠、仁武、大社等重工業區等。自2002年創校以來飽受空氣污染之苦，師生們常常聞到臭臭的氣味，也看得到工廠一直排煙，數次向高雄市環保局檢舉，但每每等到稽查人員前來檢測，卻已聞不到臭味，也沒有後續管制調查行動（高雄市議會公報，2014）。2014年5月仁大工業區的中國人造纖維發生嚴重氣爆，引發惡臭，文府國小多位教職員向環保局檢舉，卻依然得不到確切回應。文府國小師生不願再坐以待斃，決定自己動手蒐集資料積極「戰鬥」。他們發表還我乾淨空氣聲明，隨時觀察空氣變化、向環保單位舉報空污問題，想方設法從眾多污染源中找出臭味源頭；並組成反空污小組，不斷開會、拜會、宣傳、倡議，迫使污染源改善；同時也著重保護自身健康的防護性發明，以「整合性策略」突破一道道艱難的挑戰。

「社會運動為基礎」的公民科學

文府國小發動的「公民環境運動」，正回應了近年來在國際間蓬勃發展的空污監測公民科學（citizen science）行動（O'Rourke *and* Macey, 2003; Scott *and* Barnett, 2009）。「公民科學」顧名思義是非專業、未受過專業科學訓練的公民，參與在科學研究與知識生產活動中。學者歐亭格（Ottinger, 2016）進一步將公民科學區分為「科學權威驅動的公民科學」（Scientific Authority-Driven Citizen Science）與「社會運動為基礎的公民科學」（Social Movement-Based Citizen Science）。她指出，科學權威驅動的公民科學將其正當性建築於理想化的科學標準之上，認為科學教育（讓大眾更瞭解科學）及科學生產的事實可以改變社會。以社會運動為基礎的公民科學，則批評傳統標準化的科學操作，認為科學提問與社會集體行動緊密相關，而科學的發展也應該與社會改造願景結合。而許多公民空污監測行動，具體而微地展現「社會運動為基礎的公民科學」。

「社會運動為基礎」的公民科學，強調科學應用應該回應社區關切的問題，其研究問題意識來自公民科學家；在科學實作現場上，科學專家是結盟的夥伴，提供資源與建議而非研究的驅動者；公民是行動研究的參與者，不只提供對於數據的詮釋，更可提出因果認定的社會倫理主張，以及標準選擇與合理性的質疑；在方法運用上，公民可以更廣闊地嘗試自己製作組裝工具尋求解方，不侷限於正式標準程序的規範。這種類型的知識生產，常源於社區共同的問題經驗，以及不滿意無視問題存在的官方回應。為了反駁權威與傳達問題，社區居民自發性地蒐集相關資訊，包含環境監測、流行病學調查、氣候地理資料等，作為證據論述的一環，指認可能的污染源頭，透過組織性的集體行動，嘗試改變社區的困境。

歐亭格（Ottinger, 2010）以路易斯安那州Norco地區為例，當地居民組織起來與環保團體合作，用自行設計的空氣桶子採樣，並將樣本拿到商業實驗室化驗，居民行動迫使環境主管機關展開進一步的監測調查，確認工廠確有違規情事並令其改善。居民從不知道（not knowing）、透過經驗知道（knowing through experience）到轉變知識（shifting knowledge）過程，使科學扮演了指認問題與社會課責的關鍵角色，進而改變社區參與、技術系統和科學諮詢之間的關係，促使科學知識持續變動（Ottinger, 2013）。

本文所討論的文府國小師生並非專業科學家，但透過對環境變化的詳細觀察、檢閱官方監測資料、並進行多項科學實驗，尋找出空氣污染源頭，點出政府管制上疏漏的知識生產方式，與歐亭格（Ottinger, 2016）所提出的「社會運動為基礎的公民科學」有異曲同工之妙。以下，我們進一步討論文府國小的反空污行動，包含相關的科學知識生產與社會倡議，他們的整合性策略行動，具體而微地顯示具有社會運動思考的創意科學實踐，是解決污染問題的一帖良方。

「戰鬥」與「保護」的整合性行動

中國人造纖維氣爆後，文府國小老師們決定扛起蒐證責任，他們首先發起反空污連署，獲得師生家長們6,034人次的支持，產生了政治壓力，迫使市政府召開「改善北高雄石化工業區空污問題公聽會」，討論文府國小污染影響與來源等問題。會後高雄市環保局以及環保署都主動提供FTIR（紅外線光譜偵測儀）、集氣鋼瓶以及監測車等給文府國小，作為監測空氣品質之用（柯慧娟，2017）。此外，高雄第一科技大學亦提供細懸浮微粒（PM2.5）檢測器、二氧化碳監測儀，與文府國小展開環境監測合作計畫。

不過，這些官方儀器監測的分析結果，只蒐集到大社工業區的二甲基甲醯胺（Dimethylformamide/DMF）物質，但其異味卻與文府國小及附近民眾的觀察經驗不符（薛琬臻，2016）。在一次公聽會中，現任屏東縣環保局局長**魯台營**以專家角色建議從離國小最近的東南水泥廠去查，因為水泥廠可能以燃燒廢輪胎為輔助燃料而發出難聞氣味（台灣科技與社會研究學會，2017）。這個提醒使文府國小師生開始積極監督東南水泥的日常運作，使用高雄市環保局所建議的CCTV拍攝煙囪冒煙，記錄異味狀況，以及比對官方監測連線數據。[1] 結果卻發現，煙囪有粉塵大量排放，連線紀錄顯示無排放；環保局雖加設平行監測，但只要不透光率4小時內沒有超過40筆，無法向東南水泥開罰；即使環保署南區督察大隊目測判數值超標，仍舊無「法」可罰（李慧宜，2017）。監測數據是否有被改造受到質疑，而東南水泥廠則以沒有違規否認污染事實。這些落差，使高雄市環保局進一步在廠區的煙囪與控制室安裝對比訊號設備，也才促成監測數據變得合理（李慧宜，2017）。

領導反空污小組的柯慧娟老師表示：

> 我們幾乎都是摸索的，……到後來比較有明確的方向，會是在於和環保局的連線紀錄，我們學會怎麼看，再加上從我的教室可以看到**東南煙囪冒煙、聞到異味，還有連線紀錄**，同個時間把三方面證據都加起來，才能夠證明異味是來自於東南，……他們停工後，就聞不到異味了！可是他的管理階層是向來不承認（施佳良、周晴萱，2017）。

雖然東南水泥否認污染令人沮喪，但鎖定最直接相關的空氣污染源後，文府國小師生展開行動，充分發揮學校教育學習的實踐與科學實驗的精神，追查與證明空氣污染來源。

1. 戰鬥：「氣」捕社區污染源

八位文府國小學童在自然老師帶領下，分兩組參加第56屆全國中小學科展，其中一組研究東南水泥與學校空污的關連，以**依「山」傍「水」好空氣？——「氣」捕社區汙染源**為題參賽。相關科學實驗包括：（1）學生們拿著中性水到臺鐵和高鐵屋頂，承接空氣中的落塵

[1] 連線數據顯示不透光率及氮氧化物。

量，再帶回學校檢測水的酸鹼值，比較東南水泥廠運轉與停工的差別。結果發現工廠運轉時所接到的雨水呈現中性或偏鹼性，顯示雨水碰到水泥製程產生的碳酸鈣而成鹼性；（2）比對資策會的微型氣候站資料，並製作在地模型，模擬校園旁的半屏山地形進行風場實驗，運用吹風機製造風的流動，了解在地環境中的地形、風向與社區可能受汙染地區的關係。結果發現吹西北、北北西、東北風時，煙霧會往半屏山東側或沿半屏山往南端飄散，因此得知位於下風處的文府國小，在春秋冬季易受煙囪排放汙染影響，而季風方向會惡化污染結果。也就是除了夏季之外，學校都會受到東南水泥的廢氣污染。透過監測紀錄與科學實驗等多項「戰鬥」的舉證成果，文府國小師生的努力更影響政府加強管制取締行動，高雄市環保局於2016年5月查獲東南水泥的空污自動監控數據與環保局實測不同，**予以開罰並勒令停工**，[2] 令其整頓修復（王介村、陳顯坤，2016）。

◎ 圖1　地形模擬與風場實驗

資料來源：高雄市立文府國民小學，2016a。

[2] 東南水泥廠終止水泥廠前端旋窯操作製成，後端仍繼續營運。

2.「保護」：製「罩」保健康

另一組科展作品則是從「保護」學校師生健康角度，以**捍「味」戰士——製「罩」保健康**為題（高雄市立文府國民小學，2016b），將市面上販售的口罩進行透氣、過濾粉塵、PM2.5能力等測試，發現沒有口罩同時具有「阻隔異味」與「過濾PM2.5」等雙重功能。因此學生發揮創意，透過簡易自製的設備，進行粉塵和PM2.5的模擬，希望發明具有多重防衛力，但透氣性好避免二氧化碳滯留影響學習的口罩。他們進行各式口罩材質聞香除臭功效的實驗，了解每一種口罩的優缺點，最後更製作出「可替代換式口罩」：採用透氣可重複清洗的環保布口罩，加上拉鍊以方便中間夾層可隨時依當時空氣品質狀況放入活性碳層（阻絕異味）或熔噴不織布（阻隔PM2.5），成為既環保又能因境制宜的實用口罩，這個口罩設計更獲得了專利的肯定。

◎ 圖2　有拉鍊可更換內層的自製口罩

資料來源：高雄市立文府國民小學，2016b。

3. 科學後盾結合社會倡議：翻轉空污的能動力

2014年，不甘被定義為空污難民的文府國小師生，與地球公民基金會合作，升起了全臺第一面空污旗；運用氣爆惡臭機會，進行連署要求召開公聽會，引發政治關注。初期空污源頭不易指認、指認後又往往因罪證不足無法課責，抓出問題已困難重重，讓污染問題實質改善更艱辛。社會政治結盟與倡議經驗，使文府國小師生們了解，空污知識不能僅限於校園內的傳播，更應擴及附近的社區居民，呼籲廣大的群眾加入反空污行列，形成更大的政治壓力，才有可能造成改變。

因此，文府國小除了積極發展與地方環保團體、學術單位的合作關係，更走入社區，進行街頭開講。師生們到黃昏市場宣導空污知識，撰寫「我要好空氣，拒絕戴奧辛」文稿發放，讓更多人知道東南水泥燃燒廢輪胎所產生的污染危害問題。另外，文府國小童軍團也深入社區，進行「空氣品質知多少」的街頭訪問調查作業，他們拿著自製的牌子與問卷，向附近店家、居民進行訪調，透過問答方式提醒居民關注地方空污問題即污染來源，喚起學校與社區一體的環境保護意識。

> 童軍社同學的訓練，我們教育希望能夠和社區結合，他們能夠走進社區，他們不知道我們從事抗空污的活動，永德老師和童軍同學講空污知識，希望喚起孩子保護家園的決心（薛琬臻，2016）。

爾後，東南水泥申請復工後又故障了13次，僅花了**兩千萬**進行設備更新，這使文府國小、國中、高鐵、臺鐵等單位召開「文府社區空品把關暨水泥廠試車說明會」，向東南水泥提出三點要求：堅決反對草率復工、東南應以最嚴標準自律、提出明確退場機制。但廠方則稱已經到了使用年限的袋式集塵器、靜電集塵器，評估過後仍可以繼續使用。文府國小老師告訴我們：

> 後來看他花了兩千萬，還有他做出來的成果改變不大，才會到後來試車的兩個月還是有13次故障……他現在就是能拖多久就拖，包括袋式集塵器、靜電集塵器已經到了年限30年，他不換，105年到期……我提到30年靜電集塵器都沒有換，已經到了年限，他還是跟我說，可是他們評估狀況可以用就繼續用（施佳良、周晴萱，2017）。

面對廠商虛應故事，不願大幅改善污染，文府國小師生最後決定上街抗議，表達不讓東南水泥復工的決心。這個「親子踩街爭氣大遊行」總共籌劃兩個月，期間並舉辦「空品小學堂」，希望凝聚社區的空品共識。要從校園動員到社區，對老師們是一項不小的挑戰：

> 這個遊行活動我們籌畫兩個月，每位老師分配一組工作，他所擅長的事情分到一組，十四組分配好之後就開始，瓊儀老師設計學習單，架設起來之後就開了空品小公民學堂，教授學生有關附近污染源、PM2.5，讓小孩有抗空污的基本知識……空污你或許看不到立即的傷害，……十年、二十年之後傷害顯現會覺得對不起小孩子（薛琬臻，2016）。

2016年12月10日，文府國小集結了文府國中、地球公民基金會、主婦聯盟環境保護基金會、高雄市教師會的力量，動員2,000多人參與遊行，許多家長以及高鐵、臺鐵員工也紛紛響應加入，希望給政府壓力，不要輕易讓東南水泥廠復工。在一場論壇中，文府國小老師分享遊行的盛況：

> 遊行當天有兩千多人參加，在社區繞行了一個半小時，並有表演節目。遊行最終，我們請主婦聯盟董事王南琦及地球公民副執行長王敏玲上臺短講，我自己也上臺短講，向家長、居民以及有志一同的

朋友們報告文府抗空污的經過，我們希望透過遊行可以凝聚社區力量，喚起大家注意東南製造空污以及高雄空品極差的現狀（台灣科技與社會研究學會，2017）。

挑戰法規的合理性與正當性

由於東南水泥依法可以申請復工，中央所訂定的「水泥業空氣污染物排放標準」已經14年沒有更改修定，相關規定無法有效制裁污染工廠，強調「依法行政」的環保局官員總是愛莫能助。舊有法規顯然無法保護人民健康，法規的合理性與正當性更不復存在。文府國小老師表示：

其實我們感覺到，有時不是環保局不肯做，而是我們的法規太寬鬆，所以空噪科科長常掛在嘴邊的話是他們是依法行事，但問題就在於他們依的法太寬鬆，根本無法嚇阻廠家，廠家依然毫無忌憚的製造汙染。

文府的老師們於是參照宜蘭縣的水泥業加嚴標準向高雄市環保局提出要求，促使環保局召開公聽會，討論「高雄市水泥業空氣污染排放加嚴標準」，如表1。目前草案已通過高雄市政會議審查，環保署核定後就能賦予地方環保單位以更嚴格的環保標準來管制水泥業（陳文嬋，2016）。

表1　高雄水泥業空氣污染排放標準草案

	現行標準	高雄發布日	高雄發布後滿一年
不透光率	20% 累積四小時	20% 累積三小時	15% 累積一小時
氮氧化物	每日均值450ppm	每日均值350ppm	兩小時均值250ppm
煙道異味	4000	4000	2000
周界異味	50	50	30

資料來源：高雄市政府環境保護局，2016。

臺灣版的公民科學在地實踐

文府國小在推廣空污與公民意識上，不遺餘力地「戰鬥」與「保護」，嘗試各種方式監測空氣品質，透過科學實驗、日誌紀錄等方式，拓展了他們對於空污議題的掌握，成功地使主要污染源無所遁形。這個為自己爭取吸一口好空氣權利的戰鬥，凸顯文府團隊對於公民科學的靈活運用，抽絲剝繭地實驗與證明污染影響關連與最佳自我防護策略，使他們科展成果表現亮眼，榮獲全國冠軍、最佳創意獎、最佳團隊合作獎。而其自製可重複利用的環保口罩，更獲得專利。

深知科學證據不足以改變污染現狀，文府國小師生更透過各種方式深入社區進行空污知識的傳遞宣導，並發展與在地公民社會合作的機會，動員更多民眾為捍衛自身權益起而行動。這個社會擴散的過程並不容易，柯慧娟老師提到社會大眾對於抵抗污染企業並沒信心，也認為沒有必要讓小孩參與反空污行動：

> 都要受害人自己提出來很累，剛開始陳情，將近兩年半之前，過程當中和家長、鄰居聊，他們覺得沒有這個力量對抗東南，就算有問題也生活這麼久了，真的要抗爭他們會覺得很麻煩，……加上我們必須要推環境教育，很多地方沒有得到改善的話，推環境教育會很心虛、站不住腳，我們為了環境永續乾淨，連最近、看的到的地方都不能解決……我們才會出的力更多，起初我們剛推的時候，居民拉不動（施佳良、周晴萱，2017）。

但從2016年5月初的「加嚴標準公聽會」僅有54人參加，到2016年底的「親子踩街爭氣大遊行」高達2,000多人參與遊行，關心「東南水泥廠」空污問題人數扶搖直上，顯示文府國小師生的努力，已經捲動社區居民願意主動發「聲」，共同爭取社區的好空氣、好環境。

這個結合科學教育與社會行動的整合性策略，還發展出「守護空品——文府爭氣小公民」的完整教案（高雄市立文府國民小學，2017c），[3] 從文府國小自身遭遇的經驗案例，逐步拉出學生對周遭環境的**自發覺察**、**尊重關懷**、**批判探究**和**具體行動的教育方案**，並且依據低、中高年級設計不同的主題課程，期待學生成為「有感、有情、思辨、行動」的小公民。這種全方位的視野與行動策略，令長期研究社區空污監測科學的歐亭格教授讚譽有加，認為他們不只在學校教育框架思考下做科展競賽，還知道結合各種社會資源進行環境教育與倡議，不止「戰鬥」，更有務實的「保護」，充分運用各項可行的工具來改變困境，是落實解決社區問題公民科學的最佳範例。[4]

從文府國小案例中，我們看到一個學校如何把遭遇空污受害的問題與經驗，轉換成積極的空污解決與科學教育專案，並進而發展成學校特色。其所展現出來的能動性，轉化了空污受害的刻板印象，並挑戰不合宜的法規制度，促成制度性改革的可能性。如果文府國小發展的課程教案能夠推廣全國，尤其在空氣污染嚴重區域，受害學校可以因地制宜設計課程，捲動師生與社區居民對環境的關注與行動。當受害的一方可以掌握空污問題的詮釋權，並展現積極指認問題改善問題的決心與行動力，才有可能促使政府課責，迫使污染者擔負起應負的社會責任。

---

3 詳細教案請見http://www.wfps.kh.edu.tw/wf21/106.pdf。

4 歐亭格拜訪文府國小資訊詳見本研究團隊〈反擊和保護，我的健康由我做主〉的田野記錄。https://docs.google.com/document/d/1Fkddwds-mnKIPjaFOYEZZL1TpEi_cMy8uQGUyY2kb3Q/edit。

參考文獻

王介村、陳顯坤（2016）。〈東南水泥高雄廠空汙遭停工 提復工計畫〉。http://news.pts.org.tw/article/336559。2017/08/08檢索。

台灣科技與社會研究學會（2017）。「公民科學圓桌論壇」論壇紀錄。

李慧宜（2017）。〈大口呼吸多幸福〉。http://ourisland.pts.org.tw/node/2648#sthash.SvwaShPq.dpbs。2017/06/15檢索。

施佳良、周晴萱，2017/02/16。當面訪談，訪談A，高雄市文府國小。

柯慧娟（2017）。〈文府國小抗空污簡報〉。公民科學圓桌論壇。

徐世榮、黃信勳（2015）。〈第六章 高雄都：黨國資本下工業城市的徘徊〉，蕭新煌（主編），《台灣地方環境史的教訓：五都四縣的大代誌》，頁207-238。臺北市：巨流。

高雄市立文府國民小學（2017a）。〈依「山」傍「水」好空氣？—「氣」捕社區汙染源作品說明書〉。https://drive.google.com/drive/folders/0B9azF4IHsVWVaEdFbG8zZnY3ekE。2017/06/20檢索。

高雄市立文府國民小學（2017b）。〈「捍味戰士—製罩保健康」作品說明書〉。https://drive.google.com/drive/folders/0B9azF4IHsVWVaEdFbG8zZnY3ekE。2017/06/20檢索。

高雄市立文府國民小學（2017c）。〈文府國小—守護空品 文府爭氣小公民〉。http://www.wfps.kh.edu.tw/wf21/106.pdf。2017/06/20檢索。

高雄市政府環境保護局（2016）。〈高雄市水泥業空氣污染物排放標準草案公聽研商會議〉。http://air.ksepb.gov.tw/News/Detail/1024。2017/06/29檢索。

高雄市議會公報（2014）。〈「改善北高雄石化工業區空污問題」公聽會會議紀錄〉。http://www.kcc.gov.tw/Upload/BulletinFile/07/8/1-8-9/web/flipviewerxpress.html。2017/06/20檢索。

陳文嬋（2016）。〈市府回應文府國小師生訴求：傾向不同意東南水泥復工〉。http://news.ltn.com.tw/news/life/breakingnews/1911760。2017/06/17檢索。

陳宜加、廖德修（2017）。〈高屏空品惡化 3測站達紅害〉。http://www.chinatimes.com/newspapers/20170202000233-260114。2017/06/20檢索。

薛琬臻（2016）。〈為「爭氣」而走 首宗學校結合社區遊行〉。https://www.youtube.com/watch?v=_HFtEFuuz1Y。2017/06/15檢索。

O'Rourke, D. *and* Macey, G. (2003). "Community environmental policing: assessing new strategies of public participation in environment regulation." *Journal of Policy Analysis and Management* 22(3): 383-414.

Ottinger, G. (2010). "Buckets of resistance: standards and the effectiveness of citizen science."

Science, Technology, and Human Values 32(2): 244-270.

Ottinger, G. (2013). "Changing knowledge, local knowledge, and knowledge gaps: STS insights into procedural justice." *Science, Technology, and Human Values* 38(2): 250-270.

Ottinger, G. (2016). "Social movement-based citizen science." Darlene Cavalier and Eric B. Kennedy (eds.), *In The Rightful Place of Science: Citizen Science,* pp. 89-104. Tempe, AZ: Consortium for Science, Policy, and Outcomes.

Scott, D. *and* Barnett, C. (2009). "Something in the air: civic science and contentious environmental politics in post-apartheid South Africa." *Geoforum* 40(3): 373-382.

臺灣風險治理系列叢書 05　社會科學類　PB0039

轉給你看
——開啟臺灣能源轉型

主　　編 / 周桂田、張國暉
編　　輯 / 王涵、翁渝婷、黃翰榆
責任編輯 / 鄭伊庭
圖文排版 / 楊家齊
封面設計 / 葉力安

發 行 人 / 宋政坤
法律顧問 / 毛國樑　律師
出版發行 / 秀威資訊科技股份有限公司
114台北市內湖區瑞光路76巷65號1樓
電話：+886-2-2796-3638　傳真：+886-2-2796-1377
http://www.showwe.com.tw

國立臺灣大學社會科學院風險社會與政策研究中心
10617 臺北市大安區羅斯福路四段1 號
電話：02-33668422
傳真：02-23657409
e-mail: ntusprc@ntu.edu.tw
網址：http://rsprc.ntu.edu.tw
劃撥帳號 / 19563868　戶名：秀威資訊科技股份有限公司
讀者服務信箱：service@showwe.com.tw
展售門市 / 國家書店（松江門市）
104台北市中山區松江路209號1樓
電話：+886-2-2518-0207　傳真：+886-2-2518-0778
網路訂購 / 秀威網路書店：https://store.showwe.tw
國家網路書店：https://www.govbooks.com.tw
出版贊助 / 富邦文教基金會

2018年4月　BOD一版
定價：340元

國家圖書館出版品預行編目

轉給你看 : 開啟臺灣能源轉型 / 周桂田, 張國暉主編. --
一版. -- 臺北市 : 秀威資訊科技, 2018.04
面 ; 公分. -- (社會科學類)
BOD版
ISBN 978-986-326-542-9(平裝)

1. 能源政策 2. 能源管理法規 3. 文集 4. 臺灣

554.6807 107003769

讀者回函卡

感謝您購買本書，為提升服務品質，請填妥以下資料，將讀者回函卡直接寄回或傳真本公司，收到您的寶貴意見後，我們會收藏記錄及檢討，謝謝！如您需要了解本公司最新出版書目、購書優惠或企劃活動，歡迎您上網查詢或下載相關資料：http:// www.showwe.com.tw

您購買的書名：________________________________

出生日期：________年________月________日

學歷：□高中（含）以下　□大專　□研究所（含）以上

職業：□製造業　□金融業　□資訊業　□軍警　□傳播業　□自由業
　　　□服務業　□公務員　□教職　□學生　□家管　□其它____

購書地點：□網路書店　□實體書店　□書展　□郵購　□贈閱　□其他

您從何得知本書的消息？

□網路書店　□實體書店　□網路搜尋　□電子報　□書訊　□雜誌
□傳播媒體　□親友推薦　□網站推薦　□部落格　□其他________

您對本書的評價：（請填代號　1.非常滿意　2.滿意　3.尚可　4.再改進）

封面設計____　版面編排____　內容____　文／譯筆____　價格____

讀完書後您覺得：

□很有收穫　□有收穫　□收穫不多　□沒收穫

對我們的建議：________________________________

____

____

____

請貼
郵票

11466
台北市內湖區瑞光路 76 巷 65 號 1 樓

秀威資訊科技股份有限公司 收

BOD 數位出版事業部

(請沿線對折寄回,謝謝!)

姓　　名:＿＿＿＿＿＿＿＿　年齡:＿＿＿＿　性別:□女　□男

郵遞區號:□□□□□

地　　址:＿＿＿＿＿＿＿＿＿＿＿＿＿＿＿＿

聯絡電話:(日)＿＿＿＿＿＿＿＿　(夜)＿＿＿＿＿＿＿＿

E-mail:＿＿＿＿＿＿＿＿＿＿＿＿＿＿＿＿